행복을위한
털몸

행복을 위한 탈출

2014년 7월 15일 교회 인가
2015년 10월 18일 초판 1쇄 펴냄
2021년 5월 14일 초판 7쇄 펴냄

지은이 · 홍성남
펴낸이 · 염수정
펴낸곳 · 가톨릭출판사
편집 겸 인쇄인 · 김대영
디자인 자문 · 이창우

본사 · 서울특별시 중구 중림로 27
등록 · 1958. 1. 16. 제2-314호
전자우편 · edit@catholicbook.kr
전화 · 1544-1886(대표 번호)
지로번호 · 3000997

ISBN 978-89-321-1414-9 03230

값 23,000원

ⓒ 홍성남 2015
성경 ⓒ 한국천주교중앙협의회

가톨릭의 모든 도서와 성물을 '가톨릭출판사 인터넷쇼핑몰'에서 만나 보실 수 있습니다.
http://www.catholicbook.kr | (02)6365-1888(구입 문의)

이 책은 저작권법에 의해 보호를 받는 저작물이므로 무단 전재와 무단 복제를 금합니다.

이 도서의 국립중앙도서관 출판예정도서목록(CIP)은 서지정보유통지원시스템 홈페이지
(http://seoji.nl.go.kr)와 국가자료종합목록 구축시스템(http://kolis-net.nl.go.kr)에서
이용하실 수 있습니다.(CIP제어번호: CIP2015024072)

《새장 밖으로》 개정판

마음 감옥에서 벗어나 **건강한 신앙생활**로!

행복을 위한 탈출

국내 최고 가톨릭 영성 심리 상담가 홍성남 신부가

마르코 복음에서 찾은 110가지 내 마음 치료법

홍성남 지음

가톨릭출판사

머리말
새롭게 거듭나려면, 솔개처럼

솔개는 새로운 삶을 살기 위해 자기 부리로 자기 털을 다 뽑고 자기 부리를 바위에 마구 쪼아 뭉그러뜨린다고 합니다. 그런 고통스러운 과정을 거쳐야 새 부리와 새 날개를 얻어서 두 번째 인생을 살 수 있다고 합니다. 우리의 신앙생활도 이와 비슷합니다. 아픔을 이겨 내는 고통스러운 과정을 겪어야 우리 신앙생활도 새롭게 거듭나고 성숙해집니다.

《행복을 위한 탈출》은 제가 솔개처럼 힘겨운 과정을 겪었던 일들을 기록한 책입니다. 그 여정 속에서 저는 마치 제 영혼이 불가마 속에 던져진 것처럼 아프고 고통스러웠지요. 하지만 그런 과정을 겪었기에 지금 행복하게 잘 살고 있습니다.

이 책은 《새장 밖으로》를 새롭게 개정하여 펴낸 책입니다. 사실 《새장 밖으로》를 펴내고 나서 늘 아쉬운 마음이 남아 있었습니다. 많은 분들이 마음공부를 통해 자기 자신을 더 깊이 알고, 가볍고 즐거운 마음으로 신앙생활을 할 수 있도록 돕고 싶었기 때문입니다.

그러한 때에 평화방송 라디오 〈홍성남 신부의 속풀이 칼럼〉 진행을 맡게 되어 이 책을 바탕으로 새롭게 원고를 썼습니다. 그리고 이 프로그램을 통해 많은 청취자들을 만났습니다. 방송이 끝나고 나서 청취자들은 방송 내용을 책으로 만나기를 바랐고, 저 역시 영성 심리를 계속 공부하면서 라디오에서 풀지 못한 이야기를 독자들과 더 많이 나누고 싶었습니다.

《행복을 위한 탈출》은 이 모든 것을 고려해서 펴낸 책입니다. 우선 마르코 복음서의 말씀을 싣고, 이를 통해 좀 더 깊이 있게 자기 성찰과 묵상으로 이어질 수 있도록 하고, 저에 대한 솔직한 고백을 비롯해 내용을 좀 더 추가하거나 정리했습니다.

특히 매 꼭지 끝에 내 마음의 상태를 점검하고 나 자신에 대해 성찰할 수 있는 질문을 실었을 뿐만 아니라 그에 대한 묵상 글을 쓸 수 있는 칸을 마련했습니다. 또한 영성 심리에 관심을 갖고 있는 많은 분들을 위해 영성 심리와 관련된 용어나 여러 항목들을 쉽게 찾아볼 수 있도록 찾아보기를 넣었습니다.

　우리는 작은 일에도 쉽게 상처받고, 때로는 영문을 모른 채 아프기도 합니다. 그것은 내 마음을 알지 못하기 때문입니다. 내 마음을 살펴보지 못해서 그러합니다. 그래서 우리의 마음은 지옥에 빠져들기 쉽습니다. 사람과 사람이 관계 맺는 여러 곳에서 상처받고 아파하면서 나도 모르는 사이 내가 만든 감옥에 나를 가둡니다. 이러한 분들에게 저는 희망의 열쇠로 문을 열어 주어 그분들이 마음의 감옥에서 탈출할 수 있도록 돕고 싶습니다.
　저는 앞으로도 이렇게 계속 문을 열겠습니다. 그러나 문 밖으로 나오는 것은 여러분 자신입니다. 이제 문을 열었으니 어서 밖으로 나오세요. 추운 마음의 감옥에서 벗어나 주님의 따스한 햇볕이 내리쬐는 봄날을 맞이하시기를 바랍니다.

2015년 9월

홍성남 마태오 신부

 목차

머리말 새롭게 거듭나려면, 솔개처럼 5

1장
마음껏 날아 보세요

마음껏 날아 보세요 17
있는 그대로 나를 바라보세요 22
사람이라서 그렇지 26
당최 살맛이 안 날 때 30
기도를 많이 하면 뭐하나요? 사람이 좋아야지 34
관심받고 싶어요 38
언제든지 가출하세요 44
가짜가 많습니다 48
경청은 만병통치약 52
마음 상태 진단서 57
마음을 들여다보는 기도 61
희망의 수레바퀴를 굴리는 사람들 65
자기 머리를 때리면 누가 아플까요? 69
신앙생활은 행복하려고 하는 것입니다 73
나를 살리는 길, 나를 죽이는 길 77
쿨 하신 주님 81
당신, 참 괜찮은 사람이야 85
오랜 세월이 지난 후에야 풀린 의문 90

2장
지지고 볶으며 사세요

유다도 버리지 않으셨다 97
포기하지 않아서 다행이야 102
누가 내 어머니고 내 형제들이냐? 107
나는 어떤 씨앗일까? 112
내 마음의 아이가 울고 있어요 117
신부님은 예쁜 여자만 좋아하는 것 같아요 121
내가 웃는 게 웃는 게 아니야 126
마지막 손님, 죽음 130
마음이 허해서 그래 134
미사에 오는 건데 신경 좀 쓰지 138
걱정도 팔자 142
지지고 볶으며 사세요 147
감사할 따름입니다 152
하느님은 지옥을 만들지 않으셨다 157
인정받고 싶어요 162
늘 웃지 않아도 괜찮아요 166
이제 그만 좀 하세요! 170
철없는 부모의 전형, 헤로디아 175

3장
나는 변할 수 있어요

어서 나오세요 181
좋은 추억은 인생길의 버팀목 185
내 몸은 내가 지킨다 189
모든 문제의 해답은 내 탓이오 194
과하면 병이 됩니다 199
시어머니가 하라는 대로 해 드리세요 202
나는 변할 수 있어요 207
주님, 배고파요 211
잘난 척하다가 코 깨집니다 215
이렇게 살아서는 안 되는데 219
진정한 친구를 찾아서 223
내가 호구로 보이니? 227
내숭 떨지 마세요 231
무식한 것도 죄입니다 235
혼자 있는 시간의 힘 240
끊임없이 요구하는 사람들 245
당신의 마음에도 봄날이 올 거예요 249
저는 약합니다. 저를 도와주십시오 253

4장
내가 내 인생을 살고 있다는 느낌

책은 사람의 마음을 촉촉하게 합니다 261
마음이 무너질 때 바치는 기도 265
제대로 된 어른 269
편 가르지 마세요 273
그럴 그릇도 안 되면서 277
소금 같은 인생을 살고 간다는 것 281
주님이 바로 우리들의 의사이십니다 285
속빈 강정이 되지 마세요! 290
친절하면 부자 됩니다 295
내가 내 인생을 살고 있다는 느낌 299
아이고, 내 팔자야! 303
일등이 그렇게 좋니? 307
제가 다시 볼 수 있게 해 주십시오 311
실패한 신앙인이 되는 법 316
성경을 잘 읽으려면 320
내 인생의 안내자 325
기도하다 졸았는데, 죄가 되나요? 329
화날 땐 화내고 슬플 땐 울어 335

5장
우리에게 사랑받는 법을 알려 주세요

내 마음의 문제아　341
도대체 왜 그럴까요?　345
의심 좀 하면 어때서요　349
신앙인은 등급을 매기지 않습니다　353
늙으면 다 끝난 건가요?　357
잔소리하고 싶을 때　361
얼마짜리인가요?　365
마음이 행복해지는 기도　369
내가 널 얼마나 사랑하는데　374
심판의 날이 오면 어쩌죠?　379
선택받지 못할까 두려워요　383
늘상 그렇지 뭐　387
깨어 있어야 하는데, 잠이 너무 많아요　392
이런 사람 꼭 있습니다　396
우리에게 사랑받는 법을 알려 주세요　400
정말 최선인가요?　404
하느님께 벌 받을까 무섭습니다　408
저는 아니겠지요　412
자매님은 왜 영성체를 하지 않나요?　416

6장
우선 내가 행복해져야 합니다

너는 나를 모른다고 할 것이다 423
당신과 나 사이에 427
당신이 내 속을 어떻게 알아? 431
나라도 도망갔을 거야 436
아집 vs 신념 440
이 고통을 이겨 낼 힘을 주십시오 444
마음의 가장 밑바닥까지 448
베드로는 왜 세 번씩이나 예수님을 부정했을까요? 451
우선 내가 행복해져야 합니다 454
이런 나쁜 것들 같으니라고 458
함부로 판단하지 마세요 462
뼛속 깊이 외로울 때 466
신념을 가져야 합니다 471
소심해도 괜찮아 475
처음 만난 그 사람 479
인생의 필수품 셋 483
거머리 같은 불안 487
몸에 좋은 약은 입에 쓰다 492
희망을 선물하는 삶 497

찾아보기 503

1장

마음껏 날아 보세요

마음껏 날아 보세요

요한은 낙타 털 옷을 입고 허리에 가죽 띠를 둘렀으며 메뚜기와 들꿀을 먹고 살았다.

마르 1,6

우리는 요한 세례자의 삶을 바라볼 때, 그의 마음이 부자였다는 사실은 그다지 눈여겨보지 않습니다. 위의 성경 말씀에서 볼 수 있듯이 요한 세례자는 거친 광야에서 삶을 이어 가는 데 최소한으로 필요한 것만 가지고 살았습니다. 현대인의 입장에서 보면 가진 것 하나 없는 그가 어떻게 궁핍한 가운데서도 마음이 부자였던 것일까요? 요한 세례자는 역설적이게도 그 해답을 광야에서 찾아냅니다. 요한 세례자는 거친 광야에서 기도 생활을 하면서, 사람에게 진정으로 필요한 것이 무엇인지, 사람이 무엇을 위해서 살아야 하는지를 깨달았습니다. 그 뒤, 그는 세상 사람들이 욕심내는 것을 뒤로한 채, 하느님의 은총 안에서 영적인 부자가 된 것입니다.

우리는 누구나 부자가 되고 싶어 합니다. 가능하면 더 많은 것, 더 좋은 것을 가지고 싶어 합니다. 그러나 세상에서 얻은 것들은 아무리 먹고 마셔도 배가 부르지 않고 갈증이 해소되지 않습니다. 오히려 더 나은 것, 더 많은 것을 향해서 우리는 마음을 몰아붙이고 안달합니다. 그럴 때는 오히려 과감하게, 모든 것을 내려놓고 요한 세례자처럼 잠시 광야로 가서 주님과 대화하는 시간을 갖는 것이 좋습니다.

하지만 도시에 사는 우리가 어디서 광야를 찾아야 할까요? 우리 주위에는 광야 같은 환경이 없으니 말입니다. 그래서 여건이 될 때, 고요한 곳으로 피정을 가거나, 산이나 들로 나가 지내는 것이 좋습니다. 만약 그것이 여의치 않다면 집에 소박한 기도 방이라도 마련해 마음이 복잡할 때 눈을 감고 자신이 드넓은 광야에 있다고 상상하는 것도 괜찮습니다. 그런 시간을 통해서 자신에게 진정 필요한 것이 무엇인지 깨닫게 되면, 손에 움켜쥔 것들을 하나씩 놓게 되어 홀가분해지고 여유로워집니다. 바로 그때가 마음이 부자가 되는 순간입니다.

어린 시절 저는 수도자가 되어 성인聖人이 되겠다는 꿈을 가졌습니다. 그리고 그런 비슷한 꿈을 꾸는 아이들과 함께 작은 모임을 시작했습니다. 그런데 처음 의도와는 달리 모임이 계속될수록 아이들은 자기도 모르게 잔인해졌습니다. 서로 단점을 일깨워 그것을 극복하는 계기로 삼자는 취지로 시작한 회합에서, 한 아이만 지적을 받고 공격당하는 일이 생겼던 것입니다. 아이들은 떼를 지어 그 아이를 따라다니면서 잔소리를 하고 그 아이에게 그것을 겸손한 마음으로 받아들이라고 강요했습니다. 기도는 했지만 사랑이 없었습니다. 이렇게 오직 상대방의 약점을 비난하는 일이 계속되자, 그 모임은 저절로 해체되었습니다.

저는 그 후로도 수도자가 되려는 꿈을 안고 가난한 삶을 살고자 했습니다. 그런데 주위에서 장차 수도자가 될 학생이라고 칭찬하는 것이 오히려 독이 되어, 나 자신을 학대하는 것이 수도 생활의 정수인 양 착각하고 살았습니다. 그렇게 살면 세속과는 다른 차원의 삶을 살 것이라고 기대한 것입니다. 하지만 결과는 정반대로 나타나, 마음은 늘 어둡고 불안했습니다. 다른 사람들은 하나같이 믿음이 없어 보였고, 저는 결국 종교적 우울증까지 걸렸습니다. 그러나 그것이 어디서 비롯된 문제인지도 모른 채, 참으로 긴 세월을 허우적거리며 살았습니다. 그 과정에서 답을 찾기 위해 성경을 묵상했지만,

성경마저 자의적으로 해석하는 어리석음에서 벗어나지 못했습니다. 하느님의 말씀으로 제 자신을 재판하는 병적인 생활이 지속된 것입니다. 그러다 보니 성당을 멀리하고, 방랑을 계속하였습니다.

그렇게 몸도 마음도 병들어 지쳐 가던 중, 영성 심리를 알게 되었습니다. 그리고 그 안에서 그토록 찾아 헤매던 답을 찾았습니다. 영성 심리는 메말라 갈라진 제 영혼에 단비가 되었습니다. 사십대 중반이 넘어서 영성 심리를 접한 뒤, 저는 중요한 사실을 깨달았습니다. 그것은 사람에 대한 애정이 없다면 외적 가난은 그저 참담한 자아를 숨기기 위한 방어 기제에 지나지 않는다는 것이었습니다.

영성 심리를 공부하면서 가장 먼저 깨달은 사실은, 제 자신이 새장 안의 새였다는 점이었습니다. 그리고 그 새장은 나 스스로 만든 것이고, 나 스스로 새장의 문을 꼭꼭 닫아걸고 있었다는 것을 깨달았습니다. 그날 이후로 새장 밖으로 나오는 훈련을 했고 시간이 흘러 하늘을 나는 연습도 하게 되었습니다. 이제는 다른 새가 갇힌 새장의 문을 여는 작업도 함께 하고 있습니다. 영성 심리는 사람의 마음을 광야로 이끕니다. 그 광야에서 마음껏 날아 보시기 바랍니다.

당신이 사는 곳은 새장인가요? 광야인가요?

당신은 지금 갇혀 있나요? 날고 있나요?

_____

_____

_____

_____

마음껏 날아 보세요

있는 그대로 나를 바라보세요

"나보다 더 큰 능력을 지니신 분이 내 뒤에 오신다. 나는 몸을 굽혀 그분의 신발 끈을 풀어 드릴 자격조차 없다. 나는 너희에게 물로 세례를 주었지만, 그분께서는 너희에게 성령으로 세례를 주실 것이다."

마르 1,7-8

요한 세례자의 이 말씀을 두고 의견이 분분합니다. 심지어 요한 세례자가 예수님께 열등감을 느꼈다고 주장하는 사람들도 있습니다. 그러나 영성 심리학에서는 요한 세례자를 정신적으로 아주 건강한 사람이라고 평가합니다.

사람에게는 '이상적 자아'와 '현실적 자아'가 있습니다. 이상적 자아는 '되고 싶은 나'이고, 현실적 자아는 '있는 그대로의 나'입니다.

사람이 정신적으로 건강한지는 '두 자아 사이의 간극이 얼마나 벌어져 있느냐?'로 가늠할 수 있는데, 간극이 좁을수록 건강한 것입니다. 여기서 중요한 것은 현실적 자아를 받아들이는 것입니다. 만약 요한 세례자가 현실적 자아를 수용하지 못하고 자기를 비하하는 삶을 살았다면 주님을 만났을 때 아주 적대적인 반응을 하거나 반대로 아주 이상화하는 비정상적인 반응을 보였을 것입니다. 그러나 그는 비굴하지 않으면서도 겸손하고 담담하게 주님과 자기 자신에 대해서 고백합니다.

우리 교회는 자기 성찰을 위해 영신 수련을 권장합니다. 자기 성찰은 요한 세례자처럼 건강한 정신, 겸허한 마음을 갖는 데 매우 중요합니다. 그런데 영신 수련을 할 때 한 가지 주의할 점이 있습니다. 영신 수련은 자신의 문제를 점검하는 것이 아니기 때문에 자기 비난, 자기 단죄의 시간이 되어서는 안 된다는 것입니다. 그렇게 될 경우, 여러 가지 심리적 증상에 시달리게 됩니다. 현실의 자기를 싫어하고 단죄할수록 열등감은 커집니다. 또한 외적 대상에 대한 이상화가 과도해지면 내적 분열이 일어날 수 있습니다.

저는 젊은 시절에 지독하게 자신을 몰아붙이는 병적인 신앙생활을 했습니다. '성인전'에 나오는 분들을 본받아 제 마음을 맑고 깨끗하게 하고 싶어서 매일 고해성사를 했습니다. 하루도 거르지 않고 미사를 드리면서 맑고 순수한 마음으로 성체를 모시기 위해 때로는 하루에 세 번이나 고해성사를 하기도 했습니다.

그런데 날이 갈수록 오히려 가슴이 답답하고 신경은 곤두서고 예민해졌습니다. 소위 세심증에 걸린 것입니다. 현재의 자신을 미워하고 머릿속으로 꿈꾸는 이상적인 사람이 되기 위해서 심하게 제 자신을 다그치는 바람에, 심리적 부작용이 생긴 것입니다. 이렇게 생긴 병은 아주 오래도록 저를 따라다니면서 저를 괴롭히고 제 영혼을 갉아먹었습니다. 그리고 지금도 그 후유증으로 가끔 고생하곤 합니다.

스페인에 성지 순례를 갔다가, 우연히 예수의 데레사 성녀와 관련된 성지에 들르게 되었습니다. 그곳 수녀님들에게 예수의 데레사 성녀가 한 말을 전해 듣고 저는 큰 깨달음을 얻었습니다. 예수의 데레사 성녀가 "수도자가 너무 착하고 온순해서는 내적으로 성장이 어렵다."라고 했다는 겁니다. 그 말을 듣는 순간, 제 마음을 짓누르던 돌덩이를 내려놓은 듯한 후련함과 동시에 허탈감이 밀려왔습니다. 데레사 성녀의 책을 읽으면서 수도 생활을 동경하던 젊은 시절, 극단적인 수도 생활만을 가치 있게 여기고 나 자신을 학대한 기억이 떠올라서였습니다.

예수의 데레사 성녀는 심리학이 존재하지도 않던 시절에 현대

영성 심리학의 이론을 이미 간파할 정도로 지혜로운 분이었습니다. 그런데 무지몽매한 후학들이 맹인이 코끼리를 만지듯이, 수도 생활의 일부분만을 주목하여 "수도 생활은 이런 것이다."라고 하는 바람에, 저처럼 미성숙한 사람이 잘못 받아들여 몸도 마음도 병이 드는 웃지 못할 일이 생겼던 것입니다.

지금부터라도 자기 자신을 있는 그대로 받아들이는 연습을 해 보세요. 깎아내리지도 말고, 치켜세우지도 마세요. 그리고 거짓 겸손이 아닌 참된 겸손을 추구하세요. 요한 세례자를 비롯한 수많은 성인들도 참된 자기를 찾고자 그렇게 노력했습니다.

거울에 비친 자신의 모습이 어떻게 보이나요?
자기 과거를 돌아보면 무엇이 보이나요?

_____
_____
_____
_____

사람이라서 그렇지

> 물에서 올라오신 예수님께서는 곧 하늘이 갈라지며 성령께서 비둘기처럼 당신께 내려오시는 것을 보셨다. 이어 하늘에서 소리가 들려왔다. "너는 내가 사랑하는 아들, 내 마음에 드는 아들이다."
>
> 마르 1,10-11

우리는 태어나서 사람들과 관계를 맺으며 살다가 마침내는 관계 속에서 생을 마칩니다. 사람이 갖는 관계는 아주 복잡한 듯 보이지만 실제로는 세 가지로 나뉩니다. '하느님과 나', '나와 너', '나와 나'입니다. 이 가운데 인간이 세상에 태어나서 부모, 형제, 배우자, 친구, 동료 등과 맺는 관계는 '나와 너'의 관계이고, 내 마음과 내가 맺는 관계, 즉 자기 마음 다듬기, 자기 마음 돌보기 등이 '나와 나'의 관계입니다.

밥상이 제대로 기능하려면, 적어도 다리 셋은 온전히 붙어 있어야 하듯이, 사람도 몸과 마음이 건강하려면 이 세 가지 관계가 원만하고 병들지 않아야 합니다. 만약 밥상의 다리가 셋이 되지 않는다면 어떤 일이 생길까요? 상이 기울어져서 아무것도 올려놓지 못할 것입니다. 그와 마찬가지로, 사람의 세 가지 관계 중에서 어느 하나라도 건강하지 못하면, 인생살이가 고단하거나 불행할 수밖에 없습니다.

신앙생활을 시작하고 3년이 지난 후 저는 '하느님 마음에 들기 위한 삶'은 어떤 것일지 고민했습니다. 그래서 성경을 묵상하고 '성인전'을 읽으면서 성인들의 삶을 닮으려 했습니다. 그런데 아무리 노력해도 도무지 하느님이 나를 마음에 들어 하지 않으실 것 같은 불안감이 밀려오고, 그 불안감이 심해지면서 밤에 잠을 통 이루지 못하는 날들이 이어졌습니다.

그런 삶이 정상적인 신앙생활도, 정상적인 삶도 아니라는 것을 깨닫기까지 오랜 시간 방황했습니다. 제가 빗나간 길을 가고 있다고 일깨워 주는 사람이 한 사람도 없었기 때문입니다. 그 뒤, 상담을 받고 심리 상담을 공부하면서 그동안 제가 지나치게 자학적이고 파괴적인 삶을 살았다는 사실을 깨닫게 되었습니다. 그리고 나서는 꾸준히 치료를 하면서 마음의 건강을 되찾았습니다.

몇 해 전에 개를 여러 마리 키운 적이 있습니다. 그런데 이 녀석들이 여간 개구쟁이가 아니었습니다. 특히 그중에 한 녀석은 사방에 변을 보고 의자를 물어뜯는 등 아주 미운 짓만 도맡아 했습니다. 보다 못해 제가 화를 냈더니 옆에 있던 사람이 "개라서 그러는 건데."라고 말하더군요. 그 순간 얼굴이 화끈 달아올랐습니다. 저는 개가 사람처럼 이성적으로 행동하지 않았다고 화를 냈던 것입니다. 그 후로 개가 미운 짓을 해도 '개라서 그렇지.'라고 생각하니 그다지 밉지도 않고 짜증도 덜 났습니다. 이런 경험을 하고 난 후, 하느님께서도 우리를 보실 때 비슷한 마음이 드시지 않을까 하는 생각이 들었습니다.

신앙생활을 하면서 많은 이들이, '하느님이 나를 정말 사랑하실까? 나는 정말 하느님 마음에 드는 사람일까?' 하는 문제로 고민합니다. 하지만 너무 고민하지 마십시오. 사람은 약하고 상처투성이인 데다가 여러 가지 콤플렉스를 가지고 힘겹게 사는 존재이기에, 하느님께서도 우리의 죄를 보고 화를 내시다가도 '사람이라서 그렇지.' 하고 노여움을 푸실 것입니다.

그런데 이렇게 설명을 드려도 여전히 하느님이 두렵다는 생각을 떨치지 못하는 분들은 부모와의 관계에 대하여 전문적인 상담을 받으실 필요가 있습니다. 왜냐하면 어린 시절 부모와의 관계가 좋지 않았던 사람은 부모로부터 관심을 받지 못하거나 무시당하거나 폭행을 당한 마음의 상처가 어른이 되어서도 마음 안에 남아 있기 때문입니다. 이러한 사람들은 마음의 상처가 낫지 않아서 사람에 대한 분노와 불신감이 해소되지 않습니다.

  이것은 신앙생활에도 영향을 미칩니다. 하느님과의 관계가 정을 나누는 아버지와 자녀와의 관계가 되지 못하고 죄의 유무를 따지는 재판관과 죄수의 관계로 전락합니다. 따라서 이런 분들은 꼭 좋은 상담가를 만나서 심리 치료를 받으시기를 권합니다.

자기 자신을 얼마나 몰아붙이고 사는지 잠시 반성합시다.
별일도 아닌데 짜증을 낸 적은 없나요?
만약 그렇게 했다면 어떠한 때 그렇게 했나요?

_____
_____
_____

당최 살맛이 안 날 때

그 뒤 성령께서는 곧 예수님을 광야로 내보내셨다. 예수님께서는 광야에서 사십 일 동안 사탄에게 유혹을 받으셨다. 또한 들짐승들과 함께 지내셨는데, 천사들이 그분의 시중을 들었다.

마르 1,12-13

주님께서는 40일 동안 광야에서 유혹을 당하셨습니다. 여러분은 '광야' 하면 무엇이 떠오릅니까? 이스라엘 성지를 순례했을 때, 저는 주님께서 유혹을 받으셨다는 광야에 가 보았습니다. 저녁 무렵, 해가 지는 광야의 하늘에는 작은 구름들이 가득했습니다. 거기서 신자들과 서로 손을 맞잡고 성가를 부르면서 감동에 겨워 눈물을 흘리던 기억이 납니다. 그 기억이 너무나 선명해서, 또다시 가고 싶은 마음이 굴뚝같습니다. 그럼에도 불구하고, 돌아오는 길에 일행들에게 이렇게 이야기했습니다.

"이곳은 말 그대로 광야라서 여기서 살라고 하면 아무래도 못 살 것 같아요. 아무것도 없는데 어디 사람 사는 재미가 있겠어요?"

광야에는 두 가지 의미가 있습니다. 첫째는 하느님을 만나는 자리입니다. 하느님이 예언자들을 만나실 때 나타나시는 자리가 바로 광야입니다. 지금도 하느님 체험을 원하는 많은 사람들이 광야로 나갑니다. '예수의 작은 형제회' 창설자인 샤를 드 푸코 복자 역시 광야의 수도원에서 영성을 수련한 분이었습니다. 이처럼 광야는 영성을 수련하는 장이기도 합니다. 주님은 광야로 나가 40일을 보내셨고, 이스라엘 사람들도 가나안 땅으로 들어가기에 앞서 40년 동안 광야에서 유혹을 견뎌 내는 수련을 받아야 했습니다.

그런데 왜 이렇게 재미없는 곳, 광야에서 영성을 수련해야 할까요? 그것은 우리 마음이 가지고 있는 특성 때문입니다. 우리는 공부하기보다는 놀기를, 기도하기보다는 나들이 가기를 더 좋아합니다. 자신을 진지하게 돌아보기보다 이곳저곳 재미있는 일을 찾아다니지요. 하지만 광야는 그런 재미있는 일들이 하나도 없어서 그런지, 기도해야겠다는 마음이 절로 들게 하는 곳입니다. 우리는 바깥으로 마음을 빼앗길 일이 없을 때 기도를 하게 됩니다.

사람은 가끔 광야 체험을 해야 합니다. 아무것도 즐길 것이 없는 곳에서 며칠이라도 보내는 경험을 해 봐야 합니다. 먹을 것이 없는 곳에서 며칠 보내면 살이 빠지는 것처럼, 즐길 거리가 없는 곳에서 며칠 보내면 심리적 비만에서 벗어날 수 있습니다. 살다 보면, 사는 것이 시답지 않고, 사람들이 다 별 볼일 없어 보이고, 자기 신세가 영 처량하게 느껴지고, 살고 싶은 의욕이 없을 때가 있습니다. 그래서 의욕 없이 사는 사람들을 두고 우리는 흔히 배부른 소리 한다고 합니다. 이런 증상들은 심리적 비만에서 오는 부작용입니다. 이런 심리적 무력감은 광야 체험을 통해서 치유가 가능합니다. 가톨릭교회는 아주 오래전부터 피정이라는 광야 체험을 통해서 심리적 비만에 걸린 사람들을 치료해 왔습니다. 그러니 세상살이가 살맛이 안 난다면 자신의 삶을 광야로 한번 던져 보시기를 바랍니다.

사제들은 1년에 한 번, 일주일 이상 의무적으로 피정을 해야 합니다. 하던 일을 내려놓고 수도원이나 신학교로 피정을 떠나면 첫 날은 아주 좋습니다. 늘 바쁘고 쫓기는 기분으로 살다가, 일상을 벗어나 모든 것을 다 내려놓으니 홀가분하고 잠도 아주 잘 잡니다. 그러나 이틀이 지나고 사흘째가 되면서 슬슬 몸이 근질근질해집니다. 시간이 굼벵이처럼 느리게 지나갑니다. 숨 가쁘게 하루하루를 살다가, 갑자기 한가해지니 책을 보고 기도도 하고 산책을 해도 시간이 펑펑 납아돕니다.

　비로소 그때, 자신이 여태까지 얼마나 허덕이며 살아왔는지, 얼마나 속도에 중독되어 있었는지, 텔레비전, 신문과 같은 대중 매체에 얼마나 빠져 있었는지 깨닫게 됩니다. 그러면서도 고속도로에서 차가 밀렸을 때와 비슷한 짜증스러운 느낌도 올라옵니다. 일종의 금단 증상이 생기는 것이지요. 피정 중에는 이런 시간을 잘 견뎌내야 합니다. 그렇게 몸이 적응하고 나면 비로소 기도의 맛이 느껴지고, 내 삶을 돌아보고 문제점을 점검할 수 있는 여유가 생깁니다. 광야 같은 곳에서, 광야의 맛을 제대로 느끼는 것입니다.

내가 바라던 대로 인생살이가 늘 편안하던가요?
광야는 왜 필요할까요?

_____
_____
_____
_____

기도를 많이 하면 뭐하나요?
사람이 좋아야지

요한이 잡힌 뒤에 예수님께서는 갈릴래아에 가시어, 하느님의 복음을 선포하시며 이렇게 말씀하셨다. "때가 차서 하느님의 나라가 가까이 왔다. 회개하고 복음을 믿어라."

마르 1,14-15

주님께서 사람들에게 외치십니다.

"때가 차서 하느님 나라가 가까이 왔다. 회개하고 복음을 믿어라."

같은 그리스도인들이라도 저마다 "회개하라."는 말씀을 심각하게 받아들이기도 하고, 가볍게 받아들이기도 합니다. 회개를 심각하게 받아들이는 사람들이 흔히 하는 말은 '순교자적인 삶'입니다. 그들은 목숨을 내건 순교자들을 본받으려고 하고, 또 다른 사람에게 권하기도 합니다.

그러나 다른 사람들에게 순교자적인 삶을 권할 때는 숙고를 해야 합니다. 순교자적인 삶은 모든 것을 버리고 주님만을 따르는 삶으로, 신앙생활 중에서도 가장 힘들며 수도자들에게도 쉽지 않은 길이기 때문입니다. 순교란 숭고한 가치를 추구하기 위해서 가치가 낮은 삶을 포기하는 것입니다. 하지만 인간은 자신의 욕구를 그렇게 쉽게 포기하지 못합니다. 욕구는 하루아침에 생긴 것이 아니라 오랜 세월 마음속에 형성된 갈증 같은 것이기 때문입니다. 그것을 절제하고 포기한 채, 온전히 주님을 따르는 순교자적인 삶을 살려면 뼈를 깎는 아픔이 뒤따릅니다. 그런 어려움을 직시하지 않고 정치적 구호를 외치듯이 순교자적인 삶만을 주장하는 사람은 자기기만에 빠져들기 쉽습니다. 그리고 이 말을 듣는 사람도 큰 부담감을 가지게 됩니다.

또한 순교자적인 삶을 자기 자신을 죽이는 것으로 잘못 이해하면 심리적으로 문제가 생길 가능성이 높습니다. 독일의 정신 분석학자이자 심리학자인 카렌 호니Karen Horney는 이렇게 지적합니다.

"자기 증오에서 비롯된 병적인 순교 정신은 마조히즘, 자기 비하, 공상적이고 압도적인 의존, 망상적 허세, 공격성, 독선, 완벽주의, 사디즘, 보복성 위축, 자포자기 등의 신경증 상태를 만들어 내기 쉽다."

우리는 당연히 순교자들을 본받아야 합니다. 그러나 순교자들의 순교 방식은 그들이 살았던 시대가 요구하는 것이었습니다. 순교란 그 시대의 가장 퇴행한 부분들, 즉 하느님의 뜻을 거스르는 부분들을 기도와 용기로 극복해 내는 것입니다. 그런 맥락에서 우리에게 순교자적인 삶이란 물질주의의 유혹에 빠지지 않고 영적인 삶을 살기 위해 노력하는 것입니다.

저는 회개라는 화두에 대해서 오랫동안 답을 구하다가, 한참이 지나서야 깨달은 바가 있습니다. 첫째는, 사람이라는 꽃을 활짝 피우도록 하는 것이 바로 회개라는 사실입니다.

주님께서 씨앗의 비유를 들어 말씀하셨듯이, 사람은 누구나 꽃입니다. 우리 한 사람 한 사람 안에는 좋은 씨앗들이 들어 있습니다. 이 씨앗들은 사랑과 관심이라는 물을 주어야 싹이 터서 꽃으로 피어납니다. 그리고 꽃이 활짝 피듯이 우리 마음이 활짝 피었을 때, 바로 하느님 나라가 내 마음에 임합니다. 회개는 하느님 나라를 준비하는 것입니다. 따라서 우리를 옭아매기보다 우리를 꽃 피우는 것이 바로 회개인 것입니다.

둘째는, 회개는 관계 회복이라는 사실입니다. 회개가 잘못을 뉘우쳐 죄를 짓지 않기로 결심하는 삶이라는 말은 맞지만, 오로지 죄를 짓지 않는 것에만 초점을 맞추어서는 안 됩니다. 만약 죄를 짓지 않는 데에만 초점을 둔다면, 우리를 죄짓게 하는 모든 것을 피해 은둔자처럼 동굴 속으로 도피하는 것이 최선의 방법입니다. 그러나 죄를 짓지 않기 위해 피하는 것이 회개를 하는 최선의 방법이 아니라는 점은 우리 모두가 이미 알고 있습니다. 이렇게 죄를 짓지 않는 데에만 초점을 맞춘다면 회개는 우리에게 짐이 될 뿐입니다.

회개는 관계 회복입니다. 앞에서 사람이 맺는 관계는 세 가지 종류가 있다고 했습니다. 그것은 '하느님과 나', '나와 너', '나와 나'라는 관계입니다. 회개는 이 모든 관계들을 회복시키는 것입니다. 이 생각만 받아들여도 우리는 무거운 짐을 내려놓고 기쁘게 신앙생활을 할 수 있습니다. 그리고 죄를 짓지 않는 데만 몰두하는 것이 아니라 관계를 회복시키기 위해 더욱 노력하게 될 것입니다.

평소에 소홀하게 대했다는 생각이 드는 분은 누구인가요?
만나 봐야겠다고 생각하면서 만나지 못한 분은 누구인가요?
왜 그러한지 적어 보세요.

관심받고 싶어요

예수님께서 갈릴래아 호숫가를 지나가시다가, 호수에 그물을 던지고 있는 시몬과 그의 동생 안드레아를 보셨다. 그들은 어부였다. 예수님께서 그들에게 이르셨다. "나를 따라오너라. 내가 너희를 사람 낚는 어부가 되게 하겠다."

마르 1,16-17

'사람 낚는 어부'는 사람들을 하느님께로 이끄는 사도 직분을 가진 사람들입니다. 이 직분을 충실하게 수행하려면 어떤 자격을 갖춰야 할까요?

제가 가좌동 본당에서 사목하던 시절에 우연히 길을 걷다가 어깨에 띠를 두르고 선교하시는 분들을 본 적이 있습니다. 어느 교회에서 나오신 분들인지 모르지만 이분들의 옷차림은 영 꾀죄죄했고 표정도 어두웠습니다. 그래서 지나가던 사람들이 그 모습을 보고 이구동성으로 이렇게 말했습니다.

"저 교회를 나가면 다 저렇게 되나 봐."

선교하는 사람이 병적인 삶을 살며 우울한 얼굴을 하고 있다면 그 교회에 나가는 사람은 아무도 없을 것입니다. 그것은 병든 사람이 건강의 비결을 가르치는 것과 다를 바가 없습니다.

그렇다면 건강한 삶이란 어떤 것일까요? 주변을 살펴보면 신앙인들이 유난히 잘 걸리는 병이 있습니다. 쉽게 말해 인격에 구멍이 나는 병으로, 심리학에서 게슈탈트 치료법을 만든 독일 출신 심리학자 프리츠 펄스Fritz Perls가 주장하는 병입니다. 펄스에 따르면, 사람이 자기 감정의 어떤 부분을 인정하지 못하고 억압하거나 없애려고 할 때 심리적으로 구멍이 생긴다고 합니다. 이 병은 지나치게 도덕적인 사람들, 자기 안의 불편한 감정을 잘 견디지 못하는 사람들이 쉽게 걸립니다. 심리적인 구멍이 생기면 살아가면서 부작용이 하나둘 나타나기 시작합니다. 자동차 바퀴에 펑크가 나면 차가 제대로 갈 수 없듯이 인간도 심리적인 구멍이 생기면 생각의 균형이 깨져 안정적이고 자유로운 삶을 살 수 없게 됩니다.

그런 사람들은 허전함을 메우기 위해 다른 사람들에게 의존합니다. 다른 사람이 싫어하는지 좋아하는지 알지 못한 채, 시도 때도 없이 전화를 하거나 만나서 함께 시간을 보내고 싶어 합니다. 마음의 허전함을 다른 사람과 함께하면서 채우고 싶어 하는 것입니다. 또 자기 감정을 다른 사람 것이라 느끼기도 합니다. 그래서 화를 내고 있는 사람은 바로 자신인데도 그것을 알아차리지 못하고 남들에게 "왜 저렇게 화를 내면서 사는지 모르겠다."라고 한다거나, 자기가 욕심을 내면서도 "남들이 욕심을 부린다."라고 말합니다.

그렇다면 '심리적인 구멍'이 생기지 않게 하려면 어떻게 해야 할까요? 제일 먼저 자기가 심리적으로 어떤 자기방어 체계를 가졌는지 알아차리고 그로 인해 스스로 억압하는 부분들이 무엇인지 살펴보아야 합니다. 예를 들면 어떤 사람이 "누구와 어울리기보다는 혼자가 편하다."라고 말한다면, 그 사람은 다른 사람들에게 상처받고 버림받을까 봐 두려운 나머지 '혼자가 편하다'는 자기방어 체계를 형성하고 사람들에게 다가가지 않는 사람일 확률이 높습니다. 그런 방어 체계를 가진 사람은 겉으로는 씩씩한 척, 혼자 있는 것을 즐기는 것처럼 보입니다. 그렇지만 실은 자기에게 내재된 감정, 곧 사람들에게 사랑받고 싶고 관심받고 싶은 욕구를 억누르는 것입니다. 그런 자신을 알아차리는 것이 무엇보다 중요합니다.

그다음으로는 자신의 여러 가지 감정이나 욕구를 자세히 들여다보아야 합니다. 심지어 아주 혼란스러울 때도 거기서 벗어나려고 하지 말고, 혼란스러운 상태에 몸을 맡기고 그 감정에 머무르는 연습을 해야 합니다. 특히 화가 났을 때는 화를 없애려고 서두르지 말고, 화나는 감정에 충분히 머물러야 합니다. 우리는 흔히 '화'를 좋지 않은 감정으로 여깁니다. 그래서 화가 나면 감정을 꾹 누르거나 주의를 다른 곳으로 돌려 그 상황에서 벗어나려고 합니다. 하지만 화는 결코 나쁜 감정이 아닙니다. 우리가 느끼는 수많은 감정 가운데 하나일 뿐입니다. '화'라는 감정의 입장에서 보면 사람들이 자기만 미워한다고 억울해할지도 모릅니다. 그러니 화가 나더라도 피하지 말고 그 상황에 머물면서 '내가 화가 났구나.' 하고 인식하면 화는 저절로 사라지거나 정도가 약해집니다. 이런 연습이 충분히 이루어져 감정에 휘둘리지 않게 되면, 사는 것이 더 이상 무섭지 않게 됩니다. 이전보다 즐거우면서 만족스럽게 살 수 있습니다.

훌륭한 신앙인이 되기 위해서 모든 것을 희생하고 참자고 결심한 적이 있었습니다. 화가 나도 참고, 먹고 싶어도 참고, 가고 싶어도 참았습니다. 세속적인 유혹에 빠지지 말자는 생각에 옛날 봉쇄수도원 수도자들처럼 오로지 하느님만 바라보며 살자고 결심하고 이를 실천하려 했습니다. 처음 사나흘은 왠지 영적인 삶을 사는 듯해서 기분이 좋았습니다. 성당 안에 머무는 시간이 너무 좋고 기도한다는 것 자체가 다른 사람들과는 전혀 다른 삶을 사는 것 같아서 근거 없는 우월감마저 들었습니다.

그런데 시간이 가면서 점점 더 마음이 무거워지고 힘들어져 갔습니다. 기도하지 않는 사람들이 미워 보이기 시작하고, 나를 대우해 주지 않는 사람들에게 이유 없이 짜증이 났습니다. 마음도 뒤죽박죽 갈피를 잡을 수가 없었습니다.

기도 시간이 부족한가 싶어서 시간을 더 늘려도 마음은 점점 더 불편해지고 메말라 갔습니다. 이렇게 열심히 기도해도 좋지 않은 심리적 현상이 나타나는 이유를 알게 된 것은 아주 나중에 시간이 지났을 때입니다. 영성 상담 심리를 통해서 감정을 인정하고 보니 그동안 쌓인 감정을 해소하지 않고 무작정 누르고 또 눌러 대다가 마음이 찌그러져 버린 게 문제였습니다. 그래서 마음이 찌그러진 공처럼 터질 듯한 상태가 되었던 것입니다. 하지만 이러한 마음을 알고 나니 삶이 즐거워졌습니다.

이처럼 마음을 들여다보면 자신에게 새로운 세계가 펼쳐지는 것을 체험하게 됩니다. 이런 새로운 체험은 자신의 정체성을 흔들어 놓는 것이 아니라, 삶의 무한한 원동력이 됩니다. 경험 자체가 삶에서 가장 중요한 가치라는 것을 알게 되는 것이지요. 또 심리적으로 막히고 불편했던 것들이 풀려서 편안한 마음으로 삶의 영역을 넓혀 갈 수 있습니다. 이렇게 건강하게 살아갈 때 비로소 다른 사람들이 내 삶에 관심을 기울이게 되고, 어떻게 하면 그렇게 살 수 있는지를 묻기도 합니다. 그리고 이런 삶이 바로 '사람 낚는 어부'의 삶, 건강한 신앙인의 삶입니다.

다람쥐 쳇바퀴 도는 듯한 삶을 살고 있지는 않나요?
매일 바쁘게 뛰어다니고 사람을 만나도 혼자 있으면 공허한 느낌이 들지는 않나요? 왜 그러한지 한번 묵상해 보세요.

_____
_____
_____
_____

언제든지 가출하세요

그러자 그들은 곧바로 그물을 버리고 예수님을 따랐다. 예수님께서 조금 더 가시다가 배에서 그물을 손질하는 제베대오의 아들 야고보와 그의 동생 요한을 보시고, 곧바로 그들을 부르셨다. 그러자 그들은 아버지 제베대오를 삯꾼들과 함께 배에 버려두고 그분을 따라나섰다.

마르 1,18-20

주님이 갈릴래아 호수를 지나가시다가 시몬과 안드레아, 야고보와 요한을 보시고 직접 부르십니다. 그들이 주님을 먼저 찾아간 것이 아니라 주님이 그들을 부르신 것입니다. 주님의 부르심에 그들은 자기 일을 놓아두고 흔쾌히 따라나섭니다.

여기서 궁금증 하나가 생깁니다. 무엇이 그들로 하여금 자신의 일상을 버리고 주님을 따라나서게 했을까요? 간혹 보면 가정이라는 울타리를 벗어나 더 높은 무엇인가를 추구하고 싶다는 갈망에 사로잡힌 사람들이 있습니다. 어느 한곳에 안주하지 못하고 끊임없이 무엇인가를 찾아다니는 사람들입니다. 이런 사람들을 누군가는 역마살이 끼었다고 하지만 심리학적으로 살펴보면 자아실현 욕구가 강한 사람들이라고 할 수 있습니다.

그러면 자아실현 욕구란 무엇일까요? 심리학자 매슬로A. Maslow는 인간의 욕구가 단계적으로 발달한다고 주장했습니다. 첫 번째는 가장 낮은 층에 있는 생리적 욕구로 음식·물·공기 등에 대한 기본적 욕구입니다. 이 욕구는 개체가 생존하기 위해 필요한 일차적인 욕구입니다. 두 번째는 안전에 대한 욕구입니다. 이것은 위험으로부터 보호받으며 안전하고 편안한 피난처를 갈구하는 욕구를 말합니다. 세 번째는 애정에 대한 욕구입니다. 이 욕구는 사랑받고 싶어 하며, 보호받고 싶어 하는 욕구입니다. 네 번째는 존중의 욕구입니다. 이는 자신이 가치 있는 존재라는 것을 느끼고자 하는 욕구입니다. 자기 긍지와 자기만족을 느끼기 위해서 자신을 발전시키고자 하는 욕구입니다. 다섯 번째는 가장 높은 단계에 있는 것으로 자아실현의 욕구입니다. 이것은 자신이 가진 잠재 능력을 충분히 표현하고 발현하려는 욕구인데, 이 자아실현의 욕구가 강한 사람들은 자기 삶에 안주하지 않기 때문에 변화가 없는 곳에서 권태감을 느낍니다. 그래서 이들은 끊임없이 자신의 현실을 벗어나려는 노력을 거듭하면서 자기 존재감을 키우려고 노력합니다.

만약 누군가가 도를 닦으러 가려 한다면 그는 아시시의 프란치스코 성인처럼 맨몸으로 집을 나와야 합니다. 가진 돈을 다 가족들에게 주고 빈손으로 떠나야 하는 것입니다. 마음속 깊은 곳에서부터 존재의 깨달음에 대한 갈망을 오랫동안 가졌던 사람들은 떠나야 합니다. 몸이 떠나지 못하면 마음만이라도 출가를 해야 합니다.

저에게 사제가 된 까닭을 묻는 사람들이 많습니다. 저는 대학을 졸업하고 취업 준비를 해야 할 시기에 신학교에 가기로 결정했습니다. 이유는 두 가지였습니다. 하나는 "왜 전지전능하신 하느님이 세상에 악을 그냥 두시는가? 왜 지옥을 만드셨는가?"와 같은 신학적 의문들에 답을 구하고 싶었습니다. 그리고 다른 하나는 집에서 벗어나고 싶어서였습니다. 대화도 되지 않고 가족들을 힘들게만 하는 아버지 곁에서 벗어나고 싶어서 신학교를 선택한 것입니다. 그렇게 신학교에서 시간을 보내고 '사람 낚는 어부'가 되겠다는 결연한 마음으로 사제 생활을 시작했습니다.

사제 생활을 한 지 이제 삼십 년 가까이 됩니다. 그런데 "자리가 사람을 만든다."라는 말이 바로 저를 두고 한 말 같습니다. 저는 한겨울 뒷골목에서 찬바람에 나뒹구는 종잇조각처럼 어디로 가야 할지, 어떻게 살아야 할지 모른 채 젊은 날들을 곶감 빼먹듯이 날려 버렸습니다. 그러나 그런 저를, 묵주 기도 몇 번 했다고 기특하게 여기신 성모님께서 살펴 주셔서 지금까지 사제 생활을 해 올 수 있었습니다. 이것을 이제야 깨달았습니다. 참으로 고마운 일이지요. 그래서 지금은 과분한 마음으로, 인생을 배우는 마음으로 사제 생활을 하고자 노력합니다. 제가 사제직을 수행한다기보다 '사제직이 지금의 나를 만들어 주었구나.' 하는 마음이 크기 때문에, 나이가 들면 들수록 비천한 저를 불러 주신 하느님께 감사할 따름입니다.

우물 안 개구리처럼 사나요?
아니면 창공을 나는 독수리처럼 사나요?

가짜가 많습니다

마침 회당에 더러운 영이 들린 사람이 있었는데 그가 소리를 지르며 말하였다. "나자렛 사람 예수님, 당신께서 저희와 무슨 상관이 있습니까? 저희를 멸망시키러 오셨습니까? 저는 당신이 누구신지 압니다. 당신은 하느님의 거룩하신 분이십니다." 예수님께서 그에게 "조용히 하여라. 그 사람에게서 나가라!" 하고 꾸짖으시니, 더러운 영은 그 사람에게 경련을 일으켜 놓고 큰 소리를 지르며 나갔다. 그제야 사람들이 모두 놀라, "이게 어찌 된 일이냐? 새롭고 권위 있는 가르침이다. 저 이가 더러운 영들에게 명령하니 그것들도 복종하는구나." 하며 서로 물어보았다.

마르 1,23-27

회당에서 주님이 율법을 가르치십니다. 그런데 사람들은 주님에게서 다른 율법 교사들과는 달리 권위를 가진 분이라는 느낌을 받습니다. 권위에 대해서 우리는 두 가지 감정을 갖습니다. 하나는 반감이 드는 것이고 다른 하나는 무조건 믿고 따르고 싶다는 느낌입니다.

부정적인 감정을 불러일으키는 권위는 다른 사람들에게 위협적으로 무엇인가를 강요하고, 자신에게는 어떤 비난도 용납하지 않은 채 대화를 하려고 하지 않는 권위입니다. 이런 권위는 대개 윗사람들이 행사하기 때문에 권력을 동반하는 경우가 많습니다. 그래서 자칫 불이익을 당할지도 모른다는 생각에, 사람들은 가까이하고 싶지 않으면서도 멀리하지도 못합니다. 이런 식으로 권위를 행사하는 사람들을 권위주의적이라고 합니다. 권위주의적인 사람들은 자신이 뭔가 큰일을 할 것처럼 말하고, 뭔가 대단한 것이라도 소유한 양 행동하지만 내적으로는 빈약하기 이를 데 없습니다. 그래서 다른 사람들에게 자신의 진짜 모습이 드러날까 봐 권위주의라는 방어벽을 치고 사는 것이지요.

그렇다면 진정한 의미의 권위란 무엇일까요? 예를 들어 보겠습니다. 세상에는 이름난 의사들이 있습니다. '명의'라고 하지요. 명의로 불리는 이들의 특징은 실력, 소위 내공이 있다는 것입니다. 이들은 자신이 부족하다고 생각하기에 항상 공부하고, 자기보다 실력 있는 사람들에게 더 배우려는 자세로 살아갑니다. 그런데도 사람들은 그들에게서 진정한 권위를 느낍니다.

바리사이들이나 율법 학자들 역시 열심히 공부한 사람들이었습니다. 그런데도 다른 사람들에게 권위를 인정받지 못한 것은 율법 공부를 자기 성장이 아니라 그저 열등감을 감추기 위한 수단, 다른 사람들을 지배하기 위한 도구로 사용했기 때문입니다. 그렇기에 그들은 자신의 치부를 드러내고 바라보게 만드는 주님을 없애고 싶어 했습니다.

살아가면서 진정으로 권위 있는 사람을 찾기란 쉽지 않습니다. 저는 참으로 오랜 세월 동안 제 마음의 더러움을 없애 주고, 길을 찾지 못해 헤맬 때 이끌어 줄 스승을 찾아다녔습니다. 정말 타는 목마름으로 찾아다녔지만, 이 사람인가 하면 아니고, 저 사람인가 하면 또 아니었습니다. 진정한 스승을 만나기가 어찌나 어렵던지, 중도에 포기하고 염세주의에 빠지기도 했습니다.

하지만 그 긴 세월 동안 주님은 늘 제 곁에 계셨습니다. 저의 방황이 마음공부를 하는 데 거름이 되기를 바라시면서 말이지요. 그러다 사막에서 물을 만난 나그네처럼 영성 심리를 만나게 되었습니다. 그래서 저는 마치 굶주린 아이처럼 책을 탐식했고, 처음 만나는 스승들의 가르침에 깊은 감동을 받았습니다. 그 과정에서 지나온 날들을 생각하며 한바탕 울고 나니 속이 후련해졌습니다. 그동안 만난 거짓 스승들이 가진 문제들이 무엇이었는지 알게 되면서 그들이 저에게 채워 놓은 족쇄를 풀고 심리적 자유를 얻게 되었습니다.

영성 심리를 공부하며 가장 크게 얻은 바는, 복음을 새로운 눈으로 보고 깨닫게 된 것입니다. 주님이 사람들에 대해서 얼마나 애틋한 마음을 가지셨는지 이제는 압니다. 그래서 저는 지금도 매일 성경과 영성 심리 서적들을 묵상하며 공부하는 마음으로 살려고 노력합니다.

문제가 생겼을 때 누구에게 달려가 조언을 구하나요?

경청은 만병통치약

그때에 시몬의 장모가 열병으로 누워 있어서 사람들이 곧바로 예수님께 그 부인의 사정을 이야기하였다. 예수님께서 그 부인에게 다가가시어 손을 잡아 일으키시니 열이 가셨다. 그러자 부인은 그들의 시중을 들었다.

마르 1,30-31

초대 교황인 시몬 베드로의 장모 이야기입니다. 장모라니 이상하게 생각하실지 모르겠지만, 베드로 사도는 예수님을 만날 당시 이미 결혼을 한, 한 가정의 가장이었습니다. 그런데 베드로 사도의 장모가 앓아누웠습니다. 왜 앓아누웠을까요? 기록에는 열병이라고 되어 있는데, 우리말로 하자면 화병일 가능성이 높습니다. 사위라는 사람이 예수라는 애송이 청년을 따라다니면서 하느님 운동인가

뭔가를 하겠다고 나서는데, 딸을 둔 장모 입장에서 화가 안 나겠습니까? 시몬의 장모는 아마도 내성적인 사람이라서 사위에게 성질조차 부리지 못하고 속으로 끙끙 앓다가 그만 화병에 걸렸을 것입니다.

그런데 주님이 손을 잡아 주시자 열이 내렸다고 합니다. 이 부분을 복음에서는 아주 간단하게 서술합니다. 하지만 아마도 주님이, 마음이 상해 누워 있는 시몬의 장모 곁에서 여러 가지 이야기로 마음을 풀어 주셨으리라 짐작할 수 있습니다.

이렇게 다른 사람의 속상한 마음을 풀어 주는 것이 상담입니다. 그래서 우리는 주님을 '상담가의 원조'라고 부르기도 합니다. 누구든지 속상할 때는 푸념을 들어 줄 사람을 찾습니다. 그 사람에게 누군가가 내 이야기를 들어 주면 신기하게도 마음이 풀립니다. 하지만 남의 말을 잘 들어 주기란 말처럼 쉽지는 않습니다. 오랜 시간 이야기를 듣고 나면 때로는 온몸이 아프기까지 합니다. 그래서 상담가들은 마음의 힘과 몸의 힘이 모두 필요합니다. 내가 상대방에게 말하는 것보다 상대방의 말을 듣는 것이 훨씬 더 힘이 들기 때문입니다. 이런 까닭에 상담가들은 자기 성찰을 하고 체력을 단련하는 일이 꼭 필요합니다.

만약 상담가가 남의 말을 들으면서 힘들지 않다면, 겉으로는 듣는 척했지만 실상은 듣지 않은 것입니다. 이런 행동을 '의사 청취擬似聽取'라고 합니다. 신기하게도 의사 청취를 하면 상대방에게 치유가 일어나지 않습니다.

그러면 우리가 남의 말을 잘 들으려면 어떻게 들어야 할까요? 먼저 상대방에 대해 편견을 갖지 않아야 합니다. 만약 편견을 가지고 듣는다면 자신이 관심 있는 부분만 듣게 되거나 상대방의 말을 아예 무시하게 되고 심지어는 상대방의 약점을 잡기 위해 듣게 되기도 합니다. 그리고 듣는 사람이 편견을 갖고 있다고 느끼면 말하는 사람은 마음의 문을 닫아 버립니다.

우리가 상대의 말을 잘 듣기 위해서는 말하는 사람의 입장에서 듣고, 말하는 사람에게 공감하며 들어야 합니다. 그래야 상대방의 마음을 정확하게 알아차릴 수 있습니다. 이렇게 여러 가지 조건을 갖추고 상담을 해야 고민을 털어놓는 사람들에게 치유가 일어납니다. 그래서 듣는 것이 가장 쉬우면서도 가장 어려운 상담 기법이라고 말하는 것입니다.

살다 보면 화나는 일들이 수도 없이 생깁니다. 그럴 때 우리는 가만히 들어 줄 사람이 꼭 필요합니다. 실컷 화를 내면 저절로 마음이 풀려서 자기 잘못도 보이고 그렇게까지 화낼 일이 아니었다는 것을 스스로 깨닫게 됩니다.

저 역시 제 말을 들어 줄 사람이 필요했습니다. 이야기를 털어놓을 사람을 오랫동안 기다렸습니다. 하지만 부모도 형제도 친구도 모두 자기 말만 했지 제 이야기를 찬찬히 들어 주지 않았습니다. 그래서 아주 오랜 세월 동안 마음의 벽을 만들고 그 안에서 외로움을 키우며 살았습니다. 그러다 우연히 상담가를 만나게 되었습니다. 그는 상담 시간 내내 가만히 제 이야기를 들어 주었습니다. 저는 그를 통해서 마음에 쌓인 응어리들이 풀리는 것을 느꼈습니다. 들어주는 것에 얼마나 큰 치유의 힘이 있는지 그때 처음으로 체험했습니다.

사는 게 힘겨울 때 내 말을 들어 줄 사람이 한 명이라도 있는 사람은 절대로 우울증에 걸리지 않습니다. 그래서 인생을 잘 살려면 자신의 이야기를 들어 줄 사람이 꼭 필요합니다. 그런 사람 한 사람이 수십 가지 보약보다 백배 좋은 보약입니다. 그래서 우리 신앙인들은 우리의 이야기를 가장 잘 들어 주시는 주님이 계시기에 행복한 것입니다.

괴로운 마음을 토로하려고 전화를 들었을 때, 내 이야기를 들어 줄 사람이 몇이나 떠오르나요? 또 내게 힘들다고 하소연하는 사람은 몇 명이나 되나요?

_____

_____

_____

_____

마음 상태 진단서

저녁이 되고 해가 지자, 사람들이 병든 이들과 마귀 들린 이들을 모두 예수님께 데려왔다. 온 고을 사람들이 문 앞에 모여들었다. 예수님께서는 갖가지 질병을 앓는 많은 사람을 고쳐 주시고 많은 마귀를 쫓아내셨다. 그러면서 마귀들이 말하는 것을 허락하지 않으셨다. 그들이 당신을 알고 있었기 때문이다.

마르 1,32-34

주님이 공생활을 하시는 동안 관심을 가지고 돌보신 사람들은 크게 두 그룹으로 나눌 수 있습니다. 하나는 죄책감에 짓눌린 사람들, 다른 하나는 병을 앓는 사람들이었습니다. 그런데 주님은 그들을 같은 관점에서 치유하셨습니다. 얼핏 생각하면 두 그룹은 전혀 다른 사람들 같지만 실상은 그렇지 않습니다. 마음이 병들면 육신마저 병든다는 사실을 주님께서는 아주 잘 알고 계셨던 것입니다.

수많은 '성인전'을 읽으면서 그분들의 삶을 따르려고 노력했던 시절, 저는 욕망의 근원인 육체를 혹사하는 것이 성인이 되는 길이라고 믿었습니다. 한창 성욕과 식욕이 왕성한 사춘기에 이런 생각을 가지고 그대로 실천하려니 참으로 죽을 맛이었습니다. 저는 그때 성인들의 삶을 기술한 사람들의 심리를 잘 알지 못했습니다. 그래서 그저 그런 생각이 옳다고 여기고 자신을 괴롭힌 거지요.

하지만 저를 그런 길로 이끈 사람들은 성인들이 아니라 '성인전'을 쓴 강박적이고 염세적인 성향의 사람들이었습니다. 그런데도 그들이 쓴 책을 읽고 그대로 따라 살려고 했으니 부작용이 일어난 것이지요. 훗날 신학을 공부하면서, 몸을 폄하하는 것은 주님의 가르침이 아니라는 사실을 알게 되었습니다. 그것은 신학자들이 그리스 철학자 몇 명의 말을 모방하여 주장한 것일 뿐이었습니다. 그들과 달리 주님은 오히려 사람들의 건강을 늘 염려하셨습니다.

영성가들은 '몸은 영혼의 성전이고 영혼은 하느님의 성전'이라고 이구동성으로 말합니다. 건강하지 못한 몸에는 건강한 영혼이 깃들기 어렵습니다. 또한 마음이 병들면 이유 없이 통증이 느껴지며 건강에도 적신호가 나타납니다. 고민이나 불안감을 아무렇지 않은 듯 덮어 놓으면 어느 날 갑자기 신체 균형이 무너지고 맙니다. 그 결과

소화 불량, 두통, 요통, 피로감, 성욕 감퇴, 생리 불순, 이명 등 이전에는 없던 증상들이 나타나게 되는 것이지요.

하지만 증상에만 신경을 쓰다 보면 시간이 지나도 병의 원인을 밝혀내지 못하고, 병원을 전전하는 동안 병이 더 악화되곤 합니다. 혹은 신체적인 질병이 나아서 겉으로는 건강한 사람처럼 보일지라도 자기도 모르게 다른 사람들을 피곤하게 하는 성격이 됩니다.

다음에 열거하는 내용은 심리 상태를 스스로 진단하는 항목들입니다. 이 가운데 열 개 이상 해당되는 분들은 마음 상태를 정밀하게 검사해 볼 필요가 있습니다. 아래와 같은 증상이 많이 나타날수록 자신의 마음에 문제가 많은 것입니다. 마음이 아픈 것을 방치하면 몸까지 병들게 됩니다. 그러니 자신의 마음을 먼저 자세히 살펴보세요.

- 복부 통증, 목 결림, 안면 근육 경련, 위궤양, 턱관절 통증 등 이유 없이 아프다.
- 다른 사람을 배려하기보다는 일을 성취하는 것이 우선이다.
- 평소보다 잠이 많아져서 해야 할 일을 하지 못하는 경우가 있다.
- 마지못해서 하는 일이 많아졌다.
- 행동이 굼떠서 주위 사람들에게 답답하다는 말을 들은 적 있다.

- 해야 할 일을 제시간에 하지 못하고 지연시키는 경우가 많다.
- 다른 사람들의 요청에 비협조적이다.
- 가학적이거나 신랄한 비판이 담긴 유머를 좋아한다.
- 말투가 빈정거리거나 냉소적인 경우가 많다.
- 시도 때도 없이 한숨을 푹푹 쉰다.
- 예의를 차리는 일이 가식적이고 부자연스럽게 여겨진다.
- 지나치게 쾌활한 척하거나 우스운 것이 없는데도 크게 웃는 경우가 많다.
- 잠을 못 자거나 악몽을 자주 꾼다.
- 의욕이 없고 우울하다.
- 사소한 일에도 과도하게 짜증이 난다.

당신은 위 질문에 몇 가지가 해당되나요?

_____

_____

_____

_____

마음을 들여다보는 기도

> 다음 날 새벽 아직 캄캄할 때, 예수님께서는 일어나 외딴곳으로 나가시어 그곳에서 기도하셨다.
>
> 마르 1,35

　기도는 신앙인에게 아주 중요합니다. 신자들도 신부를 가늠할 때, 그 신부가 기도를 얼마나 열심히 하는지를 봅니다. 기도를 안 하면 '날라리 신부'라고 비난하고, 성당에 살다시피 하면서 기도하면 '성인 신부'라고 칭송합니다. 그런데 이상한 것은, 기도를 열심히 하는데도 인격이 성숙하지 못한 사람들이 많다는 점입니다. 매일 미사를 드리고 기도 모임에 자주 나가는데도 성격은 별로 좋지 않은 사람들이 있습니다.

왜 그럴까요? 그것은 '기도를 얼마나 하느냐'가 아니라 '어떻게 하느냐'가 중요하기 때문입니다. 그렇다면 어떻게 기도해야 제대로 기도하는 것일까요? 저는 여러분께 "기도는 자기 자신을 바라보는 시간이자 하느님과 온갖 이야기를 하는 대화의 시간으로 삼아야 한다."라고 말씀드리고 싶습니다.

신앙인에게 자신의 내면을 탐색하는 일은 매우 중요합니다. 내면을 들여다볼수록, 형식적인 겉모습이 조금씩 변해서 어느 순간 참된 자아가 모습을 드러냅니다. 그때 우리는 잘못된 습관을 고칠 수 있고, 인생의 다양한 맛을 느끼면서 참된 행복이 무엇인지 알게 됩니다. 이 같은 기도는 진정한 휴식을 줍니다. 바리사이들이 열심히 기도를 했는데도 주님을 알아보지 못하고 다른 사람들의 마음에 상처를 준 것은, 바로 기도를 통해서 내면을 들여다본 것이 아니라 기도로 자신을 감추고 위장했기 때문입니다.

저 역시 마찬가지였습니다. 내면을 들여다보는 기도를 한 것이 아니라 얼마나 기도를 많이 했는가에 집착했기 때문에 '나는 누구인가?'라는 의문이 풀리지 않았습니다. 그러면서 나 홀로 진실한 신자인 양 착각하기도 했습니다. 그 당시에는 냉담자들이 무슨 큰 문제가 있는 사람들인 줄 알았습니다. 그래서 나는 진실한 신자이고, 상대방은 문제가 있는 사람인 양 대하기도 했습니다. 참으로 부끄러운 기억입니다. 신앙이 없는 사람들에게 선입견을 갖고, 교회와 하느님에 대해서 가르치려 들었던 기억도 있습니다. 그러다가 오히려 제 자신이 냉담하기까지 했습니다. 교리가 주는 심리적 압박감에 눌린 나머지, 자유롭고 싶은 마음에 여러 해 동안 성당을 멀리한 것입니다. 긴 시간이 흐른 후, 늦깎이로 들어간 신학교에서도 마음의 갈증은 여전했습니다. 하느님에 대한 공부를 몇 년이나 했는데도, '나는 누구인가?'에 대한 답은 여전히 미궁 속이었고, 겉도는 삶도 여전했습니다.

이 오랜 의문은 영성 심리를 접하면서 하나둘 풀렸습니다. 어느 순간 내가 나를 너무 미워하고 몰아세우며 살아왔음을 알게 된 것입니다. 내 인생이 아닌, 다른 사람들이 원하는 삶을 살려고 했다는 깨달음을 얻게 되었습니다. 언젠가 꿈속에서 다 쓰러진 집 한 채를 보게 되었습니다. 말 그대로 흉가였습니다. 하도 인상에 깊게 남아 상담가에게 그 사실을 말했더니, "그것이 신부님의 지금 마음 상태입니다."라고 하더군요. 충격이었습니다. 살면서 처음 들어 본 이야기였습니다.

그날부터 나 자신을 이해하기 위해서 닥치는 대로 심리학 책을 구해서 읽고 메모하고 묵상하는 일을 시작했습니다. 그리고 몇 년이 지난 후, 눈을 감고 명상을 하는데 이파리가 시원치 않은 연꽃이 보였습니다. 그것은 그동안 바뀐 제 마음이었습니다. 그 연꽃은 아직 연약해 보였지만 그것을 보며 슬픈 마음이 들지는 않았습니다. '이만큼이라도 내 꽃이 살아났구나. 그동안의 공부가 헛것은 아니었구나.' 하는 안도감이 들었습니다.

지금도 저는 제 마음의 집을 바로 세우고 연꽃을 피우기 위한 수련을 계속하고 있습니다. 그리고 제가 하는 전도는, 하느님이 우리들 각자에게 예쁜 꽃의 씨앗을 주셨음을, 그 씨앗이 어떻게 꽃을 피우는지를 알리는 것입니다. 주님도 우리의 마음속에 꽃을 피우기 위해 온갖 노력을 다 하시기 때문입니다.

여러분, 눈을 감고 기도의 자세를 갖춰 보세요. 그리고 마음의 집이 얼마나 튼튼한지, 마음의 연꽃이 얼마나 잘 피어 있는지 자주 들여다보시기 바랍니다. 그리고 마음속의 꽃을 정성껏 키우시기 바랍니다. 그것이 하느님과 자신을 위한 진정한 기도 생활입니다.

눈을 감고 자기 마음을 들여다보면 많은 것이 보입니다.
어떤 것이 보이는지 상세하게 적어 보고,
그것들에게 하나씩 말을 걸어 보세요.

희망의 수레바퀴를 굴리는 사람들

어떤 나병 환자가 예수님께 와서 도움을 청하였다. 그가 무릎을 꿇고 이렇게 말하였다. "선생님께서는 하고자 하시면 저를 깨끗하게 하실 수 있습니다." 예수님께서 가엾은 마음이 드셔서 손을 내밀어 그에게 대시고 말씀하셨다. "내가 하고자 하니 깨끗하게 되어라." 그러자 바로 나병이 가시고 그가 깨끗하게 되었다.

마르 1,40-42

미사 때 성체를 모시고 싶어도, 죄가 많아서 모시지 못하겠다는 신자들이 많습니다. 성체를 영하려면 마음이 깨끗하고 죄가 없어야 하는데, 자신은 그렇지 않아서 할 수 없다는 것입니다. 그리고 이런 이야기를 들으며 '참으로 양심적인 사람이구나. 자신의 죄에 대해서 얼마나 성찰을 잘하기에 성체를 영하지 못하는 걸까?' 하고 생각하는 신자들도 있습니다. 그러나 이런 태도는 주님이 원하시는 신앙인의 자세가 아닙니다.

나병 환자는 주님께 도움을 청합니다.

"선생님께서는 하고자 하시면 저를 깨끗하게 하실 수 있습니다."

이는 참으로 깊은 의미가 담긴 말입니다. 예수님 당대의 나병 환자들은 심한 정신적 학대를 받은 이들입니다. 당시 사람들은 나병을 단순히 육체적인 병으로 보지 않고, 큰 죄를 지었기 때문에 천벌을 받는 것이라고 생각했습니다. 그런 까닭에 나병 환자는 육체적인 고통만큼이나 공동체에서 버림받았다는 정신적 고통에 시달렸습니다. 그런데 주님은 나병 환자의 육체적인 고통뿐만 아니라 정신적인 고통까지 낫게 해 주십니다.

이 복음에 나오는 나병 환자를 통해 우리는 성체를 모실 때 어떤 자세가 필요한지 알 수 있습니다. 그것은 주님만이 나병 같은 나의 더러움을 치유해 주실 수 있다는 간절한 마음입니다. 주님은 언제든지 우리의 더러움을 깨끗이 치유해 주십니다. 주님은 그런 능력으로 우리에게 다가오십니다.

그런데도 우리가 주님을 받아들이지 못하는 이유는 무엇일까요? 그것은 마음의 수레바퀴 때문입니다. 우리는 모두 마음속에 두 가지 수레바퀴를 가지고 있습니다. 하나는 희망의 수레바퀴이고, 다른 하나는 절망의 수레바퀴입니다. 그런데 우리 주위에는 희망의 수레바퀴는 놓아둔 채 절망의 수레바퀴만 굴리는 사람들이 꽤 많습니다. 그런 사람들은 '나 같은 게 뭐가 되겠어?', '나 같은 건 하느님이 쳐다보지도 않으실 거야.'라며 절망의 수레바퀴를 줄기차게 돌립니다. 스스로를 처벌하는 삶을 사는 것입니다. 반대로 희망의 수레바퀴를 돌리는 사람들은 '좀 더 노력하면 나아지겠지.', '앞으로 주님이 더 좋은 것을 주실 거야.'라고 생각하며 살아갑니다. 이런 사람들은 기꺼운 마음으로 성체를 모십니다. 허물 많은 자신을 받아 주시는 주님께 감사하는 마음으로 살아갑니다.

  복음에 나오는 나병 환자는 끊임없이 희망의 수레바퀴를 굴리며 살아온 사람입니다. 그래서 나병 환자라는 자신의 처지와 편견이라는 현실에서도 물러서지 않고, 주님 앞에 나아가 자신의 병을 고쳐 달라고 청할 수 있었습니다. 희망의 수레바퀴를 굴리는 사람들은 불행 속에서도 행복을 일구어 내는 힘이 있습니다. 믿음을 가지고 청하기만 하면, 주님은 언제라도 은총을 주십니다. 중요한 것은 '우리가 마음속에 어떤 수레바퀴를 돌리고 있는가?'입니다. 여러분은 마음에 어떤 수레바퀴를 가지고 살고 있습니까? 절망의 수레바퀴를 가지고 있다면 얼른 희망의 수레바퀴로 바꿔야 합니다.

조용히 앉아서 내 머릿속을 맴도는 생각을 자세히 들여다보고 기록해 보세요. 그리고 그것들이 어떤 종류의 것인지 구분해 보세요.

_____

_____

_____

_____

자기 머리를 때리면 누가 아플까요?

> 예수님께서 그들의 믿음을 보시고 중풍 병자에게 말씀하셨다. "얘야, 너는 죄를 용서받았다." 율법 학자 몇 사람이 거기 앉아 있다가 마음속으로 의아하게 생각하였다. '이 자가 어떻게 저런 말을 할 수 있단 말인가? 하느님을 모독하는 군. 하느님 한 분 외에 누가 죄를 용서할 수 있단 말인가?'
>
> 마르 2,5-7

신앙생활은 신에 대한 믿음이 있는 삶을 말합니다.

그렇다면 가톨릭 신자들은 왜 하느님에 대한 믿음을 갖는 걸까요? 그것은 사람의 마음에 근본적으로 불안감이 자리하고 있기 때문입니다. 불안감이란 불편한 일이나 위험이 닥칠 것만 같아 마음이 편치 않고 조마조마한 느낌입니다. 앞으로의 일을 예측할 수 없을 때 자연스럽게 생기는 감정이지요. 사람은 누구나 불안감을 조금씩 가지고 있습니다.

하지만 불안감이 과도하게 커지면서 사람을 짓누르게 되면 우리는 앞으로 나아갈 수도 없고 성공할 수도 없습니다. 게다가 피해 의식에 사로잡혀서 전전긍긍하며 살게 됩니다. 불안감으로 인한 에너지 소모 또한 엄청나서, 불안한 사람은 늘 지쳐 보입니다. 이는 아무리 담대한 사람이라 해도 마찬가지입니다. 그래서 사람은 자신의 자유를 스스로 갉아먹는 불안감을 해소하고자 자신의 인생을 지켜 주는 신적인 존재나 믿음이 필요하게 된 것입니다. 그래서 원시 시대부터 현대에 이르기까지, 수많은 민족들이 여러 신을 받들며 살아왔습니다. 이는 자신을 보호해 줄 수단으로서 믿음을 가진 것이라 할 수 있습니다. 하지만 대부분의 신은 믿는 사람들의 불안감을 해소해 주기는커녕 그것을 이용해 사람들을 통제해 왔습니다. 심리적 노예로 삼은 것입니다.

"종교는 인민의 아편"이라고 칼 마르크스가 비판한 것처럼, 현대의 심리학자들은 종교가 인간의 불안을 먹고 사는 현대판 불가사리라고 비판하기도 합니다. 게다가 이런 말들을 부정하기 어려울 정도로 종교가 사람들을 불안과 공포에 빠져들게 한 사례는 비일비재합니다. 특히 예수님 당대에도 바리사이들은 율법으로 사람들을 단죄하여 구원 불안증, 좌절감을 비롯한 수많은 정신적 질병의 원인을 제공했습니다. 이러한 바리사이 주의는 현대 종교에서도 여전히 그 기세가 꺾이지 않고 있습니다. 수많은 사람들을 심리적으로 깊은 나락에 빠뜨리는 심리적 범죄 행위를 저지르고 있는 것이죠.

하지만 하느님의 아드님이신 예수 그리스도는 다르셨습니다. 예수님께서는 사람들의 불안감을 치유하셨습니다. 사람들을 종이 아니라 벗으로 대하신 것입니다. 바로 그렇기에 우리는 예수님을 믿고 따르며, 그분을 우리 영혼의 구세주라고 부릅니다.

마치 중풍 병자처럼 마음이 마비된 적이 있으신지요? 저는 그런 경험이 있었습니다. 마음이 마비되는 현상은 제 자신을 너무 미워한 데서 비롯되었습니다. 저는 매일 똑같은 죄를 반복하는 제 자신이 죽이고 싶을 만큼 미웠습니다. 죄에 대한 결벽증에 시달리던 청년 시절, 영혼이 티 없이 맑아지길 간절히 바라는데도 그렇게 되지 못하는 제 자신이 얼마나 미웠는지 모릅니다. 그러다가 마치 중풍 병자처럼 말도 제대로 못하고, 머릿속은 그저 멍하기만 했습니다.

저는 그 시절에 누군가가 '"그건 죄가 되지 않는다. 인간은 원래 약한 존재다." 하고 말해 주었더라면 얼마나 좋았을까?'라는 생각을 하곤 합니다. 사십대 중반이 되어서야 처음으로 주님이 중풍 병자에게 건네신 말씀과 비슷한 이야기를 들으면서 하염없이 눈물을 흘렸던 기억이 납니다. '그래, 너무나 오랫동안 나는 나를 미워하고 용서하지 않았구나.' 하는 생각이 들어서, 내 안의 아이가 대성통곡을 한 것입니다.

지금은 제 자신을 이해하고 용서하려고 노력합니다. 주님은 "얘야, 너는 죄를 용서받았다."라고 말씀하셨습니다. 이는 중풍 병자가 자신의 죄로 인한 불안감으로 인해 아픈 것임을 아셨기 때문입니다. 주님은 우리 마음속 깊은 곳에 암 덩어리처럼 자리 잡은 불안감을 치유해 주십니다. 그러니 주님을 믿는 사람들은 정말로 운 좋고 행복한 사람들입니다. 그런데 자신을 비난하고 심지어 학대하면서 그것을 진정한 신앙생활이라고 착각하며 사는 사람들이 왜 그리도 많은지요? 아무리 설명을 해도 귀를 막고 들으려 하지 않는 사람들을 보면 안타깝기만 합니다.

자기 머리, 가슴, 다리 등을 가만히 만지면서 수고했다고 말해 보세요. 어떠한 느낌이 드나요?

_____

_____

_____

_____

신앙생활은 행복하려고 하는 것입니다

바리사이파 율법 학자들은, 예수님께서 죄인과 세리들과 함께 음식을 잡수시는 것을 보고 그분의 제자들에게 말하였다. "저 사람은 어째서 세리와 죄인들과 함께 음식을 먹는 것이오?" 예수님께서 이 말을 들으시고 그들에게 말씀하셨다. "건강한 이들에게는 의사가 필요하지 않으나 병든 이들에게는 필요하다. 나는 의인이 아니라 죄인을 부르러 왔다."

마르 2,16-17

성경을 보면 죄인이라는 말이 가끔 나옵니다. 여기에서 죄인이란, 사회적 범죄를 저질러서 감옥에서 형을 치르는 사람들을 일컫는 말이 아닙니다. 먹고살려고 어쩔 수 없이 율법을 지키지 못한 사람들을 일컫는 말입니다. 그러나 바리사이들과 율법 학자들은 이처럼 율법을 지키지 못한 사람들을 쓰레기 취급했습니다. 그들을 공동체에서 소외시켰을 뿐만 아니라, 그들의 영혼은 구원받지 못할 것이라며 극심한 불안과 공포감에 빠뜨렸습니다.

그런데 이런 바리사이와 같은 종교적 범죄 행위가 현대에도 여전히 대다수 종교에서 벌어지고 있습니다. 신앙 상담을 하다 보면 성당에 나가야 하는데 마음이 따르지 않는다는 사람들이 많습니다. 죄를 많이 지어서 못 나오겠다는 이들도 있습니다. 별개의 이야기 같지만 원인은 한 가지입니다. 신앙생활이 즐겁지 않기 때문입니다. '이렇게 죄 많은 나를 주님이 과연 사랑하실까?' 하는 주제가 많은 신자들의 마음을 무겁게 하는 이유일 것입니다.

제가 어린 시절 세례를 받고 머리가 커질 무렵 냉담하게 된 것도 '주님이 나를 사랑하실까?' 하는 생각을 하다가 나중에는 '주님이 정말 계실까? 혹시 내가 허공에 대고 미친놈처럼 기도하는 것은 아닐까?' 하는 회의에 빠져서입니다. 저는 머리가 커지면서 철학에 매료되었습니다. 특히 니체와 헤르만 헤세의 작품들에 얼마나 푹 빠졌는지 모릅니다. 《데미안》에 나오는 인물들처럼 살고 싶었고, 알을 깨고 하늘을 나는 아브락사스Abraxas의 꿈을 수도 없이 꾸었습니다. 그러다가 '절에 들어가서 스님이라도 되어 볼까?' 하는 생각도 했고, 동네 무당이 지나가는 말로 유명한 점쟁이가 될 거라기에 집에 불상을 들여놓고 불공을 드리기도 했습니다.

그런데 그 와중에도 저는 '주님이 이런 나를 사랑하실까?' 하는 불안함을 항상 느꼈습니다. 그러다가 1980년 12월 25일 새벽, 아주 놀라운 체험을 했습니다. 어두운 새벽에 꿈인지 생시인지 분간도 되지 않는 환시를 본 것입니다. 환시 중에 주님이 나타나셔서 저를 부르셨습니다. "마태오야, 네가 나를 사랑하느냐?"라고 연달아 세 번이나 물으신 것입니다. 저는 '저 사람이 누굴까? 혹시 저분이 예수님일까?' 하며 불안해하다가 곧 마음이 편안해지고 따뜻해지는 것을 느꼈습니다. 마치 그분의 빛 안에서 내 영혼이 녹아내리는 듯했습니다. 그 일이 있은 뒤, 저는 다시 기도 생활을 시작했고, 신학교에 들어갔습니다.

이스라엘 민족이 이집트에서 몸에 밴 악습을 버리기 위해서 광야에서 40년간 수련한 것처럼 저도 광야의 길로 들어서서 좌충우돌하는 삶을 살았습니다. 그러나 그 체험을 한 후에 내가 하느님을 버릴지언정 주님은 나를 절대로 미워하거나 버리지 않으신다는 믿음이 제 마음속에 항상 있습니다. 여러분도 이런 영적 체험을 할 수 있도록 간절한 마음으로 기도하시기 바랍니다. 그러면 꼭 이루어질 것입니다.

오늘도 주님은 말씀하십니다. "나는 의인이 아니라 죄인을 부르러 왔다."라고 말입니다. 신앙생활은 행복하려고 하는 것입니다. 이것을 잊지 마세요. 주님은 산상수훈의 자리에서 행복한 삶이 어떤 것인지 분명히 말씀하셨습니다. 우리 자신이 저지른 잘못을 돌아보는 시간 역시 하느님 앞에서 석고대죄하기 위한 것이 아닙니다. 우리 영혼을 불행한 길로 이끄는 죄에서 벗어나, 하느님이 주시는 행복한 삶으로 돌아서기 위해서입니다. 신앙생활이 행복한 삶을 추구하는 길임을 받아들이면, 성당에 오는 발걸음이 가벼워지고 기도하고 싶은 마음이 절로 솟아날 것입니다.

기도할 때 행복하나요?

기도하면서 주님이 보고 싶은 마음이 드나요?

혹시 기도하러 가는 발걸음이 무겁지는 않나요?

_____

_____

_____

_____

나를 살리는 길, 나를 죽이는 길

"아무도 새 천 조각을 헌 옷에 대고 깁지 않는다. 그렇게 하면 헌 옷에 기워 댄 새 헝겊에 그 옷이 땅겨 더 심하게 찢어진다. 또한 아무도 새 포도주를 헌 가죽 부대에 담지 않는다. 그렇게 하면 포도주가 부대를 터뜨려, 포도주도 부대도 버리게 된다. 새 포도주는 새 부대에 담아야 한다."

마르 2,21-22

"아무도 새 천 조각을 헌 옷에 대고 깁지 않는다. …… 새 포도주는 새 부대에 담아야 한다." 오랫동안 읽고 묵상하면서도 제대로 감이 잡히지 않았던 말씀입니다. 이 말씀을 접하고, '추하고 죄스러운 부분들을 아예 없애라고 하시는 말씀인가?' 하며 오랫동안 고민하면서 나 자신을 비하하고 학대했습니다. 그러나 기도하지 않는 사람들을 보면 나도 모르게 도끼눈이 떠지고, 자꾸만 험담하고 싶은 욕구가 치밀어 올랐습니다. 그러고는 나 자신에게 이런 욕구가 생기는 까닭이 남을 사랑하지 못하기 때문이라는 느낌이 들어 분노했습니다. 이런 악순환이 거듭되던 어느 날, 누군가에게 고민을 이야기했더니 마귀 탓이라면서 더 기도하라고 권했습니다. 어린 마음에 더 열심히 기도하고 더 열심히 저 자신의 어두운 부분을 미워했습니다. 심지어는 "마귀야, 나가라! 내 마음에서 나가라!"라고 목이 쉬도록 외치기도 했습니다.

그러다가 영성 심리를 공부하면서 비로소 새 포도주는 새 부대에 담아야 한다는 주님의 말씀이 무슨 의미인지 알게 되었습니다. 자신의 옛 삶의 방식을 버리고, 하느님이 나를 사랑하시듯 스스로를 사랑하고 돌보며, 자신의 어두움조차도 돌보라는 의미임을 스스로를 피투성이, 멍투성이로 만들고 나서야 비로소 깨달았습니다.

상담을 받으면서 처음으로, "이젠 신부님도 자기 자신을 사랑해야 합니다."라는 이야기를 듣고 의아해하던 기억이 납니다. '나 자신을 너무나 사랑해서 탈인데 이게 무슨 소리지?'라고 생각했지요. 그 상담가가 말한 자기 사랑의 의미를 이해하는 데만 꼬박 1년이 넘게 걸렸습니다. 자기를 미워하는 삶과 사랑하는 삶은 공존할 수 없습니다. 두 가지를 같이 살려고 하면 새 부대마저 버리게 된다는 사실을, 오랜 시간이 지나고 나서야 마음으로 받아들였습니다. 자학 습관은 그만큼 고질적이었습니다.

자학과 자기 성찰은 다릅니다. 자기 성찰은 자신을 다듬어 더 좋은 존재로 태어나게 하는 과정이지만, 자학은 자신의 영혼을 칼질해서 점점 죽이는 일입니다. 그런데도 많은 사람들이 자학과 자기 성찰을 같은 것으로 착각하거나, 착한 것과 의존적인 것을 구분하지 못합니다.

아이가 너무 착해서 세상살이에 상처를 받을 것 같으니 차라리 수도원에 보냈으면 한다는 이들을 가끔 봅니다. 어느 정도로 착하냐고 물으면, "친구와 헤어지고 나면 그리워하고 마음 아파합니다. 그리고 다른 사람의 고민을 들으면 밤새도록 힘들어하고 괴로워합니다. 또 남의 청을 거절하지 못하고 괜찮다는 말을 입에 달고 살아서, 주위에서는 성인이 될 아이라고 합니다."라고 말합니다. 얼핏 들으면 아이가 천사 같다는 생각이 들겠지만 이런 아이는 결코 건강한 성격이 아닙니다. 착한 것처럼 보이는 아이의 행동은 '상호 의존증'이라는 증세일 뿐입니다. 상호 의존증이란 자신의 정체성을 찾기 위해서 외부의 어떤 대상에게 의존하는 것을 말합니다.

아이들이 자신의 내면세계를 제대로 알려면 건강한 인생의 롤 모델이 필요합니다. 가정이 정서적으로 안정을 주지 못한 경우, 아이는 밖에서 롤 모델을 찾기 때문에 다른 사람들과의 관계에 민감한 반응을 보입니다. 그런 성격으로 수도원에 들어가면 수도원에 들어가기 전과 같이 심리적으로 힘겹게 살아갈 가능성이 높습니다. 이런 경우는 착하다고 칭찬할 게 아니라 자신이 누구인지, 원하는 것이 무엇인지, 자신을 어떻게 사랑해야 하는지 깨닫도록 도와주어야 합니다. 그렇지 않으면 평생 자기 앞가림도 못하고 남의 뒤나 봐주는 인생을 살게 됩니다.

**하느님 앞에 서 있는 자신을 떠올리면 어떤 생각이 드나요?
그 생각이 천국, 연옥, 지옥을 만듭니다.**

_____
_____
_____
_____

쿨 하신 주님

"안식일이 사람을 위하여 생긴 것이지 사람이 안식일을 위하여 생긴 것이 아니다. 그러므로 사람의 아들은 또한 안식일의 주인이다."

마르 2,27-28

유다인들이 안식일을 지킨 것은 자기들과 이방인들을 구별하기 위해서였습니다. 안식일을 종교적 우월감을 충족하기 위한 일종의 수단으로 여긴 것입니다. 그래서 그들은 안식일의 중요성을 강조하기 위해서 아주 세세한 항목들까지 만들어 냈습니다. 안식일이라 해서 아무것도 안 할 수는 없는지라, 안식일에 할 수 있는 일의 범위를 자기들 나름대로 정한 것입니다. 그런데 일주일 내내 일을 할 수밖에 없는 사람들, 특히 노예의 처지에 있는 사람들에게 쉴 틈을 주고자 만든 게 안식일인데, 이런 항목들로 인해 오히려 사람들을 심적으로 압박하고 정신적으로는 더 피로하게 하는 강박적인 안식일이 되어 버렸습니다.

주님께서 말씀하신 것처럼 안식일은 사람을 위해 생겨났습니다. 그렇지만 마치 사람이 안식일을 위해 생겨난 것처럼 여기는 병적인 현상이 팽배해졌습니다. 그래서 주님께서는 단호하게 "안식일이 사람을 위하여 생긴 것이다."라며 당시 율법 학자들의 속을 뒤집는, 문제적 발언을 하신 것입니다.

저는 오랫동안 고해성사를 볼 때면 '나는 왜 이리도 자주 죄를 짓는 걸까?' 하고, 십계명에 해당되는 죄의 목록을 자세하고도 구체적으로 들춰 보곤 했습니다. 한 주일을 죄짓지 않으려고 안간힘을 써도, 십계명을 온전히 지키면서 살기가 왜 그리 힘들었는지 모릅니다. 더 심각했던 것은 그 같은 심리적 상태로 인해 신앙생활이 제 삶에 활력을 주지 못했다는 사실입니다. 교회에 대한 두려움으로 삶은 힘을 잃어 가고, 심지어 신앙생활 말고는 관심을 가질 겨를조차 없었습니다. 세속을 멀리한다고 주변에서 하도 칭찬하기에 그것이 옳은 길인 줄 알았습니다. '어떻게 해서든 주님의 비위를 맞춰서 구원받을 자격을 만들어야 할 텐데.' 하는 조급함이 마음을 어지럽게 해, 이리저리 쓰러지고 엎어지던 그런 시절이었습니다. 그때는

"안식일이 사람을 위하여 생긴 것이지, 사람이 안식일을 위하여 생긴 것이 아니다."라는 주님의 말씀이 왜 그리도 생뚱맞게 들리고 마음에 들지 않았던지!

훗날 심리 분석을 받으면서 내 안의 병적인 신념으로 인해 주님의 진정한 마음을 알 수 없었음을 깨닫게 되었습니다. 그리고 그 뒤 복음을 다시 묵상할 때 진한 감동이 밀려왔습니다. 죽음을 각오할 정도로 안식일을 지키고, 안식일을 지키는 것이 자존감의 전부인 사람들에게 주님은 말씀하십니다. "안식일이 사람을 위한 것이지, 사람이 안식일을 위해서 존재하는 것이 아니다."라고 말입니다.

사람이 세상의 주체라는 말이 있지요? 주님의 말씀처럼 안식일, 교회, 십계명이 모두 사람을 성숙하게 하기 위한 도구라는 사실을 나중에서야 알게 되었습니다. 이런 사실을 깨닫고는 마음이 저절로 편해지고 주님께 향했습니다. 그 이후, 우리를 벗이라고 하시겠다던 주님의 말씀처럼 주님은 제 인생의 친구가 되어 주셨습니다. 가끔은 술잔을 두 개 놓고 주님과 대작하면서 술주정을 부리기도 합니다. 물론 술은 저 혼자 마시지만 말입니다.

예수님을 바라보면 어떤 생각이 드나요?
① 주님 ② 형·오빠 ③ 원수 ④ 재판관 ⑤ 기타

_____
_____
_____
_____

당신, 참 괜찮은 사람이야

예수님께서 다시 회당에 들어가셨는데, 그곳에 한쪽 손이 오그라든 사람이 있었다. 사람들은 예수님을 고발하려고, 그분께서 안식일에 그 사람을 고쳐 주시는지 지켜보고 있었다. 예수님께서 손이 오그라든 사람에게 "일어나 가운데로 나와라." 하시고, 그들에게 말씀하셨다. "안식일에 좋은 일을 하는 것이 합당하냐? 남을 해치는 일을 하는 것이 합당하냐? 목숨을 구하는 것이 합당하냐? 죽이는 것이 합당하냐?" 그러나 그들은 입을 열지 않았다. 그분께서는 노기를 띠시고 그들을 둘러보셨다. 그리고 그들의 마음이 완고한 것을 몹시 슬퍼하시면서 그 사람에게, "손을 뻗어라." 하고 말씀하셨다. 그가 손을 뻗자 그 손이 다시 성하여졌다. 바리사이들은 나가서 곧바로 헤로데 당원들과 더불어 예수님을 어떻게 없앨까 모의를 하였다.

마르 3,1-6

손이 오그라든 사람이란 열등감이 아주 심한 사람, 위축된 삶을 사는 사람을 상징합니다. 주님께서 "일어나 가운데로 나와라."라고 하신 것은 바로 위축되고 오그라든 그의 마음, 열등감에 찌든 그의 삶을 치유해 주시려는 배려의 말씀입니다. 우리를 괴롭히는 감정들은 한두 가지가 아닙니다. 그 가운데서도 내가 남보다 못하다는 열등감은 우리를 늘 어둡고 우울하게 만듭니다. 열등감은 쓴 풀과도 같아서 어떤 결과를 얻어도 거기서 기쁨과 행복을 맛보지 못하게 합니다.

그런데 열등감이 전혀 없는 사람도 있을까요? 없다고 해도 과언이 아닙니다. 그만큼 열등감은 정상적인 사람이라도 누구나 가지고 있는 평범한 감정입니다.

저 역시 열등감에 시달리던 시절이 있었습니다. '나는 하는 일마다 이렇게도 안 될까? 나는 왜 할 줄 아는 게 없을까?' 하며 사람들이 많은 자리에 가면 이상하게 입이 얼어붙고 주눅이 들어 늘 남이 안 보는 구석자리에 숨으려고 하던 때가 있었습니다.

중학생 시절, 한번은 그림을 잘 그려서 조회 시간에 상을 받은 적이 있습니다. 많은 학생들 앞에 나서자니 발은 공중을 헛디디는 것 같고 머릿속이 하얘져서, 차라리 기절했으면 좋겠다는 생각마저 들었습니다. 그리고 당시에 좋아하는 여학생이 있었습니다. 그러나 그 여학생에게 말 한 번 붙이지 못하고 속으로 끙끙 앓으면서 "으이구, 이 바보 멍청이." 하고 스스로를 욕하기도 했지요. 무슨 일을 할 때마다 '네가 그것을 어떻게 한다고 그래?' 하는 자기 비하에 발목이 잡혔습니다. 누군가가 "당신은 참 괜찮은 사람입니다."라고 칭찬을 해 줘도 "나는 절대 그렇지 않아."라며 손사래를 쳤습니다. 마음은 늘 쪼그라들었으며, 자신감과 자존감은 바닥이었습니다.

복음에 나오는 손이 오그라든 사람은 바로 나 자신이었습니다. 그런데 그렇게 변두리 인생으로 끝나 버릴 수도 있었던 제게 성장할 수 있도록 기회를 주신 분이 하느님이셨습니다. 저를 신학교로 부르시고 많은 사람들 앞에 서는 훈련을 하게 하셨습니다. 제게 "일어나 가운데로 나와라." 하고 말씀하신 듯했습니다. 자신감이 없어 뒷걸음질을 치거나 비틀거려도 주님은 늘 제 옆에서 보고 계셨습니다. 마음의 감옥을 없애라고 많은 스승들을 만나게 하셨습니다.

이런 사실을 깨달은 다음부터는 사람들의 마음을 불안하게 하고 주눅 들게 하는 책들을 볼 때마다 화가 나곤 합니다. 한창 성장할 때 물을 주기는커녕 싹을 잘라 버리려고 했던 사람들의 무지함이 떠올라서 그렇습니다. 또한 주님의 뜻이라며 자신의 병적인 신념을 다른 사람에게 세뇌시키려는 무지막지한 자들로 인해 정신적 노예가 된 사람들이 여전히 많은 현실이 슬프기만 합니다.

주님은 공생활을 하시는 동안 여러 가지 열등감에 시달리는 사람들을 가까이하고, 그들의 마음을 위로하셨습니다. 그리고 오늘날에도 정신적으로 노예가 된 사람들에게, 손이 오그라든 사람에게 주신 것과 같은 은총의 기회를 주고자 하십니다. 그런 주님을 믿으시고, 용기 있게 오그라든 손을 내미시기 바랍니다.

최민순 신부님이 번역하신 시편을 조금 읽어 드리겠습니다.

억눌린 자 의지할 곳 주님이시며,
궁할 때 든든하신 피난처시니

주는 당신 찾는 자들을 아니 버리시기에,
당신 이름 아옵는 자, 주께 바라오리다

시온에 자리하신 야훼를 찬양하라.
그 장하신 일, 너희는 백성에게 전하라

피를 갚으시는 주님, 없는 이들 안 잊으시고,
그 부르짖음을 모른 체 안 하셨도다

(최민순, 《시편과 아가》, 시편 9,10-13)

주님께서 지금 내 앞에 나타나신다면 나는 뭐라고 말할까요?

① 날 좀 데려가 주세요.

② 날 좀 내버려 두세요.

③ 곧바로 도망친다.

_____

_____

_____

_____

오랜 세월이 지난 후에야 풀린 의문

예수님께서 제자들과 함께 호숫가로 물러가셨다. 그러자 갈릴래아에서 큰 무리가 따라왔다. 또 유다와 예루살렘, 이두매아와 요르단 건너편, 그리고 티로와 시돈 근처에서도 그분께서 하시는 일을 전해 듣고 큰 무리가 그분께 몰려왔다. 예수님께서는 군중이 당신을 밀쳐 대는 일이 일어나지 않게 하시려고, 당신께서 타실 거룻배 한 척을 마련하라고 제자들에게 이르셨다. 그분께서 많은 사람의 병을 고쳐 주셨으므로, 병고에 시달리는 이들은 누구나 그분에게 손을 대려고 밀려들었기 때문이다. 또 더러운 영들은 그분을 보기만 하면 그 앞에 엎드려, "당신은 하느님의 아드님이십니다!" 하고 소리 질렀다. 그러나 예수님께서는 그들에게 당신을 사람들에게 알리지 말라고 엄하게 이르곤 하셨다.

마르 3,7-12

사람들이 병을 고치려고 주님께 다가왔는데 주님은 왠지 까칠한 태도를 보이십니다. 사람들과 어느 정도 거리를 두시려고 제자들에게 거룻배 한 척을 준비하라고 명하십니다. 평소에는 사람들 속에 계시던 분이 왜 배를 타고 사람들과 거리를 두려고 하신 것일까요? 또, "당신은 하느님의 아드님이십니다!" 하고 외치는 더러운 영들은 무엇일까요? 제가 가졌던 이 의문은 참으로 오랜 세월이 지난 다음에야 풀렸습니다.

제가 갓 사제품을 받았을 때 첫 미사를 봉헌하러 여기저기로 다니다가 부산의 어느 달동네에서 미사를 하게 되었습니다. 그때 생면부지인 수녀님 두 분이 그동안 저를 위해 기도했다고 하시면서 그 기도에 드디어 응답을 받았다고 하셨습니다. 그 응답은 "내가 너를 사랑한다, 아들아."로 요약될 수 있는데, 특히 마지막 구절은 "내가 너를 버렸다고 생각할 날이 올 것이다. 그러나 나는 절대로 너를 버리지 않겠다. 너는 내 손안의 아들이기 때문이다."라는 내용이었습니다. 사제가 되었다는 감동에 기쁨이 가득했던 당시에는 그 말의 의미를 제대로 알 수 없었고 알려고도 하지 않았습니다.

그로부터 10년이 지난 후, 제 영혼은 한겨울에 바깥으로 내동댕이쳐진 것 같은 상태에 빠지고 말았습니다. 외로움과 괴로움, 자책과 원망으로 뒤범벅된 상태에서, '주님이 나를 버리셨나 보다.' 하는 서운하고 두려운 마음을 표현하는 기도만 했습니다. 그러다가 문득 그 수녀님들의 이야기가 떠올랐습니다. '아, 그 이야기가 지금의 나를 두고 한 것이었구나!' 어느 순간 외로움과 두려움의 늪에서 조금씩 빠져나오면서 그때 일이 생각난 것입니다. 그제야 비로소 나의 절박한 기도에 주님이 왜 응답하지 않으셨는지 이해가 갔습니다. 주님은 내가 당신에게 너무 의존하지 않고 홀로 서기를, 성숙한 신앙인이 되기를, 실패와 좌절 속에서 더 굳건해지기를 바라시기에 거리를 두고 지켜보셨던 것입니다.

"주님, 도와주십시오!" 하고 외쳤던 내 마음은, 마음의 성숙함을 구하는 것이 아니라 다시 예전처럼 편안하게 살기만을 갈망하는 외침이었습니다. 그래서 주님은 나의 이런 마음을 고치시려고 혹독한 훈련의 시간, 의존하지 못하게 하는 시간을 갖게 하신 것입니다. 그 이후로 힘겨운 일들이 생길 때면 마음은 힘들어도 이런 일들이 내 영혼을 더 강건하게 한다는 믿음으로 버틸 수 있게 되었습니다. 이것이 내 인생에서 가장 크게 얻은 소득입니다. 기도에 하느님의 응답을 받지 못해도 실망하지 마십시오. 기도에 대한 즉각적인 응답이 없는 데는 주님의 깊은 뜻이 담겨 있으며, 우리와 거리를 두실지라도 주님은 늘 우리를 지켜보십니다.

또 복음에는 병고에 시달리는 이들이 주님을 만지려고 손을 뻗치며 밀려드는 대목이 나옵니다. 여기서 또 다른 의문이 생깁니다.

왜 하느님은 사람들에게 영원한 젊음, 영원한 건강을 주지 않으셨을까요? 나이가 들수록 몸이 예전 같지 않다고 걱정하는 사람들이 많습니다. 심지어 늙으면 사회에 필요 없는 존재니 차라리 일찍 죽는 편이 낫다고 한탄하는 사람들도 있습니다. 물론 나이를 먹으면 불편한 점이 한두 가지가 아닙니다. 몸은 병에 걸리고, 여기저기가 아파서 사는 게 사는 것 같지 않은 좌절감에 빠지기도 합니다.

그렇다면 하느님은 왜 우리가 늙어 가게 만드셨을까요? 여러 가지 이유가 있는데 그 가운데 하나가, 우리의 노년을 영성의 시기로 이끌기 위함입니다. 사람은 젊고 건강할 때는 인생이 온통 자기 것이라는 생각에 함부로 살아가는 어리석음을 범합니다. 사람은 모든 것이 충족되면 감사하는 것이 아니라 반대로 불만을 갖고 짜증을 냅니다. 그리고 오히려 모자라거나 힘들 때, 지금 가진 것에 감사하는 마음을 갖게 되는 것이지요. 나이가 들수록, 사람이 귀하고 물건이 귀하고 시간이 귀하다는 것, 그리고 자기의 인생이 온전히 자기 것이 아니라는 것을 깨닫는 귀한 은총을 받습니다. 주님께서 기도에 응답하시지 않고 우리와 거리를 두시는 것도, 우리에게 노년을 주신 것도 모두 그분의 크나큰 뜻입니다.

내가 살아야 하는 이유들과

내가 죽어야 하는 이유들을 적어 보세요.

_____

_____

_____

_____

2장

지지고 볶으며 사세요

유다도 버리지 않으셨다

예수님께서 산에 올라가신 다음, 당신께서 원하시는 이들을 가까이 부르시니 그들이 그분께 나아왔다. 그분께서는 열둘을 세우시고 그들을 사도라 이름하셨다. 그들을 당신과 함께 지내게 하시고, 그들을 파견하시어 복음을 선포하게 하시며, 마귀들을 쫓아내는 권한을 가지게 하시려는 것이었다. 이렇게 예수님께서 열둘을 세우셨는데, 그들은 베드로라는 이름을 붙여 주신 시몬, '천둥의 아들들'이라는 뜻으로 보아네르게스라는 이름을 붙여 주신 제베대오의 아들 야고보와 그의 동생 요한, 그리고 안드레아, 필립보, 바르톨로메오, 마태오, 토마스, 알패오의 아들 야고보, 타대오, 열혈당원 시몬, 또 예수님을 팔아넘긴 유다 이스카리옷이다.

마르 3,13-19

예수님께서 산에 오르시어 당신께서 원하는 사람들을 가까이 부르시자 그들이 그분께 나아왔다는 말씀입니다. 이 복음은 짧지만 아주 깊은 의미를 담고 있습니다. 먼저 산에 오르셨다는 말씀을 생각해 봅시다. 산은 하느님과 사람이 만나는 자리, 기도하는 자리, 세상과는 다른 자리라는 의미가 있습니다. 예수님은 성부와의 대화가 필요할 때마다 산에 오르셨습니다. 아무도 동반하지 않은 채 말입니다. 그런데 그런 자리에, 아주 사적인 장소에 사람들을 초대하신 것입니다. 그만큼 산으로 부르신 사람들의 존재감이 크다는 의미입니다.

그것은 바로 다음 구절을 보면 알 수 있습니다. "당신께서 원하시는 이들을 가까이 부르시니." 원하는 사람들, 평소 눈여겨본 사람들을 초대하신 것입니다. 그것도 열두 명을! 예수님은 왜, 무엇을 위해서 그러셨을까요? 그들을 파견하여 복음을 선포하게 하시려고, 그래서 옛 이스라엘 열두 지파를 상징하는 열두 제자, 곧 당신의 대리자들을 선발하신 것입니다. 그만큼 이 복음 내용은 주님에게는 아주 의미심장한 사건이었습니다.

그런데 제자들의 이름을 하나하나 살펴보면 의아한 생각이 들지 않을 수 없습니다. 주님이 뽑으신 열두 제자들의 면모가, 일반적 기준으로 볼 때 별로 탐탁지 않은 사람들이었기 때문입니다. 예수님의 말씀을 제대로 못 알아듣는 제자도 있었고, 자리다툼을 벌이는 제자도 있었으며, 의심 많은 제자, 예수님과 사사건건 정치적인 의견을 달리하는 제자도 있었습니다. 심지어는 당신을 팔아넘길 제자까지도 있었습니다. 예수님은 왜 그런 이들을 고르셨을까요? 왜 그리도 문제가 많은 사람들을 부르셨을까요? 여기서 가장 중요한 것은, 제자들 대부분이 자기 문제를 알아차리고서 고치고 다듬으려고 노력하는, 자기 수련의 성향을 가진 사람들이었다는 것입니다.

이것은 당시 바리사이들과는 사뭇 다른 모습입니다. 바리사이들은 말 그대로 자신들은 아무 문제가 없다는, 자기도취적 성향이 강한 사람들이었습니다. 그들은 심리학적으로 자신의 바람직하지 않은 감정을 다른 사람에게 옮겨서 그 감정이 외부에서 오는 위협으로 보이게 하여 자신을 방어했습니다. 또한 분열증적 증세를 보이고 있었기에 서슴지 않고 사람들을 율법으로 단죄하곤 했습니다. 하지만 주님께서는 이들과 정반대 성향을 가진 제자들을 부르셨기에 그 불을 끄기 위한 맞불 작전을 펴실 수 있었습니다.

부제품을 받을 무렵 저는 계속 이 길을 가야 하는지 몹시 갈등했습니다. 그 당시 저는 교회와 사회의 문제점에 대해 열변을 토하곤 했는데, 막상 제 자신이 다른 사람을 가르치는 자리에 가게 되니 여간 부담스럽지 않았던 것입니다. '내가 과연 사제가 될 자격이 있을까? 지금이라도 그만둬야 하지 않을까?'라는 고통스러운 자문자답을 몇 달 동안이나 계속해야 했습니다.

그렇게 간절한 기도를 하다가 피정에서 복음을 묵상하던 중 유다 이스카리옷의 이름이 눈에 띄자 갑자기 마음이 뭉클해졌습니다. 그동안 유다를 주님을 버린 사람이라고만 생각했지, 왜 주님이 유다를 당신의 제자로 받아들이셨는지에 대해서는 생각조차 하지 않았다는 느낌이 불쑥 들었기 때문입니다.

유다의 이름을 보면서, 주님은 유다 같은 사람도 돌보려고 하셨다는 생각이 들었고, 순간 주님의 따뜻한 마음이 느껴졌습니다. 제자들 가운데는 당신의 일을 대신 맡길 의도로 사도로서 뽑은 사람들이 있는 반면, 유다처럼 영혼이 망가져 있어서 곁에 둔 채 신임하고 사랑해 줌으로써 치유하려고 하신 사람도 있음을 알게 된 것입니다. 그래서 저는 주님께 엎드려 기도했습니다.

"주님, 저는 당신 뜻을 사람들에게 전할 자격이 없습니다. 그러나 유다처럼 돌보아 주셔서 제 영혼을 치유해 주시길 간절히 바랍니다."

이렇게 기도를 끝내자 마음이 편해지고 가슴속의 무거운 응어리가 스르르 풀리는 느낌이 들었습니다. 그때 저는 참으로 너그럽고 인자하신 주님, 좋은 스승이신 주님을 만났고, 그분이 언제나 저와 함께하고 계시리라는 것을 깨달았습니다.

당신이 어떤 죄를 지었더라도 주님이 버리지 않으실 것을 믿나요? 믿지 않는다면 어떤 이유 때문인가요?

_____

_____

_____

_____

포기하지 않아서 다행이야

"먼저 힘센 자를 묶어 놓지 않고서는, 아무도 그 힘센 자의 집에 들어가 재물을 털 수 없다. 묶어 놓은 뒤에야 그 집을 털 수 있다. 내가 진실로 너희에게 말한다. 사람들이 짓는 모든 죄와 그들이 신성을 모독하는 어떠한 말도 용서받을 것이다. 그러나 성령을 모독하는 자는 영원히 용서를 받지 못하고 영원한 죄에 매이게 된다." 이 말씀을 하신 것은 사람들이 "그는 더러운 영이 들렸다."고 말하였기 때문이다.

마르 3,27-30

예수님은 사람들의 병든 영혼을 치유하시고자 애를 쓰셨습니다. 우리 인간은 두 가지 병을 안고 삽니다. 그것은 육신의 병과 마음의 병입니다. 예수님은 사람들을 위해 기도해 주시고 위로해 주시며 안수해 주심으로써 육신의 병을 치유해 주셨습니다.

그러나 당신은 육신의 병보다 더 심각한 것이 마음의 병이라는 사실을 잘 알고 계셨습니다. 그리고 마음의 병이 완고하고 적의에 찬 말을 들을 때 생긴다는 것을 아셨기에, 상처로 인해 스스로 마음에 감옥을 만들고 자기 영혼을 가두는 사람들에게 자유를 주고자 하셨습니다. 그래서 늘 고통스러운 죄의식 속에서 자기를 학대하던 사람들에게, 주님의 말씀은 그야말로 복된 말씀, 즉 복음이었습니다. 주님의 말씀에 사람들이 내면의 감옥에서 풀려나자, 그동안 여러 가지 병적인 가르침으로 사람들을 죄인으로 만들어 자기 욕심을 채우며 살아온 자들은 주님을 악령 들린 자라고 단죄하기 시작합니다.

사람이 자기 자신을 사랑하지 않고 부끄러워하면 어떤 삶을 살까요? 그런 사람들은 다른 사람에게 인정받기 위해서 필사적으로 노력하는 힘겨운 삶을 살게 됩니다. 부당한 대우를 받아도 싫은 소리 한 번 못하고, 다른 사람들을 지나치게 신경 쓰며 소모적인 삶을 살아갑니다.

또 인정받기 위해서 외적인 면에 치중합니다. 남들이 쉽게 인정해 줄 수 있는 부분에만 신경을 써서, 내면세계가 사막같이 황폐해집니다. 때로는 다른 사람들을 피하고 정서적으로 가까워지기를 거부합니다. 남들이 알아챌까 봐 마음의 문을 닫아 버리고 외로움에 빠져듭니다. 공격적이고 지배적인 성향을 드러내거나, 무슨 일이든 남의 탓을 합니다. 그리고 수치심을 해소하기 위해서, 도덕이나 종교 규범을 엄격하게 준수하면서 자신은 그 뒤에 숨기도 합니다. 신앙생활이 방어막이 되는 것입니다.

    저는 영성 심리를 공부하고 강론과 강의를 하면서 항의 전화를 수도 없이 받았습니다. "왜 신부님은 우리를 정신병자 취급하십니까? 신부님은 정말 이상한 사람입니다. 왜 복음대로 강론하지 않으십니까?" 저는 몹시 당황했습니다. 대학원에서는 당연하게 여겨지는 상담 이론이, 정작 사목 현장에서 심한 거부 반응에 부딪혔으니 말입니다. 심리 치료 이론을 접하고 구원을 얻은 것 같은 기쁨을 교우들과 나누고, 영성 심리를 통해 얻게 된 복음에 대한 새로운 시각을 교우들과 나누고 싶었는데, 정작 현실에서는 받아들여지지 않았습니다. '두꺼운 방어막을 치고 경계하면서, 도움을 주는 사람에게 오히려 손가락질하는 사람들을 앞으로 어떻게 대해야 하나?' 하는 생각에 가슴이 답답해졌습니다. 그냥 예전처럼 할까 하는 생각도 한 적이 있습니다. 하지만 양심이 허락하지 않았습니다. 옛 방법들 가운데는 사람들의 마음을 건강하게 치유하지 못하는 것도 있다는 사실을 알기 때문이었습니다.

    자신의 문제를 고치려고 할 때, 저항감이 크게 생기는 것은 심리

치료 과정에서 흔히 일어나는 일입니다. 특히 어린 시절을 힘들게 보낸 사람일수록 마음 깊은 곳에 콤플렉스가 자리 잡고 있어서 마음을 쉽게 열지 못합니다. 그래서 저는 힘들어하는 사람들을 돕기 위해 할 수 있는 데까지 해 보자고 결심했습니다. 사람들이 들으러 오든 말든 성경을 통해 자신의 마음을 돌보고 치유하는 방법을 알렸습니다. 방송 활동, 집필 활동, 인터넷 카페 개설 등 가리지 않고 방법을 찾았습니다. 씨 뿌리는 사람의 마음으로 언젠가는 결실을 맺기를 기대하면서 말입니다. 다행히 사람들에게 조금씩 이해받기 시작하여 그들에게 마음이 치유되었다는 감사 편지를 받으면서 '포기하지 않아서 다행이다.' 하는 안도의 숨을 쉴 수 있었습니다.

그 과정에서 목표를 정하고 끈질기게 노력하는 것이 정말 중요하다는 깨달음도 새삼스럽게 얻었습니다. 주님의 시대나 지금이나 암 덩어리처럼 사람들 마음속에 자리 잡은 병적인 콤플렉스를 깨뜨리려는 전쟁은 치열하게 계속됩니다. 그렇기에 2천 년 전 이스라엘 사람에게나 현대를 살아가는 우리에게나 주님의 말씀이 꼭 필요한 것입니다.

'완벽해야 한다'는 말을 들으면 어떤 생각이나 느낌이 드나요?

_____
_____
_____
_____

누가 내 어머니고 내 형제들이냐?

그때에 예수님의 어머니와 형제들이 왔다. 그들은 밖에 서서 사람을 보내어 예수님을 불렀다. 그분 둘레에는 군중이 앉아 있었는데, 사람들이 예수님께 "보십시오, 스승님의 어머님과 형제들과 누이들이 밖에서 스승님을 찾고 계십니다." 하고 말하였다. 그러자 예수님께서 그들에게, "누가 내 어머니고 내 형제들이냐?" 하고 반문하셨다. 그리고 당신 주위에 앉은 사람들을 둘러보시며 이르셨다. "이들이 내 어머니고 내 형제들이다. 하느님의 뜻을 실행하는 사람이 바로 내 형제요 누이요 어머니다."

마르 3,31-35

개인의 삶에서 가족은 매우 중요한 존재입니다. 가족은 인간이 의지하는 공동체의 가장 핵심 단위이기 때문입니다. 사람은 가족들

사이에서 사회를 배우고, 가족으로부터 정서적 지지를 받기 때문에, 가족은 인간의 성장에 꼭 필요하며 참으로 중요한 존재입니다. 우리가 잘 모르는 사람을 판단하고자 할 때, 집안 내력을 살펴보는 것도 바로 이런 이유에서입니다. 가정 환경이 사람의 심성에 얼마나 크게 영향을 미치는지를 잘 알기 때문입니다.

팔레스타인 지역에서 가족은 심리적 관점을 넘어서 생존을 위해 꼭 필요한 '나의 군대'라는 의미가 있습니다. 내가 다른 사람들한테 불이익을 당했을 때, 내 가족들은 마치 내 수하의 군인들처럼 나를 보호해 주고 나를 위해 싸워 주기에, 가족은 단순한 혈연관계 이상의 의미를 갖는 것입니다.

그런데 왜 주님은 이 복음에서 혈육을 부정하시는 듯한 이야기를 하신 걸까요? 상담을 하면서, 생소하면서도 당연한 사실 하나를 알게 되었습니다. 한 개인의 모든 문제는 아버지, 어머니, 자식이라는 삼각관계 안에서 발생한다는 사실입니다. 어렸을 때 부모에게 충만한 사랑과 이해, 보호를 받은 사람은 건강하게 성장하고, 그렇지 못하면 외롭고 힘들게 사는 경우가 많다는 것입니다. 이렇듯 가정은 심리적 보약이 되기도 하지만 독이 될 수도 있습니다.

또한 가족들과는 진지한 대화를 나누기 어렵습니다. 혈육은 삶의 울타리가 되어 주지만, 내적으로 성장하는 데까지 도움을 주지는 못한다는 것이지요. 내적인 성장을 하려면 함께 대화하고 지지해 주고 이해해 주는 동반자가 필요한데, 혈육은 성장 과정을 보아 왔고 그 틀로만 우리를 바라보기 때문에 적극적인 동반자가 되기 어렵습니다. 특히 부모들은 자식을 '품 안의 자식'으로만 보고 싶어 하는 경향이 강합니다. 그래서 아이가 커서 독립하기보다는 가족이라는 울타리 안에 계속 머물기를 무의식적으로 바랍니다. 마치 날개가 있어도 날지 못하는 닭처럼 살아가기를 원하는 것이지요. 그래서 자기 인생에서 높이 비상하기를 원하는 사람은 내적 가출, 내적 독립을 해야 합니다. "누가 내 어머니고 내 형제들이냐?" 하신 주님의 말씀은, 우리가 내적으로 성장하기 위해서 어떤 스승이 필요하며, 어떤 동료들과 함께 갈지 묵상해 보도록 합니다. 이 말씀이 전적으로 가족을 부인하라는 뜻이 아니라는 점을 우리는 기억해야 하겠습니다.

어느 날 저는 부모님에 대해 생각하게 되었습니다. 부모님은 저에게 어떤 분들이었을까요? 어린 시절에는 아버지와의 관계가 참 좋았습니다. 그런데 사춘기에 접어들 무렵, 가세가 기울며 아버지는 성격이 차차 변했습니다. 당시에는 모든 것을 돈이라는 기준으로만 보는 아버지가 싫었습니다. 그래서 어린 마음에 '나는 절대로 아버지처럼 살지 않겠어.'라고 수없이 되뇌었지요. 그래서 그런지,

요즘은 텔레비전에서 아들과 아버지가 정겹게 대화를 나누는 장면을 볼 때면 마음속 저 아래서 부러움이 올라옵니다.

저는 책에 대한 집착이 강해서 보든 안 보든 무조건 모아 둡니다. 왜 그런가 그 이유를 가만히 살펴봤더니, 제 문제를 들어 주고 공감해 주는 사람이 없어서 그런 것이었습니다. 부모님과 대화가 부족하여 그 빈자리를 채우기 위해서 성당에 다녔고 신학교에 들어갔습니다. 그래도 여전히 제 문제에 대해서 대화를 나눌 사람이 없었습니다. 그렇게 늘 대화에 대한 갈증을 느끼다가 결국 책에 의존하게 된 것입니다. 지금 저는 거의 문자 중독 수준입니다. 또 어쩌다가 대화가 통하는 사람을 만나면, 걸신 들린 사람처럼 술을 사고 밥을 사면서 꽁꽁 묻어 둔 이야기를 꺼냅니다.

우리의 인생길에는 꼭 필요한 존재가 셋이라고 합니다. 하느님, 스승, 그리고 친구입니다. 여러분 모두 그리스도의 제자로서 길을 가며, 스승과 친구를 꼭 만나시길 바랍니다. 그래야 오랫동안 방황하지 않고 건설적으로 살 수 있을 것입니다.

내 인생길에서 필요한 것들은 무엇인지 목록을 적어 보세요.
그중 가진 것과 갖지 못한 것은 무엇인지 점검해 보세요.

_____

_____

_____

_____

나는 어떤 씨앗일까?

"자, 들어 보아라. 씨 뿌리는 사람이 씨를 뿌리러 나갔다. 그가 씨를 뿌리는데, 어떤 것은 길에 떨어져 새들이 와서 먹어 버렸다. 어떤 것은 흙이 많지 않은 돌밭에 떨어졌다. 흙이 깊지 않아 싹은 곧 돋아났지만, 해가 솟아오르자 타고 말았다. 뿌리가 없어서 말라 버린 것이다. 또 어떤 것은 가시덤불 속에 떨어졌는데, 가시덤불이 자라면서 숨을 막아 버려 열매를 맺지 못하였다. 그러나 어떤 것들은 좋은 땅에 떨어져, 싹이 나고 자라서 열매를 맺었다. 그리하여 어떤 것은 서른 배, 어떤 것은 예순 배, 어떤 것은 백 배의 열매를 맺었다."

마르 4,3-8

사람의 마음은 밭과 같습니다. 씨앗은 좋은 말씀을 의미합니다. 그런데 이 마음의 밭이 사람마다 똑같지 않습니다. 어떤 곳은 비옥

하고, 어떤 곳은 황폐하기 이를 데 없습니다.

왜 그럴까요? 여러 이유가 있지만, 가장 큰 이유는 부모와의 관계입니다. 부모에게 관심을 받은 아이의 마음은 비옥한 밭이 됩니다. 그러나 부모에게 무시당하고 방치된 아이의 마음은 황폐해집니다. 온갖 상처와 콤플렉스들은 마음의 밭을 길바닥으로, 돌밭으로, 가시덤불로 만들어 버립니다. 그래서 아무리 좋은 이야기를 들어도 귓등으로 흘리고 오로지 욕구만 따르는 인생을 살게 됩니다.

사춘기 때, 열매를 수십 배 맺는 씨앗이 되라는 강론을 들었습니다. 그런데 참 마음이 무거웠습니다. '나는 어떤 씨앗일까?' 하고 스스로에게 물었더니, '나는 그런 씨앗이 되지 못할 거야. 주님 말씀을 늘 묵상하지 않는 것으로 보아 내 마음은 길바닥이고, 기도할 때는 주님 뜻대로 살 것처럼 하다가 일상생활에서는 다시 세속적이 되니 돌밭이기도 하고, 주님 뜻대로 살기보다는 내가 하고 싶은 대로 하고자 하니 내 마음은 온통 가시덤불이야.' 하는 소리들이 줄곧 머릿속에 맴돌았습니다.

그러다가 영성 심리를 만나면서 숨통이 트였습니다. 그토록 혐오했던 온갖 욕구들이 악의 부산물이 아니라, 인간의 생존을 위해 필수적인 것이라는 사실을 알고 나서입니다. 내 안의 감정들은 좋고 나쁜 것이 아니라 다른 영양소들처럼 넘치거나 모자랄 때 문제를 일으킨다는 것을 알게 되었습니다. 이것을 깨달은 후, 모든 사람들의 마음이 길바닥이고 돌밭이며 가시덤불이라는 사실을 알았습니다. '인간은 온갖 콤플렉스로 이리저리 뒤엉켜 사는 약한 존재구나.'라는 것을 깨닫게 된 것입니다.

신자들에게 여러분은 왜 아무 결실을 맺지 못했느냐고 다그치는 사람이야말로 열매 없는 가라지이며 강박증[1] 환자이고 자기애적 성격 장애자[2]라는 것을 알게 되었습니다. 그래서 살이 찢기는 고통을 감내하면서, 그런 사람들이 만든 덫에서 빠져나오려고 몸부림쳤습니다. 그들이 제 안에 만든 영혼의 감옥을 깨부수기 시작했습니다. 그제야 주님의 진면목을 느낄 수 있었습니다. 그분이 얼마나 우리에게 정을 주고자 하시는지를 온몸으로 느낄 수 있었습니다.

사람의 마음은 길바닥이고 돌밭이며 가시덤불입니다. 그런 자신

---

1 강박증: 불합리한 생각이 머리에서 떠나지 않고, 그 생각을 떨치려고 할수록 더욱 초조해지는 정신 이상증을 말한다.

2 자기애적 성격 장애자: 팽창된 거짓 자기를 가진 사람으로, 자신에 대해 과장된 자아상을 가지고 있기에 무한한 성공 욕구에 시달리며, 주위 사람들로부터 존경과 관심을 끌려고 애쓴다. 가장 좋지 않은 것은 주위 사람들이 오로지 자기 행복만을 위해 존재하는 것처럼 여기고, 그들을 종처럼 부리는 것이다. 그래서 성질 더러운 사람이라는 소리를 듣는 경우가 많다.

을 미워하지 말고, 길바닥이, 돌밭이, 가시덤불이 기름진 흙이 될 때까지 잘 돌봐야 합니다. 주님은 의인이 아니라 죄인을 부르러 왔다고 하셨습니다. "나는 기름진 밭이다!"라고 외치는 교만한 자들을 위해서가 아니라, "저는 길바닥이고 돌밭이며 가시덤불입니다!"라며, 실망감과 좌절감에 빠져 사는 가난한 사람들을 돌보러 오셨다는 말입니다. 그러니 있는 그대로 팔을 벌리고 주님을 맞아들이시기 바랍니다.

가끔 신자들로부터 "좋은 씨앗이 되려면 어떻게 해야 됩니까?"라는 질문을 받습니다. 여기에는 여러 가지 답이 있습니다. 그러나 가장 정확한 답은 좋은 습관을 키워야 한다는 것입니다. 간혹 "그냥 살다가 죽기 직전에 회개하면 되지."라고 농담처럼 말하는 사람도 있는데, 삶은 생각을 바꾼다고 금방 변하지 않습니다. 사람은 습관의 동물이기 때문입니다. 영국의 시인이자 극작가인 존 드라이든 John Dryden은 이렇게 말했습니다.

"처음에는 우리가 습관을 만들지만 나중에는 습관이 우리를 만든다."

기도하는 습관, 선행을 하는 습관은 하루 이틀에 몸에 배는 것이 아닙니다. 공부하는 몸을 만들려면 오랜 시간 노력해야 하는 것처럼, 신앙인의 삶 역시 노력과 시간이 필요합니다. 그래야 좋은 씨앗이 될 수 있습니다.

나는 어떤 씨앗이라고 생각하나요?
그리고 자신의 인생이 어떤 인생이라고 생각하나요?

_____
_____
_____
_____

내 마음의 아이가 울고 있어요

예수님께서 혼자 계실 때, 그분 둘레에 있던 이들이 열두 제자와 함께 와서 비유들의 뜻을 물었다. 예수님께서 그들에게 대답하셨다. "너희에게는 하느님 나라의 신비가 주어졌지만, 저 바깥 사람들에게는 모든 것이 그저 비유로만 다가간다. '보고 또 보아도 알아보지 못하고 듣고 또 들어도 깨닫지 못하여 저들이 돌아와 용서받는 일이 없게 하려는 것이다.'"

마르 4,10-12

하느님 나라와 알아듣지 못한다는 것은 어떤 연관이 있을까요? '우선 하느님 나라는 무엇인가?'라는 것부터 생각해 보도록 하겠습니다. 장소적 개념으로 볼 때 하느님 나라는 천국을 의미합니다. 죽어서 영원한 생명을 얻고 하느님과 영원한 삶을 함께하는 천국은,

우리 교회뿐만 아니라 다른 종교들도 공통적으로 갖는 내세관입니다. 영성 심리에서는 하느님 나라를 심리적 관점으로 이해합니다. 마음이 건강한 상태, 그것을 하느님 나라라고 합니다. 몸이 건강하면 입맛이 좋고 잠도 잘 자며 다니기도 잘하듯이, 마음이 건강하면 사는 것이 힘들고 가난해도 감사할 것들이 눈에 보이고 마음에 행복감을 가득 채울 수 있습니다. 이처럼 '더 바랄 게 없다.'라는 마음이 들면 그 마음이 바로 천국입니다.

그럼 마음이 행복한 상태가 되려면 어떻게 해야 할까요? 먼저 자신의 마음을 들여다보면서, 이해하고 받아들이는 '자기 수용 훈련'을 해야 합니다. 우리가 자기 마음에 집중하면 그 관심만으로도 마음이 살아나서, 인생을 건강하게 만들려고 노력하고 생산적인 일에 에너지를 집중해서 쓸데없는 일로 지치지 않습니다.

그러면, 위의 복음 말씀에서 언급한 알아보지 못하고 알아듣지 못하는 사람들은 어떤 사람들일까요? 자기 마음을 이해할 줄 모르는 사람들을 말합니다. 자기 마음을 들여다보지 않으면 우리는 모든 문제가 남들에게 있지 자기에게 있지 않다고 자신을 속이게 됩니다. 자신의 문제를 인정하지 못하면 남들에게서 문제를 찾게 될 수밖에 없습니다. 남편에게 문제가 있어서, 시어머니가 잘못해서, 직장 상사가 인격적이지 않아서 등등, 자기한테는 문제가 없는데 상대방이 나를 힘들게 한다고 생각합니다. 그럴수록 갈등은 심해지고 해결은 어려워집니다. 언제나 남을 탓하면서 자기는 문제가 없다고 하는 것은 결국 퇴행적인 인생, 별 볼일 없는 인생길로 자신을 내모는 결과를 낳습니다. 또한 자기의 문제를 숨기고 좋은 모습만 보이려고 하거나, 자신이 완벽한 사람이라는 인상을 심어 주려고 하면 결국 사람들은 떠나고 맙니다. 그리고 외로움에 남 탓, 세상 탓을 하면서 살지요. 참으로 답답한 인생입니다.

상담을 받을 때, 상담가가 여러 번 저에게 해 준 말이 있습니다.

"신부님 안의 아이를 보세요. 그 아이가 울고 있어요."

'아니, 내 안의 아이를 보라니, 내 아이가 울고 있다니, 무슨 소리일까? 나는 신부인데, 무슨 말을 하는 걸까?' 아무리 생각해도 쉽게 납득이 가지 않았습니다. 그렇게 몇 개월이 지난 어느 날, 기도 중에 갑자기 제 아이가 보였습니다. 아주 오랫동안 버려져 있던 아이가 몹시 우울한 얼굴로 제 앞에 있는 모습이 보였습니다. '아, 저 아이를 보라는 말이었구나.' 하는 생각이 들면서, 가슴에서 언뜻 뜨거운 것이 올라왔습니다. 제가 우는지, 제 안의 아이가 우는지 분간이 안 될 정도로 혼자서 흐느껴 울었습니다. "미안하다. 내가 오랫동안 너를 미워했구나." 하는 소리가 나도 모르게 나오더군요.

그날 이후, "보고 또 보아도 알아보지 못하고 듣고 또 들어도 깨닫지 못하는 사람들"이라는 복음 구절을 통해 예수님께서 어떤 메시지를 주고 싶어 하셨는지 알게 되었습니다. 그러면서 '아, 이 복음은 살아 있는 말씀이구나!' 하는 감동이 밀려왔습니다.

그 후로 '나만 그런 줄 알았는데 많은 사람들이 힘들게 살고 있구나.' 하는 것을 깨닫게 되었습니다. 그때부터 제가 공부한 것을 나누기 시작했습니다. 그 과정에서 자신을 길거리에 나뒹구는 쓰레기처럼 느끼던 자의식에서 벗어나 '나도 다른 사람들에게 필요한 존재구나.' 하는 건강한 자의식을 가지게 되었습니다. 자기 마음과 대화를 많이 나누십시오. 언젠가 내면의 아이와 얼굴을 마주할 날이 있을 것입니다. 그날 비로소 마음공부가 시작되고, 여러분 마음에도 봄날이 옵니다.

자신의 과거 중 유난히 마음 아픈 기억을 찾아보고, 떠올려 보세요. 그러고는 그 시절의 별명이나 이름을 불러 보는 시간을 가져 보세요.

_____

_____

_____

_____

신부님은 예쁜 여자만 좋아하는 것 같아요

"말씀이 가시덤불 속에 뿌려지는 것은 또 다른 사람들이다. 이들은 말씀을 듣기는 하지만, 세상 걱정과 재물의 유혹과 그 밖의 여러 가지 욕심이 들어가, 그 말씀의 숨을 막아 버려 열매를 맺지 못한다. 그러나 말씀이 좋은 땅에 뿌려진 것은 이러한 사람들이다. 그들은 말씀을 듣고 받아들여, 어떤 이는 서른 배, 어떤 이는 예순 배, 어떤 이는 백 배의 열매를 맺는다."

마르 4,18-20

이 구절에서는 세상 걱정, 재물의 유혹, 그 밖의 여러 가지 욕심 때문에 말씀이 열매를 잘 맺지 못한다고 이야기하는데, 이는 영성 심리적 관점에서 꼼꼼하게 보지 않으면 심리적 부작용을 불러일으킬 가능성이 높습니다. 인생을 살면서 세상 걱정 하나 없이 사는 사람은 아무도 없습니다. 사람은 아이 때부터 늙어 죽을 때까지 걱정 속에 파묻혀 삽니다. 재물의 유혹 역시 마찬가지입니다. 돈이 없으면 집 밖으로 한 발자국도 옮길 수 없고, 가정을 꾸리고 풍족하게 살려면 재물이 꼭 필요하기에, 재물에 대한 욕심 역시 인생살이에서 어쩔 수 없는 것입니다. 그 밖의 욕심들도 마찬가지입니다. 인간이 가진 모든 욕망은 생존하는 데 필수적이기에 부정적으로만 보아서는 안 됩니다.

그런데 주님께서는 어째서 이런 말씀을 하셨을까요? 걱정이나 욕망이 지나칠 경우, 마음의 눈이 좁아지기 때문입니다. 우리가 자신의 마음의 주인이 되지 못하고 걱정거리나 욕망에게 그 자리를 빼앗긴다면 우리의 영혼은 풍랑 속의 배처럼 뒤흔들립니다. 주님이 이런 말씀을 하신 까닭이 바로 이 때문입니다. 이런 삶을 사는 사람들은 결국 자기 영혼을 죽음의 길로 몰아넣기 때문에 예수님께서는 걱정되는 마음에 경고를 하신 것입니다.

오래전 한 노老신부님이 임종하기 전에 "사제들은 돈과 여자, 명예를 조심하라."라는 유언을 남겼습니다. 사제들이 그런 것을 하느님보다 더 가까이할까 봐 그런 유언을 남겼다고 합니다. 신학생 시절에 이 이야기를 듣고 '아 그래, 모름지기 사제라면 당연히 그런 것을 멀리해야지.' 하고 생각했습니다. '나는 절대로 그런 사제가 되지 않겠다!'라고 생각한 것입니다. 그런데 사제품을 받고 처음으로 나간 본당에서 보좌 신부를 하다가 어느 날은 한 자매가 하는 말을 들었습니다.

"신부님은 예쁜 여자만 좋아하는 것 같아요!"

저는 이 말에 버럭 화를 냈습니다.

"제가 언제 그랬단 말입니까?"

그러나 곰곰이 생각하다가 예쁜 여자들만 보면 저절로 눈길을 보냈다는 사실을 알게 되었습니다. 그다음부터는 제 몸을 마음의 동아줄로 묶어 버렸습니다. 돈 문제도 마찬가지였습니다. 간혹 사제에게 용돈이라도 챙겨 주는 신자들을 만나면 마치 못 볼 것을 본 사람처럼 손사래를 쳤습니다. 그러나 그런 마음을 가질수록 돈 있는 사람들을 보면 미워하게 되었습니다.

'돈을 많이 버는 사람들은 다 도둑놈이야!'

심지어는 인문 과학 서적을 읽고 독점 자본주의, 천민 자본주의 운운하면서 돈 많은 사람들에 대한 미움을 합리화하곤 했습니다. 이른바 '홍위병 콤플렉스'에 걸린 것입니다.

그렇게 정의롭게 살아야겠다는 의지로 내 안의 모든 욕구를 죄악시하다 보니, 세상에 미운 사람이 하나둘이 아니었습니다. 더 힘든 것은 부정적인 투사가 심해지면서 마음속이 연옥처럼 되어 버린 것입니다. 마치 제 영혼이 불가마 속에 던져진 것 같았습니다. 제가 사는 것이 무엇인가 잘못되었다는 느낌이 있어도, 어떻게 살아야 하는지를 몰랐기 때문이었겠지요. 그러다가 영성 심리를 만났습니다. 그제서야 저는 제 삶이 건강하지 못했다는 것과 그냥 두었더라면 자칫 신경증 환자나 정신병자가 될 수도 있었음을 알게 되었습니다.

그 이후로 제 삶은 방향이 180도 바뀌었습니다. 공부하면서 자신의 감정을 미워하거나 억압하지 말라는 것을 깨닫게 된 뒤라 지금은 제 자신의 감정을 솔직히 이야기합니다. "저는 예쁜 여자를 좋아합니다." 하고 스스럼 없이 인정합니다. 스스로의 성향을 인정하고 나니 마음이 홀가분해지더군요. 예쁜 자매만 찾는다고 눈을 흘기는 자매들은 여전하지만 제 마음은 한결 편해졌습니다. 돈에 대한 생각도 바뀌었습니다. 지금은 아예 대놓고 말합니다. "기도도 좋고요. 현찰도 좋습니다." 그랬더니 아무도 손가락질하지 않았습니다. 지금은 그냥 그렇게 제 안의 가시덤불을 인정합니다. 그랬더니 그 안에 숨 쉴 틈이 생기고, 사람을 미워하는 마음도 가라앉았습니다. 그만큼 저는 편안하게 잘 살고 있습니다.

자기 마음속을 들여다볼 때 보고 싶지 않은 것들은 어떤 것들인지 적어 보세요.

_____
_____
_____
_____

내가 웃는 게 웃는 게 아니야

예수님께서 또 그들에게 말씀하셨다. "누가 등불을 가져다가 함지 속이나 침상 밑에 놓겠느냐? 등경 위에 놓지 않느냐? 숨겨진 것도 드러나기 마련이고 감추어진 것도 드러나게 되어 있다. 누구든지 들을 귀가 있거든 들어라." 예수님께서 다시 그들에게 말씀하셨다. "너희는 새겨들어라. 너희가 되어서 주는 만큼 되어서 받고 거기에 더 보태어 받을 것이다. 정녕 가진 자는 더 받고 가진 것 없는 자는 가진 것마저 빼앗길 것이다."

마르 4,21-25

유행가 가사 가운데 "내가 웃는 게 웃는 게 아니야. 내가 사는 게 사는 게 아니야."라는 구절이 있습니다. 남들이 볼 때는 성공한 사람인데, 스스로 만족하지 못하고 공허함을 느끼는 사람. 남들이 볼 때는 이상적인 결혼을 했는데, 정작 본인은 행복감을 느끼지 못하는 사람. 남들이 볼 때는 정말 일을 잘하는데, 스스로 자신이 한 일에 자신감을 갖지 못하는 사람. 이런 사람들이 고민을 털어놓으면 대개 주변 사람들은 "배불러서 하는 소리야." 혹은 "굶어 보면 알게 돼."라고 말하며 귀 기울여 들으려고도 하지 않습니다. 그러나 외적인 성공을 거둔 사람들 가운데서도 공허함을 느끼는 경우가 많습니다. 이렇게 공허함을 느끼는 사람들은 대부분 인생의 덫에 걸린 사람이기 때문입니다.

인생의 덫이란 무엇일까요? 그것은 어린 시절에 시작되어 일생 동안 반복되는 패턴입니다. 우리 가운데는 어른이 되었지만 학대받고 무시당하고 조롱당한 어린 시절의 패턴을 무의식적으로 반복하고, 자신이 원하는 삶과는 반대로 살아가는 사람들이 있습니다. 바로 인생의 덫에 걸린 사람들입니다. 인생의 덫은 여러 가지 부정적이고 격렬한 감정을 불러일으키면서 인간의 생각과 감정, 대인관계에 영향을 크게 끼칩니다. 이런 사람들은 자신이 어떤 덫에 걸렸는지 살펴보고 그 덫에서 벗어나는 작업을 해야 합니다. 그렇지 않으면 나이가 들며 점점 더 무기력해지고 우울해져서, "내가 웃는 게 웃는 게 아니야. 내가 사는 게 사는 게 아니야." 하는 노래를 부르면서 다니게 될지도 모릅니다.

주님은 인생의 덫에 걸린 사람을, "등불을 가져다가 함지 속이나 침상 밑에 두는 사람"에 비유하시며 인생의 덫을 치우라고 이르십니다. 또한 "정녕 가진 자는 더 받고 가진 것 없는 자는 가진 것마저 빼앗길 것이다."라는 말씀도 하십니다. 예수님께서 어째서 없는 사람에게서 가진 것마저 빼앗으려고 하시는지 참으로 알 수 없었는데, 마음공부를 하면서 비로소 그 이유를 이해하게 되었습니다.

청년 시절 무기력증에 걸려서 오랫동안 헤맬 때, 저는 늘 세상을 원망하고 부유하지 않은 부모님을 탓했습니다. 친구들을 만나면 술주정으로 신세타령이나 해서, 친구들이 "너 또 우는소리냐?" 하면서 고개를 돌릴 정도였습니다. 그렇게 우는소리를 하는 동안 저는 아무것도 하지 않았습니다. 이렇게 세상을 원망하며 백수건달로 살아가는 저를 아무도 쓸모 있는 사람으로 여기지 않았습니다. 그것이 서러워서 더욱 우울해졌습니다. 그러다가 어느 날부터 기를 쓰고 다른 사람들에게 필요한 존재가 되어야겠다고 결심했고, 상담심리를 공부하게 되었습니다.

심리 치료를 하면서 사람들을 많이 만나 사랑받으면서 저는 마음이 풍족해졌습니다. 시간이 지나 돌아보니, "가진 것 없는 자는 가진 것마저 빼앗길 것이다."라고 하신 주님의 말씀은, 우울감에 사로잡혀서 생산적인 활동을 하지 않는 사람은 결국 모든 것을 잃고 만다는 뜻임을 알게 되었습니다. 사람은 결국 자신의 가치를 스스로 만들어 내는 존재입니다. 그리고 그 가치가 높아지면 자연스레 복도 뒤따라옵니다. 주님은 이러한 이치를 역설적으로 표현하신 것입니다. 다른 사람들에게 작은 도움이라도 되는 사람은 행복합니다. 그것이 작은 불씨가 되어서 마침내는 큰 불로 번지기 때문입니다. 반면 불 꺼진 재처럼 사는 사람은 불행합니다. 아무도 거들떠보지 않을 뿐만 아니라, 도움을 청하는 사람도, 도와주는 사람도 없기 때문입니다. 쌓이는 것이라고는 외로움뿐입니다. 그러니 무엇이라도 남에게 도움이 될 만한 것을 하나씩 마련하시기 바랍니다. 언젠가는 그것 덕분에 자신의 인생이 180도 바뀔 것입니다.

눈을 감고 하늘을 나는 상상을 해 보세요.
이때 내 발목을 잡고 있는 것이 무엇인지 살펴보세요.

마지막 손님, 죽음

¹예수님께서 또 말씀하셨다. "하느님의 나라는 이와 같다. 어떤 사람이 땅에 씨를 뿌려 놓으면, 밤에 자고 낮에 일어나고 하는 사이에 씨는 싹이 터서 자라는데, 그 사람은 어떻게 그리되는지 모른다. 땅이 저절로 열매를 맺게 하는데, 처음에는 줄기가, 다음에는 이삭이 나오고 그다음에는 이삭에 낟알이 영근다. 곡식이 익으면 그 사람은 곧 낫을 댄다. 수확 때가 되었기 때문이다."

마르 4,26-29

"곡식이 익으면 그 사람은 곧 낫을 댄다. 수확 때가 되었기 때문이다." 수확 때가 되었다는 것은 우리가 맞이하게 되는 죽음의 상황을 의미합니다. 평생 이룬 것들을 하느님께서 거두어 가신다는 뜻으로, 죽음을 은유적으로 표현한 말로 볼 수 있습니다.

사람은 언젠가 죽음을 맞이합니다. 사람에게 죽음은 피할 수 없는 운명입니다. 어떤 종교에서는 죽음에 대해, 삶은 영원하지 않으니 이 세상에 너무 마음을 두지 말라고 가르칩니다. 그렇지만 우리가 정말로 마음에 두고 싶지 않은 것은 죽음입니다. 우리는 죽음보다는 어떻게 살 것인가를 훨씬 더 자주 생각합니다. 인간에게 삶에 대한 애착은 본능적이기 때문입니다.

그런데 간혹 죽음을 지나치게 민감하게 대하는 사람들을 보게 됩니다. 이들은 죽는다는 말조차 들으려 하지 않고, 죽음에 관해 말조차 꺼내지 못하게 하며, 자신도 언젠가는 죽는다는 사실을 결코 인정하지 않습니다.

왜 그럴까요? 첫 번째 이유는, 자신이 살아온 날을 매우 낮게 평가하기 때문입니다. 이들은 자기 인생의 결실이 너무 적다고 생각합니다. 그래서 죄악으로 얼룩진 자신의 삶을 하느님이 절대 용서하지 않으시리라고 생각한 나머지, 죽은 다음 받게 될 처벌을 두려워하며 생각조차 하기 싫어합니다.

두 번째 이유는, 지금의 삶에 지나치게 안주하고 있기 때문입니다. 하는 일마다 잘되어 무서울 것이 하나 없을 때, 사람은 전능감全能感에 취하고 맙니다. 마음속으로 '이대로 계속!'이라고 구호를 외치지요. 이런 상황에서는 죽음을 일종의 박탈로 느끼기 때문에 도저히 받아들이지 못합니다.

세 번째 이유는, 충족하지 못한 욕구가 많기 때문입니다. 즉, 마음에 맺힌 한이 많아서 죽음을 받아들이기 어려운 것입니다.

하지만 사람은 누구나 죽습니다. 그렇다고 매일 죽음을 생각한다면 살맛이 안 날 수도 있고, 반대로 죽음에 대한 생각을 아예 기피해도 그 또한 마음의 병을 키우는 결과를 낳습니다. 모든 일이 그렇듯이, 죽음에 대해서 지나치지도 모자라지도 않게 생각하는 시간을 가져야 합니다. 교회에서 연중 전례 중에 사순 시기를 갖는 것도 바로 그런 이유입니다. 사람이 죽으면 흙으로 돌아간다고 하지요. 그러나 흙은 죽음이면서 동시에 생명입니다.

제가 어린 시절 만난 성모님은 제게 흙이고 땅이셨습니다. 별 생각 없이 시작한 묵주 기도였지만, 성모님은 늘 제 기도에 응답해 주셨고, 할 일 없이 지내던 저를 쓸모 있는 사람이 되게 하려고 별의별 수단을 다 동원하셨습니다. 수많은 사람들과의 만남, 수많은 일들과의 조우를 통해서 제 영혼이 성숙해지기를 바라셨던 것입니다. 참으로 성모님은 기름진 흙과 같은 분이십니다. 기진해 쓰러질 듯 성모상 앞에 무릎을 꿇으면, 성모님은 막막해하는 저를 언제나 다시 일으켜 세우셨습니다. 제 인생이 마치 서걱거리는 마른 풀잎처럼 말라비틀어질까 봐 두려워 아무런 일도, 아무런 시도도 할 수 없을 때, 그때마다 성모님께서는 저를 도와주셨습니다. 여러분들도 그런 상태에 처했을 때, 그냥 아무런 생각 없이 우리의 흠이신 성모님께 자신을 묻으십시오. 그러면 성모님께서 여러분의 마음에 생명을 불어넣으시어 다시 일으켜 주실 것입니다.

'오늘 밤 내가 죽는다'라고 가정하고 유서를 써 보세요.

마음이 허해서 그래

예수님께서 다시 말씀하셨다. "하느님의 나라를 무엇에 비길까? 무슨 비유로 그것을 나타낼까? 하느님의 나라는 겨자씨와 같다. 땅에 뿌릴 때에는 세상의 어떤 씨앗보다도 작다. 그러나 땅에 뿌려지면 자라나서 어떤 풀보다도 커지고 큰 가지들을 뻗어, 하늘의 새들이 그 그늘에 깃들일 수 있게 된다."

마르 4,30-32

어떤 분야에서나 전문가가 되려면 오랜 기간 노력해야 합니다. 그것은 신앙생활에서도 마찬가지입니다. 기도회나 신앙 프로그램을 다녀온 후, 자신이 바뀌었다고 큰소리치는 사람들이 가끔 있습니다. 이렇듯 단번에 산뜻하게 자기를 바꿨다고 하는 사람들을 보면 정말 그렇게 보입니다.

하지만 이런 사람들 가운데 많은 이들이 실제로는 '가짜 발달'을 하고 있습니다. '가짜 발달'이란 발달에 필요한 단계를 제대로 거치지 않은 채, 단시간에 결과를 내고자 하는 마음이 만들어 내는 부작용입니다. 그래서 이런 이들은 어떤 일이 닥치면 다양한 가능성을 검토하지 않은 채, 한 가지 틀로만 사물과 현상을 바라보려고 합니다. 자신의 관심 분야 외에는 마음과 귀를 닫고 통 관심을 두지 않습니다. 이렇게 사는 사람들은 확신에 찬 듯 보이지만 사실은 성장하지 못한 채 제자리걸음을 하고 있는 것입니다.

그럼 가짜 발달이 아니라 진짜 성장을 하려면 어떻게 해야 할까요? 우선, 열린 태도를 지녀야 합니다. 다양한 정보에 귀를 열고 더 깊이 이해하려는 개방적인 자세를 가져야 하느님의 뜻에 맞갖은 성숙함을 얻게 됩니다.

어느 곳에 가든지 조용한 사람이 있는가 하면, 자기 자랑을 하느라 시끄러운 사람이 있습니다. 자기 믿음이 얼마나 깊은지 증명하려고 신자들을 훈계하는 사람들, '왜 이웃을 사랑하고 겸손하게 살지 못하느냐!'라면서 신자들의 마음을 불편하게 하는 사람들, '나는 이렇게 사는데 너희들은 왜 그렇지 못하냐!' 하며 사람들의 콤플렉스를 건드려 자신의 위상을 높이려는 사람들, 이런 사람들의 특징은 자기의 문제는 결코 이야기하지 않는다는 것입니다. 또한 이런 사람들은 아주 화려한 옷을 입고 자기 연출을 하거나, 반대로 늘 허름한 옷을 입고 자신이 검소하고 희생적인 삶을 사는 양 과시합니다. 그러면 마음이 허한 사람들이 그들의 추종자가 되어 '신앙심 깊은 신자'라고 여기저기 입소문을 퍼뜨려 줍니다.

저는 오랫동안 이런 사람들이 인생의 스승인 줄 알았습니다. '저분들은 저렇게 훌륭한데 나는 왜 이 모양인가?' 하는 자책감을 안고 살았습니다. 그들과 저는 아주 다른 세상에서 살고 있고 하느님은 그런 사람들만 사랑하신다고 생각했습니다. 그런데 마음공부를 하면서 비로소 그들이나 저나 하느님 앞에서 다르지 않다는 것을 깨달았습니다. 오히려 정말 겨자씨 같은 사람은 자기 문제를 해결하느라 애쓰며, 남들을 가르치려 들지 않고, 남의 문제를 들추지 않는 사람들이라는 것을 알게 되었습니다. 이렇듯 새로운 눈으로 돌아보니, 제가 훌륭하다고 여겼던 사람들이 어쩌면 사기꾼이 아닐까 하는 생각마저 들었습니다.

가끔 저는 종교 방송을 봅니다. 그런데 이제는 어느 종교를 막론하고 겨자씨 같은 사람과 그렇지 않은 사람을 쉽게 구분하곤 합니다. 자기 문제를 인정하고 그 문제를 풀어 가는 일이 어렵다는 것을 고백하는 사람과 자신은 모든 것을 실천하고 사는 듯 말하면서 다른 이들을 훈계하는 사람, 이렇게 쉽게 나누어지기 때문입니다.

자기 고백을 하는 사람들은 스스로를 비천한 사람, 겨자씨처럼 작은 사람이라고 생각하지요. 하지만 그런 이들과 대화하면 시원한 나무 그늘처럼 편안한 느낌이 듭니다. 그러나 자기도취에 빠진 사람들 곁에서는 따가운 땡볕이 느껴집니다.

이렇게 두 부류를 구분할 수 있게 된 지금은 '가장 작은 겨자씨가 땅에 뿌려지면 어떤 풀보다도 크게 자라 하늘의 새들도 그 그늘에 깃들일 수 있게 된다.'라는 말씀이 무슨 뜻인지 알 것 같습니다.

**내 마음 안에 있는 밭을 생각해 보고
무엇이 심어져 있는지 살펴보세요.**

_____

_____

_____

_____

미사에 오는 건데 신경 좀 쓰지

예수님께서는 그들이 알아들을 수 있을 정도로, 이처럼 많은 비유로 말씀을 하셨다. 비유를 들지 않고는 그들에게 말씀하지 않으셨다. 그러나 당신의 제자들에게는 따로 모든 것을 풀이해 주셨다.

마르 4,33-34

이 복음을 보면 주님이 마치 사람을 차별하신 것 같은 느낌이 듭니다. 제자들에게는 따로 모든 것을 풀이해 주시면서, 다른 사람들한테는 비유로만 이야기하시니 주님이 꼭 차별하셨다는 느낌을 받을 수밖에 없지요. 그런데 주님은 왜 그렇게 말씀하셨을까요? 그 이유는 아마도 듣는 사람의 태도에 따라서 달리 대하신 것이 아닐까 생각합니다. 제자들처럼 겸허한 마음으로 귀를 기울여 듣는 사람들에게는 알아들을 수 있도록 정성을 다하여 가르치시고, 건성으로 듣거나 가벼운 호기심으로 듣는 이들, 혹은 말하는 이의 결점을 찾으려는 이들에게는 비유로만 말씀하신 것입니다.

그렇다면 우리는 어떤 자세로 주님 앞에 나아가야 할까요? 미사에 오는 신자들 가운데, 가끔 아무렇게나 옷을 입은 신자들을 봅니다. 그런 사람들을 보면 '사는 게 참으로 바쁜가 보다. 허겁지겁 나오느라 옷차림에 신경 쓸 겨를이 없었나 보다.' 하는 생각을 합니다. 하지만 한편으로는 '참 성의가 없는 사람이구나. 미사에 오는 건데 신경 좀 쓰지.' 하고 생각하기도 합니다.

미사에 참례할 때의 옷차림에서 주님을 향한 마음가짐이 드러나게 마련입니다. 그렇다고 비싼 옷을 입고 치장을 하라는 의미가 아닙니다. 어떤 옷을 입든지 단정하게 입고 미사에 갈 준비를 하는 사람은 그 과정에서 미리 마음의 준비를 하고 오기 때문에 기도하는 자세도 바르고 경건한 마음으로 미사에 집중할 수 있습니다. 그럴 때 영적으로도 얻는 것이 많을 것입니다. 기도하는 자세를 잘 갖춰서 주님을 기쁘게 해 드렸기 때문입니다.

하지만 옷을 아무렇게나 입고 허겁지겁 의무감으로 미사에 참례하면 전례에 집중하기 어렵습니다. 그들은 딴 생각에 빠져 정작 만나야 할 주님과 깊은 대화를 하지 못한 채 시간만 보내기도 합니다.

그러면 주님과의 만남이라는 크나큰 은총을 받지 못합니다.

주님은 모든 사람을 사랑하십니다. 그러나 선생님이 수업 시간에 귀 기울여 듣는 학생을 더 아끼듯이, 주님 역시 당신 앞에 단정한 차림과 바른 마음가짐으로 오는 사람들을 더 사랑하신다는 사실을 이 복음에서 알 수 있습니다.

저는 젊은 시절에 '걸레'라는 별명이 붙을 정도로 옷을 지저분하게 입고 다녔습니다. 장발에 수염도 깎지 않고, 때 묻은 고무신을 신고 다니며, 냉소적인 눈으로 세상을 바라보았습니다. 나름 철학이 있는 척했지만 실상은 텅 빈 저의 내면세계를 들키지 않으려는 몸부림이었을 뿐입니다. 그 시절에 저의 외모는 곧 저의 내면이 단정하지 못하다는 것을 드러내는 증거였습니다.

요즘은 외부로 강의를 다니면서 외적인 단정함이 얼마나 중요한지 새삼 느낍니다. 외적 단정함은 내적 단정함과 일란성 쌍둥이 같습니다. 그 둘은 서로 큰 영향을 미칩니다. 그래서 지금은 긴장을 풀고 혼자 있을 때가 아니고서는 가능하면 단정하게 외모를 갖추려고 노력합니다. 나이가 들면서 더더욱 단정함이 필요하다는 생각이 간절해집니다. 참고로 사제들은 제의를 입을 때 각각의 기도문을 바치면서 기도하는 마음으로 정성을 다합니다.

나의 옷 입는 습관과 나의 태도를 연관 지어 살펴보세요.

_____
_____
_____
_____

걱정도 팔자

그때에 거센 돌풍이 일어 물결이 배 안으로 들이쳐서, 물이 배에 거의 가득 차게 되었다. 그런데도 예수님께서는 고물에서 베개를 베고 주무시고 계셨다. 제자들이 예수님을 깨우며, "스승님, 저희가 죽게 되었는데도 걱정되지 않으십니까?" 하고 말하였다. 그러자 예수님께서 깨어나시어 바람을 꾸짖으시고 호수더러, "잠잠해져라. 조용히 하여라!" 하시니 바람이 멎고 아주 고요해졌다. 예수님께서는 그들에게, "왜 겁을 내느냐? 아직도 믿음이 없느냐?" 하고 말씀하셨다.

마르 4,37-40

풍랑 때문에 겁에 질린 제자들에게 주님은 야단치듯 말씀하십니다. "아직도 믿음이 없느냐?" 그러나 주님은 제자들이 당신을 믿지 못한다고 야단치신 것이 아닙니다. 왜냐하면 제자들은 주님을 믿었기 때문에 그분을 깨운 것이니까요. 믿음이 없었다면 그들끼리 방법을 강구했겠지요. 갈릴래아 호수에서 어부로 산 사람들인데 풍랑에 어찌 대처해야 하는지를 몰랐겠습니까? 주님이 야단치신 진짜 이유는 제자들이 그들 자신에 대한 믿음, 즉 자신감이 약했기 때문입니다. 그동안 어부로서 일을 잘하던 사람들이 아이처럼 당신께 매달렸기에 꾸짖으신 것입니다.

"스승님, 저희가 죽게 되었는데도 걱정되지 않으십니까?"

이 말은 제자들이 아이들처럼 걱정했다는 증거입니다. 죽으면 자기들만 죽나요? 예수님은 어쩌고요?

믿음은 하느님이 창조하신 자기의 모습을 알아 가는 과정입니다. 그런 과정을 통해서 하느님이 우리에게 주신 능력을 깨닫고, 그 능력을 여러 사람들에게 베풀어 주님께 칭찬받는 신앙인이 되는 것이 신앙생활의 길입니다.

사지가 저리고 움직이지 못할 만큼 몸이 뻣뻣하게 굳는데, 그 이유를 모르겠다고 하는 사람들이 가끔 있습니다. 이런 증상으로 고생하는 사람들은 대부분 지나치게 예민하며 쉽게 불안을 느끼는 분들입니다. 우리의 뇌는 불안을 느끼면 몸의 말초신경계의 활동을 증가시켜 여러 가지 증상을 만들어 냅니다. 불안이 신체적인 증상으로 나타나는 것이지요.

이런 사람들은 대개 두 가지 유형의 불안을 안고 삽니다. 하나는 어디서 비롯된 것인지 모르는 근심 걱정입니다. 이를 '부유 불안'이라고 하는데, 이것도 걱정, 저것도 걱정일 때 생기는 그런 불안입니다. 이런 사람들은 "걱정도 팔자."라는 말을 듣고 삽니다. 다른 하나는 '예기 불안'입니다. 이는 자기가 실패할 것이라고 생각하기 때문에 생기는 신경증적 불안입니다. 이 같은 불안의 대표적인 예가 오지도 않은 미래를 걱정하는 것입니다. 이런 사람들은 "안달복달한다."라는 말을 많이 듣습니다.

그렇다면 이렇게 불안에 시달리는 사람들은 어떻게 해야 거기서 벗어날 수 있을까요? 불안에서 벗어나는 방법은 하느님께서 다 알아서 하시라고, 나는 모른다고 '벌러덩 누워 버리듯' 기도하는 것입니다. 혹은 제자들처럼 솔직하게 기도하는 것입니다. 그리고 시간이 날 때마다 움직이면서 몸과 마음의 힘을 키우는 것이 좋습니다. 대개 불안한 사람들은 움직이는 걸 좋아하지 않습니다. 하지만 몸을 움직이면, 마음속에서 솟아나는 불안감을 어느 정도 가라앉힐 수 있습니다.

"아직도 믿음이 없느냐?"라는 주님의 말씀은 신앙생활을 하는 내내 제게 부담이 되었습니다. 길을 가다가 주님을 믿으라고 소리치는 사람들을 보면 부럽기만 했습니다. '저 사람은 얼마나 믿음이 강하기에, '저 사람은 얼마나 하느님을 깊게 체험했기에 저렇게 자신 있게 소리를 치는 것일까?' 하는 생각이 들었기 때문입니다. 하느님에 관해 별다른 체험이 없는 제 자신이 참으로 한심하게 여겨졌습니다. 그래서 없는 믿음을 만들어 내려고 참으로 여러 가지 방법을 동원했습니다. 그러나 무언가 교육을 받으면 그때뿐, 시간이 지나면 감동은 사라지고 어느새 제자리로 돌아갔습니다.

그러다가 제 신앙 방식에 문제가 있음을 알게 되었습니다. 신앙생활은 스스로를 잘 이해하고 하느님이 마음속에 심어 놓으신 씨앗을 얼마나 잘 키우는지가 핵심임을 깨닫게 된 것입니다. 즉, 나 자신을 이해하고 사랑하고 알아 가면 함께하는 사람들과 생명체에 대한 이해와 연민이 저절로 생긴다는 것을 알게 되었습니다.

영성가들은 하느님이 우리 마음속에 계신다고 말합니다. 그러니 마음을 잘 이해하는 것이 하느님에 대한 믿음을 키우는 좋은 방법임을 기억하고, 자기 마음을 이해하기 위해서 쉬지 않고 노력해야 합니다.

내가 가진 걱정들의 목록을 작성해 보세요.
그리고 내가 해결할 수 있는 것과 그렇지 않은 것들을
나누어 보세요.

_____
_____
_____
_____

지지고 볶으며 사세요

예수님께서 배에서 내리시자마자, 더러운 영이 들린 사람이 무덤에서 나와 그분께 마주 왔다. 그는 무덤에서 살았는데, 어느 누구도 더 이상 그를 쇠사슬로 묶어 둘 수가 없었다. 이미 여러 번 족쇄와 쇠사슬로 묶어 두었으나, 그는 쇠사슬도 끊고 족쇄도 부수어 버려 아무도 그를 휘어잡을 수가 없었다. 그는 밤낮으로 무덤과 산에서 소리를 지르고 돌로 제 몸을 치곤 하였다. 그는 멀리서 예수님을 보고 달려와 그 앞에 엎드려 절하며, 큰 소리로 "지극히 높으신 하느님의 아들 예수님, 당신께서 저와 무슨 상관이 있습니까? 하느님의 이름으로 당신께 말합니다. 저를 괴롭히지 말아 주십시오." 하고 외쳤다. 예수님께서 그에게 "더러운 영아, 그 사람에게서 나가라." 하고 말씀하셨기 때문이다.

마르 5,2-8

더러운 영이 들린 사람, 무덤에서 사는 사람, 밤낮으로 무덤과 산에서 소리 지르고 제 몸을 돌로 치는 사람. 예전에 이 대목을 보면서 마귀 들린 사람에 대해 두려움을 느꼈던 기억이 납니다. 마치 공포 영화를 보는 듯했습니다. 복음 말씀의 비유를 하나하나 살펴보면, 무덤은 사람들이 가지 않는 곳, 즉 자폐적인 상태를 의미합니다. 소리를 지른다는 것은 이상적인 삶이 되지 못하는 자신의 인생에 답답함을 느낀다는 뜻이고, 돌로 제 몸을 친다는 것은 자신을 스스로 처벌하는 것을 의미합니다. 이 말씀에 등장하는 더러운 영이 들린 사람은 병적인 자책감이 문제라고 할 수 있습니다.

종교적으로 자책을 심하게 하는 사람은 남들이 보기에는 참으로 거룩하고 세상을 멀리하는 듯이 보입니다. 그러나 그의 마음은 피투성이입니다. "하느님은 사랑이시다."라고 하면서도, '나는 절대로 구원받지 못할 사람이다.'라는 아주 모순된 생각에 빠져 있습니다. 그런 생각을 꼭 붙잡고 놓지 못합니다. 주님을 원하면서도 주님을 멀리하려는 절대 모순의 삶을 사는 것입니다.

이런 삶이 계속되다 보면 내 의지는 없어지고 다른 힘이 자신을 지배합니다. 신학에서 말하는 어둠의 세력, 악의 힘입니다. 이 힘의 목적은 우리를 하느님께 가까이 가지 못하게 하는 것입니다. 이런 현상은 종교 안에서, 특히 열심히 신앙생활을 하려는 사람들 안에서 자주 일어납니다. 기이하게도 이런 일은 기도를 열심히 하는 사람에게 자주 일어나는데, 주변 사람들은 그들이 틀림없이 자신들보다 하느님께 더 가까이 가 있다고 생각하기 때문에 문제가 있으리라고는 전혀 예상하지 못합니다. 그 자신들 또한 문제가 있다는 말을 들어도 받아들이지 않습니다. 병적으로 자기 자신에게 도취되어 있기 때문입니다. 더러운 영이 들린 사람이 주님을 보고 "지극히 높으신 하느님의 아들 예수님, 당신께서 저와 무슨 상관이 있습니까?"라고 한 것은 바로 이런 이유에서입니다. 고통스러운 삶을 도와주려는 주님께 자기를 괴롭히지 말아 달라고 하는 것은 이미 그런 삶에 익숙해져서 병적인 만족감을 가지고 있기 때문입니다. 이런 병을 종교적 정신병이라고 할 수 있습니다.

  사는 동안 우리는 크고 작은 병에 걸리는데, 특히 정신적인 병은 인간에게 매우 해롭습니다. 육체적인 병에 걸렸을 때는 고통의 의미를 찾기도 하고 인생의 한계를 느끼면서 한편으로 정신적인 소득을 얻지만, 정신적인 병에 걸렸을 때는 아무것도 얻지 못합니다. 마음의 감기라고도 하는 우울증을 예로 들어 봅시다. 우울증에 걸리면 책도 보지 못하고, 사람도 만나지 못하며, 일도 하지 못하면서 우울한 감정에 사로잡혀 하루하루 시간을 죽이며 살아갑니다. 심한 경우 자학 행위를 저지르고, 파괴적인 행위를 하기도 합니다. 더러운 영이 들린 사람이 무덤과 산에서 소리를 지르고 돌로 제 몸을 쳤다는 것은 바로 이런 증세를 의미하는 것입니다.

　이처럼 무서운 정신 질환에 걸리지 않으려면 어떻게 해야 할까요? 자꾸 움직여야 합니다. 사람을 만나고 일을 하고 자기 자신을 마음껏 표현해야 합니다. 마음의 근육을 충분히 사용해야 마음이 건강해지는 것입니다. 또한 성당에서 적극적으로 활동하는 것도 좋습니다. 교회는 신자들끼리 좋네, 싫네 하며 지지고 볶지만 공동체적인 삶을 강조합니다. 이를 심리 치료적인 관점에서 보면 마음의 병을 예방하는 데 좋은 수단이라고 말할 수 있습니다.

　청년 시절 저는 잠자기를 두려워했습니다. 잠이 들면 어둡고 추운 심연 속에 빠져들어가 영원한 죽음을 맞을 것만 같은 공포감 때문이었습니다. 칼을 들고 계신 엄한 그리스도의 이미지가 죄에 찌들어 가는 제 영혼을 늘 짓눌렀고 그래서 늘 놀란 가슴으로 기도 생활을 하였습니다. 구원에 대한 불안감, 처벌에 대한 두려움으로 인해 저 자신을 더 심하게 채찍질하며, 자기 비난을 했습니다. 더러운 영이 들린 사람, 돌로 제 몸을 치는 사람이 바로 저의 모습이었습니다. 참으로 다시 돌이켜 보고 싶지 않은 힘겨운 과거의 기억입니다.

　그런 삶이 건강한 삶이 아니라는 것을 깨닫게 된 후 저는 밤낮으로 무덤과 산에서 소리를 지르고 돌로 제 몸을 치는 사람들을 찾아서 그런 삶을 그만두라고 말리는 일을 시작했습니다. 그리고 주님이 정말로 원하시는 것이 무엇인지 찾도록 도와주는 사람이 되었습니다.

내가 죽은 다음에 1년 후, 2년 후, 3년 후에도 나를 기억해 주고 기도해 줄 사람들의 명단을 햇수를 구분해서 작성해 보세요.

_____
_____
_____
_____

감사할 따름입니다

돼지를 치던 이들이 달아나 그 고을과 여러 촌락에 알렸다. 사람들은 무슨 일이 일어났는지 보려고 왔다. 그들은 예수님께 와서 마귀 들렸던 사람, 곧 군대라는 마귀가 들렸던 사람이 옷을 입고 제정신으로 앉아 있는 것을 보고는 그만 겁이 났다. 그 일을 본 사람들이 마귀 들렸던 이와 돼지들에게 무슨 일이 일어났는지 그들에게 이야기해 주었다. 그러자 그들은 예수님께 저희 고장에서 떠나 주십사고 청하기 시작하였다. 그리하여 예수님께서 배에 오르시자, 마귀 들렸던 이가 예수님께 같이 있게 해 주십사고 청하였다. 그러나 예수님께서는 허락하지 않으시고 그에게 말씀하셨다. "집으로 가족들에게 돌아가, 주님께서 너에게 해 주신 일과 자비를 베풀어 주신 일을 모두 알려라." 그래서 그는 물러가, 예수님께서 자기에게 해 주신 모든 일을 데카폴리스 지방에 선포하기 시작하였다. 그러자 사람들이 모두 놀랐다."

마르 5,14-20

이 복음은 읽는 사람으로 하여금 황당한 느낌, 헷갈리는 기분이 들게 합니다. 어떤 이는 주님께 떠나 달라고 하고, 어떤 이는 따라가겠다고 하다가 거절을 당하는 등 종잡을 수 없는 내용이 줄지어 나오기 때문입니다. 주님께서 기적을 일으키셨습니다. 군대라는 마귀, 즉 수많은 마귀에 시달리는 사람, 아무도 고칠 수 없던 일종의 정신 분열증 환자를 단번에 고치는 기적을 일으키신 것입니다. 그래서 많은 이들이 기적의 현장을 보려고 모여들었는데, 돼지 치던 이들은 주님께 다른 곳으로 가 주십사 청합니다. 다른 사람들 같으면 주님이 가신다고 해도 못 가시게 붙잡았을 텐데 이들은 떠나 달라고 요청한 것입니다.

주님을 거부하는 사람들은 대체로 두 부류입니다. 하나는 율법학자들이나 바리사이처럼 율법의 본질보다 율법의 세세한 조항을 지키기에 전념하는 부류입니다. 이들은 우월 콤플렉스를 가지고 다른 사람들을 지배하려고 하거나 무시하려 합니다. 그리고 두 번째는 내적 성장에는 전혀 관심이 없는 부류입니다. '돈과 내가 가지고 있는 것이 전부'라는, 그야말로 세속적인 신념을 가지고 사는 이들이지요.

주님께 마을을 떠나 달라고 청한 사람들은 행복이 제물에 있다고 믿는 사람들이었습니다. 그들에게는 주님이 병자를 고치신 일보다 돼지가 떼죽음한 일, 재산에 손해가 났다는 점이 더 중요한 문제였습니다. 그들은 자신에게 문제가 있다는 것을 알면서도 지금 그대로의 삶에 안주하고 싶어 했습니다. 변화를 추구할 생각이 없기 때문에 주님처럼 파격적인 분을 마을에서 쫓아내고 싶었던 것입니다. 자신들에게 버거울 뿐만 아니라, 다른 세상에서 온 듯 불편한 존재이기에, 행여 자신의 재물에 해가 되거나 자식들이 물들어서 주님을 따라나서기라도 할까 봐 크게 두려운 마음 때문에 주님께 다른 곳으로 가시라고 했던 것입니다.

그런데 주님은 마귀 들렸던 이가 주님과 같이 있겠다고 청했을 때 왜 거절하셨을까요? 그는 불같은 성격에 자기도취가 심하고 남다른 자의식을 가진 사람이었으리라 추정할 수 있습니다. 돌로 제 몸을 때렸다는 사실이 이를 말해 줍니다. 이런 사람들은 허영심이 강하며 비현실적이고 초자연적인 것을 추구하는 경향을 보입니다. 그가 주님을 따르겠다고 한 것은 허영심을 채우고자 한 것입니다.

그런 그에게 주님은 두 가지를 요구하십니다. 첫째, 가족에게 돌아갈 것과 둘째, 당신에 대해서 알릴 것입니다. 가족에게 돌아가라는 것은 가서 현실감을 되찾으라는 뜻이고, 사람들에게 자신에게 일어난 기적을 알리라는 것은 그렇게 하면서 자신을 드러내고자 하는 욕구를 채우라는 의미입니다. 참으로 절묘하게도 그에게 필요한

처방을 내리신 것입니다.

청년 시절 저는 수도원에 가려고 준비를 하면서 몇몇 수도원의 문을 두드렸습니다. 그런데 이상하게도 수도원에서는 저를 친절하게 대하면서도 내 집 식구로 받아 주지는 않았습니다. 결국 수도 성소를 포기하고 한참이 지난 후, 나이가 들어 신학교의 문을 두드렸습니다. 그때 저는 한 선배 신부님과 면담하게 되었습니다. 그분은 이렇게 물었습니다.

"왜 형제님은 사제가 되려고 하십니까?"

저는 이 질문에 이렇게 대답했습니다.

"교회를 개혁하고 싶어서 그렇습니다."

지금 생각해 보면 그야말로 어이없는 대답이었습니다. 그런데 그 신부님은 "아, 그러십니까." 하고는 그냥 저를 받아 주었습니다. 머리에 든 것 없이 기고만장했던 젊은 날의 저를 돌아볼 때면 얼굴이 빨개질 정도로 부끄럽기만 합니다. 그래서 이 보잘것없는 사람을 받아 준 교회에 감사할 따름입니다.

자신에게 점수를 매긴다면 몇 점을 줄 건가요?

나를 다른 사람에게 상품으로 내놓는다면 얼마에 내놓을 수 있을지 생각해 보세요.

_____

_____

_____

_____

하느님은 지옥을 만들지 않으셨다

그 가운데에 열두 해 동안이나 하혈하는 여자가 있었다. 그 여자는 숱한 고생을 하며 많은 의사의 손에 가진 것을 모두 쏟아 부었지만, 아무 효험도 없이 상태만 더 나빠졌다. 그가 예수님의 소문을 듣고, 군중에 섞여 예수님 뒤로 가서 그분의 옷에 손을 대었다. '내가 저분의 옷에 손을 대기만 하여도 구원을 받겠지.' 하고 생각하였던 것이다. 과연 곧 출혈이 멈추고 병이 나은 것을 몸으로 느낄 수 있었다. 예수님께서는 곧 당신에게서 힘이 나간 것을 아시고 군중에게 돌아서시어, "누가 내 옷에 손을 대었느냐?" 하고 물으셨다. 그러자 제자들이 예수님께 반문하였다. "보시다시피 군중이 스승님을 밀쳐 대는데, '누가 나에게 손을 대었느냐?' 하고 물으십니까?" 그러나 예수님께서는 누가 그렇게 하였는지 보시려고 사방을 살피셨다. 그 부인은 자기에게 일어난 일을 알았기 때문에, 두려워 떨며 나와서 예수님 앞에 엎드려 사실대로 다 아뢰었다. 그러자 예수님께서 그 여자에게 이르셨다. "딸아, 네 믿음이 너를 구원하였다. 평안히 가거라. 그리고 병에서 벗어나 건강해져라."

마르 5,25-34

제가 언젠가 편지를 한 통 받은 적이 있습니다. 하느님은 사랑이시라면서 왜 지옥을 만드셨는지 묻는 내용이었습니다. 그 글을 조금 소개하겠습니다.

"인간은 자식이 아무리 잘못을 해도 부모가 자식을 불에 태워 죽이는 일은 없습니다. 그런데 하느님은 왜 당신이 창조한 인간을 불구덩이에 넣으십니까? 교회에서는 하느님이 수많은 예언자, 심지어 하느님의 아들까지 보내 인간을 구원하시려고 했지만 사람들이 그에 응하지 않아 그랬다고 합니다. 사실 인간이 죄를 지었다 해도 그것이 사람만의 문제는 아니죠. 사람을 창조하신 하느님께도 문제가 있는 것이죠. 그렇지 않고서야 어떻게 당신 목숨을 바쳐서 사랑한다고 하는 사람들을 죄를 지었다고 지옥 불에 던질 수 있단 말입니까? 만약 어떤 이가 "내가 너를 얼마나 사랑하는데 너는 왜 나를 사랑하지 않느냐?" 하며 우리를 불구덩이에 집어넣으려고 한다면, 우리는 그 사람에 대해서 어떤 마음이 들까요? 미안하다는 마음이 들까요, 아니면 '미친 사람이구나.' 하는 생각이 들까요? 저는 우리를 사랑한다고 하면서 지옥을 만든 하느님이 제정신이 아니라고 생각합니다. 그런 하느님을 도저히 믿을 수가 없습니다."

여러분은 이 편지를 보고 어떤 생각이 드십니까? 실제로 많은 분들이 이런 생각을 갖고 불안한 신앙생활을 하고 있습니다. 그렇다면 하느님이 정말 그런 분일까요? 하혈하는 병에 걸린 여인의 이야기는 하느님이 그런 분이 아니라는 사실을 증명해 줍니다. 여인은 병을 고쳐 달라고 주님께 청하지도 않았고, 주님이 여인을 돌아보신 것도 아닙니다. 여인은 다만 주님의 옷자락이라도 잡으면 병이 나을 것 같은 간절한 마음 하나로 주님의 힘을 받을 수 있었습니다. 주님은 여인에게 말씀하십니다. "딸아, 네 믿음이 너를 구원하였다. 평안히 가거라. 그리고 병에서 벗어나 건강해져라." 이 말씀에는 여인의 마음고생이나 육체적 고통이 얼마나 컸을지 공감하고 연민의 정을 보이시는 하느님의 마음이 그대로 드러나 있습니다. 하혈병에 걸린 여인은 무려 12년 동안이나 병을 고치지 못했습니다. 그동안 병에 걸린 사람을 죄인으로 여기던 사람들의 시선은 통증만큼이나 견디기 힘들었을 것입니다.

그러나 여인은 참으로 마음이 다부진 사람이었습니다. 여인은 주위 사람들을 아랑곳하지 않고 주님을 둘러싼 무리들, 주님을 존경하지도 따르지도 않으면서 다른 사람들이 주님께 다가오는 것을 막는 사람들을 제치고 주님의 옷자락을 잡습니다. 그리고 인간이 하느님의 능력을 끌어내는 기적을 일으킵니다. 그것을 아신 주님은 놀라워하시면서 "딸아, 네 믿음이 너를 구원하였다."라고 따뜻한 말씀을 전하십니다. 이런 하느님께서 지옥을 만드셨다니, 얼토당토않은 말입니다.

그런데 왜 우리는 하느님을 무서운 분으로 생각하게 되었을까요? 하느님에 대한 상은 대체로 어린 시절 자기 부모와의 관계에서 형성된다고 합니다. 심리학 용어로 '투사'라고 하지요. 난폭한 아버지 밑에서 자란 아이들은 하느님을 무섭고 두려운 아버지로 생각하는 경향이 강합니다. 무서운 하느님과 지옥은, 무서운 아버지와 가정과 깊은 상관관계가 있습니다. 하느님이 잔인하다고 생각된다면 이해심 깊고 따뜻한 사람들에게서 사랑을 받으셔야 합니다. 아버지에게서 받은 상처, 불쾌한 감정들을 아물게 하고, 새로운 인간관계를 경험해야 합니다. 그래야 하느님에 대한 편견도 씻어 버릴 수 있습니다.

부모님 사진을 보면서 그분들에 대한 기억을 꺼내 보세요.

그분들이 마음속에서 뭐라고 하나요?

그리고 지금이라도 마음속에 계신 부모님과 대화를 나눠 보세요.

_____

_____

_____

_____

인정받고 싶어요

예수님께서 그곳을 떠나 고향으로 가셨는데 제자들도 그분을 따라갔다. 안식일이 되자 예수님께서는 회당에서 가르치기 시작하셨다. 많은 이가 듣고는 놀라서 이렇게 말하였다. "저 사람이 어디서 저 모든 것을 얻었을까? 저런 지혜를 어디서 받았을까? 그의 손에서 저런 기적들이 일어나다니! 저 사람은 목수로서 마리아의 아들이며, 야고보, 요셉, 유다, 시몬과 형제간이 아닌가? 그의 누이들도 우리와 함께 여기에 살고 있지 않는가?" 그러면서 그들은 그분을 못마땅하게 여겼다. 그러자 예수님께서 그들에게 이르셨다. "예언자는 어디에서나 존경받지만 고향과 친척과 집안에서만은 존경받지 못한다." 그리하여 예수님께서는 그곳에서 몇몇 병자에게 손을 얹어서 병을 고쳐 주시는 것밖에는 아무런 기적도 일으키실 수 없었다. 그리고 그들이 믿지 않는 것에 놀라셨다.

마르 6,1-6

"진정한 신앙인은 다른 사람들에게 인정받는 것에 연연해서는 안 됩니다. 그런 것들은 믿음이 약하거나 마음이 제대로 성숙하지 못해서 생기는 것입니다."라며 인정받고자 하는 마음에 대해 강하게 반대하는 사람들이 있습니다. 그들은 사람들에게 인정받으려는 마음은 세속적인 것이자 빗나간 신앙생활이라고 말하지요.

과연 그럴까요? 복음서에서는 고향에 가신 예수님께서 "아무런 기적도 일으키실 수 없었다."라고 기술하고 있습니다. 어째서 기적을 일으키지 못하신 것일까요? "목수 요셉의 아들이 아닌가?"라면서 예수님을 못마땅하게 여기는 동네 사람들, 그래서 예수님을 인정하지 않고 무시하는 그들의 마음이 주님의 기적을 막아 버린 것입니다. 즉, 주님께서도 사람들의 인정하는 마음이 필요하셨던 것입니다.

인정받고 싶은 욕구는 사람이 정서적으로 건강하게 살아가는 데 꼭 필요합니다. 그러니 인정받고 싶은 욕구를 약점으로 여기거나 불편하게 생각해서는 안 됩니다. 이를 정상적이고 건전한 욕구로 받아들여야 합니다. 즉, 이런 욕구가 모든 인간에게 존재한다는 것을 인식하고, 자신의 내면과 깊이 만나 그것을 충족시킬 필요가 있다는 말입니다.

그런데 고향 마을 사람들은 왜 주님을 인정하지 않은 것일까요?

그것은 바로 열등감 때문입니다. 동네 밖으로 나가 보지 않았고, 배운 것도 별로 없는 사람들은 토박이 콤플렉스라는 불리는 열등감이 강합니다. 이들은 자기 동네 사람 이외의 사람에게는 매우 배타적입니다. 대신 아는 사람들끼리는 병적일 정도로 친밀감을 형성하지요. 하지만 사촌이 땅을 사면 배 아파한다고, 동네 사람이 잘되면 배가 아파서 좀처럼 칭찬할 줄 모르는 사람들입니다. 한마디로 밴댕이 소갈머리라는 소리를 듣는 좀생이들입니다. 이들은 이런 마음으로 주님을 무시하는 바람에 결국 아무런 기적의 은총도 받지 못했습니다.

영성 심리에서는 사람이 살면서 세 가지 인정 욕구를 충족해야 한다고 말합니다. 첫 번째는 다른 사람들에게 받는 인정입니다. 어린 시절에는 부모님, 자라면서는 주위 사람들에게 인정받아야 하는 것입니다. 두 번째는 하느님께 받는 인정입니다. 그리고 마지막은 자기 스스로에게 받는 인정입니다. 이렇게 세 가지 인정 욕구가 충족되었을 때 사람은 심리적으로 가장 건강하다고 합니다.

그런데 자기 자신에 대해 의심이 강한 사람, 즉 자신의 존재 가치에 의심을 품는 사람들은 과도한 인정 욕구로 인해 어떤 대가를 치러서라도 인정받고 싶어 하는 병적인 모습을 보입니다. 우리가 경계해야 하는 것은 바로 이런 모습입니다. 인정 욕구 자체가 잘못된 것이 아니라 그것에 지나치게 집착하는 것이 잘못된 것입니다.

나는 나 자신을 얼마나 인정하고 있나요?
내가 하루 동안 험담을 더 많이 했는지, 칭찬을 더 많이 했는지 묵상해 보세요.

늘 웃지 않아도 괜찮아요

그리고 열두 제자를 부르시어 더러운 영들에 대한 권한을 주시고, 둘씩 짝지어 파견하기 시작하셨다. 그러면서 길을 떠날 때에 지팡이 외에는 아무것도, 빵도 여행 보따리도 전대에 돈도 가져가지 말라고 명령하시고, 신발은 신되 옷도 두 벌은 껴입지 말라고 이르셨다. 그리고 그들에게 말씀하셨다. "어디에서나 어떤 집에 들어가거든 그 고장을 떠날 때까지 그 집에 머물러라. 또한 어느 곳이든 너희를 받아들이지 않고 너희 말도 듣지 않으면, 그곳을 떠날 때에 그들에게 보이는 증거로 너희 발밑의 먼지를 털어 버려라." 그리하여 제자들은 떠나가서, 회개하라고 선포하였다. 그리고 많은 마귀를 쫓아내고 많은 병자에게 기름을 부어 병을 고쳐 주었다.

마르 6,7-13

누구나 싫은 소리를 들으면 불쾌한 마음이 듭니다. "너나 잘해!"

라는 소리가 목구멍까지 올라옵니다. 이는 우리의 자존감이 작동하는 것으로 당연하고도 건강한 일입니다.

그런데 싫은 소리를 들어도 기분 나빠하지 않고 오히려 반기는 사람들이 있습니다. 이들은 칭찬을 들으면 몹시 부담스러워하면서 끊임없이 자신을 깎아내립니다. 또한 겉으로는 매우 겸손해 보여서 수도자 같은 사람이라는 칭송을 받곤 합니다.

하지만 오스트리아의 심리학자 프로이트Sigmund Freud는 이런 사람들을 '도덕적 자학자moral masochist'라고 비판합니다. 도덕적으로 자학하는 사람들은 다른 사람들이 자신을 멸시하게 만들고 나서 괴로워합니다. 하지만 사실 내적으로는 이를 즐깁니다. 자신의 힘으로 상대방을 조종해 자신을 처벌하고 모욕하게 하는 행동을 무의식적으로 즐기는 것입니다. 그들은 자존감도, 자신감도 없고 늘 자신을 질책하고 자학합니다. 자신이 성공하는 것을 못 견뎌 해서 오히려 불행을 두 팔 벌려 반깁니다. 이런 사람들은 언뜻 보면 겸손하고 몸을 낮추어 섬기는 자세를 보이기에 많은 사람들에게 칭찬을 받습니다. 하지만 칭찬을 더 많이 받을수록 이들은 병적인 삶에서 더더욱 헤어 나오지 못합니다.

주님은 말씀하십니다.

"어느 곳이든 너희를 받아들이지 않고 너희의 말도 듣지 않으면 그곳을 떠날 때 그들에게 보이는 증거로 너희 발밑의 먼지를 털어 버려라."

이는 제자들이 짝퉁 신앙인이 아니라, 건강하고 힘 있는, 주체성을 가진 사람이 되기를 바라며 당부하는 말씀입니다.

주님은 또한 제자들을 파견하면서 검소함을 강조하십니다. 그것은 자기 일에 몰입하라는 주문이었습니다. 실은 주님의 뜻을 따르지도 않으면서 남들한테 자신이 얼마나 주님을 따르는지 보여 주려고 자기뿐만 아니라 타인까지 기만하려는 목적으로 외적인 가난에만 집착하는 사람들이 있습니다. 진정한 가난을 실천하는 사람들은 마음이 오롯이 주님께 가 있기 때문에 만나는 사람에게 편안한 느낌을 줍니다. 그러나 과시하기 위해서 가난한 척하는 이들의 마음에는 하느님이 계시지 않습니다. 입에는 주님을 달고 살지만 끊임없이 사람들을 자신의 노예로 삼으려고 하기에 가까이할수록 마음이 불편해집니다. 이런 이들이 바로 짝퉁 신앙인입니다. 이들은 참 행복이 무엇인지, 건강한 삶이 무엇인지 알지 못합니다. 그들은 오로지 다른 사람들한테 병적인 관심, 병적인 칭찬을 듣고 싶다는 처절한 욕구에 사로잡힌 환자에 지나지 않습니다.

젊은 시절, 저는 수도 생활을 동경했습니다. 그래서 사람들이 뭐라고 하든 늘 웃는 얼굴을 보이려고 하고, 착한 사람, 수도자 같은 사람이라는 말을 듣기 위해서 제 안의 많은 감정들을 억압했습니다. 내적인 억압뿐만 아니라 외적으로 꾸며 대기에 급급했습니다. 생각으로는 성인들을 본받아야지 했지만 마음속 깊은 곳에는 칭찬을 갈망하는 병든 영혼이 헐떡거리고 있었던 것입니다. 결국은 내가 아닌 삶을 사는 바람에 신경증적인 질병에 시달렸고, 오랜 시간 냉담을 하게 되었습니다. 그리고 나답게 사는 법을 배우기 위해서 헤매고 헤매다가 비로소 건강한 신앙생활이 무엇인지를 알게 되었습니다. 건강한 신앙생활이란 하느님 앞에서 있는 그대로 나의 삶을 사는 것임을 깨달은 것입니다.

여러분도 신앙생활을 하면서 이 점을 자신에게 계속 물어보시기 바랍니다. 주님을 위해 하는 것인지, 남에게 보이기 위해 하는 것인지 말입니다. 그리고 하느님 앞에서 있는 그대로 나의 삶을 사시기 바랍니다.

내가 이야기를 하면 몇 사람이나 경청하는지 한번 헤아려 보세요.
몇 사람이 안 된다면 그 이유가 무엇인지 깊이 묵상해 보세요.

이제 그만 좀 하세요!

예수님의 이름이 널리 알려져 마침내 헤로데 임금도 소문을 듣게 되었다. 사람들은 "요한 세례자가 죽은 이들 가운데에서 되살아난 것이다. 그러니 그에게서 그런 기적의 힘이 일어나지." 하고 말하였다. 그러나 어떤 이들은 "그는 엘리야다." 하는가 하면, 또 어떤 이들은 "옛 예언자들과 같은 예언자다." 하였다. 헤로데는 이러한 소문을 듣고, "내가 목을 벤 그 요한이 되살아났구나." 하고 말하였다.

마르 6,14-16

주님의 이름이 널리 알려지자 소문을 들은 헤로데 임금은 "내가 목을 벤 그 요한이 되살아났구나." 하고 말합니다. 헤로데는 요한 세례자를 죽이고 마음이 편치 않았던 모양입니다. 사실 누구나 되돌아보면 마음에 걸리는 기억들이 있습니다. 과거를 생각하면 후회가 되고 마음이 아픈 일도 있습니다. 그런데 이런 것이 지나쳐서 과거에 파묻혀 사는 사람들도 있습니다. 특히 죽은 사람에 대한 회한이 사무쳐서 자신을 비난하고 몰아붙이는 경우가 그렇습니다. 이런 사람들은 참으로 인간적인 사람이라는 소리를 듣습니다. 그러나 영성 심리적인 관점에서는 덜된 사람이라고 말합니다.

인간이 아무리 노력해도 결코 바꿀 수 없는 것이 있습니다. 과거가 바로 그런 것 가운데 하나지요. 과거 때문에 힘들어하는 사람들은 주위에서 위로를 많이 받습니다. 주변 사람들은 위로가 도움이 되리라고 생각해서 그렇게 하지요.

하지만 이런 경우 위로는 오히려 독이 됩니다. 과거의 늪 속으로 더 깊이 들어가게 하기 때문입니다. 그런 사람들은 남들의 동정심을 얻기 위해서, 그리고 자신의 무능함을 감추기 위해서 더 깊이 과거의 망상으로 들어가려고 합니다. 이때는 차라리 따끔한 충고가 필요합니다. 과거는 현재의 나를 알기 위한 수단일 뿐이라는 것, 즉 현재의 문제를 해결하기 위한 것일 뿐이니 거기에 매달려서 시간을 낭비해서는 안 된다고 그들에게 알려 주어야 합니다. 자신의 통제 범위를 벗어난 일에서는 손을 떼고, 정말로 신경 써야 할 것, 즉 현재를 살아야 한다고 이야기해 줘야 합니다. 마음이 현재에 머물러야 건강하게 살 수 있다고 진심으로 설득해야 합니다.

　이런 충고를 들어도 받아들이지 않고 여전히 과거에 매달리는 사람이 있다면 반드시 심리 치료를 받는 것이 좋습니다. 우울증 증상 중 하나인 '반추'를 하는 경우일 가능성이 높기 때문입니다. 반추란 계속 과거를 후회하는 심리적 현상입니다. 만약 일상생활을 영위하지 못할 정도라면 정신과를 방문해서 진단을 받아야 합니다.

　젊은 시절에 저는 친구들과 술자리를 갖기만 하면 이것저것 과거의 잘못한 일들을 털어놓곤 했습니다. 술만 먹으면 왜 그렇게도 과거사, 그것도 잘못한 일만 생각이 났는지 모르겠습니다. 그런데 '그때 친구들이 참 착했구나.'라는 것을 시간이 오래 지나서 제가 그룹 상담을 하면서 알게 되었습니다.

　그날도 평소처럼 과거 이야기를 하면서 힘들어하는데 어떤 사람이 저더러 "아, 이제 그만 좀 하세요! 지겨워 죽겠네." 하는 것입니다. 저는 '아니, 뭐 저런 인간이 다 있어? 남이 힘들다고 이야기하는데 위로는 못할망정 저 따위로 말하다니.'라고 생각하며 화가 나서 남은 시간 내내 말을 하지 않았습니다. 그런데 그룹 구성원 중 한 사람이 저와 똑같이 신세타령을 하는 것이었습니다. 참으로 묘한 것은, 제가 신세타령을 할 때는 몰랐는데 다른 사람이 신세타령을 하며 지난날을 후회하는 것을 듣고 있자니 '어휴, 지겹다.' 하는 느낌이 올라오더군요. 그리고 '그동안 사람들이 나를 보고 이렇게 지겨웠겠구나.' 하는 생각에 얼굴이 뜨거워졌습니다. 사람은 역시 자신이 직접 겪어 봐야 상대방의 입장을 이해하게 되나 봅니다.

상담가로 일하면서 만난 이들 가운데 상당수가 과거에 있었던 일을 털어놓으며 후회합니다. "그때 그러는 게 아니었는데."라고 말하는 것이지요. 특히 가족 가운데 누군가와 사별한 이들은 그런 모습을 보이는 경우가 많습니다. 물론 그 애달픈 마음이야 다 헤아릴 수 없겠지만, 때로는 같은 이야기를 반복해서 듣다 보면 가끔 '듣는 게 일인 나도 힘든데 매일 듣는 식구들은 얼마나 힘들까?' 하는 생각도 듭니다. 그래서 몇 해 전부터는 주위 사람들을 대신해서 제가 까칠하게 한마디를 하곤 합니다. "아, 이제 그만하세요! 지겨워 죽겠네."라고 말이지요.

과거의 잘못은 앞으로 제대로 사는 데 거름 역할을 합니다. 그런데 앞을 보지 않고 뒤만 보며 산다면 이는 후회를 하는 것이 아니라 길거리 거지처럼 '후회'라는 깡통을 놓고 동냥을 구하는 것입니다. 하루하루 인생길에 시간이 아깝다 생각하며 웬만한 과거는 털어 버리고 앞으로 걸어 나가십시오. 그래야 멋진 인생을 살 수 있습니다.

나의 과거 가운데 아직도 아픈 과거가 있다면 그것은 무엇인가요?
그것을 마음속에서 끄집어내어 응어리를 푸는 시간을 가져 보세요.

_____

_____

_____

_____

철없는 부모의 전형, 헤로디아

헤로데가 자기 생일에 고관들과 무관들과 갈릴래아의 유지들을 청하여 잔치를 베풀었다. 그 자리에 헤로디아의 딸이 들어가 춤을 추어, 헤로데와 그의 손님들을 즐겁게 하였다. 그래서 임금은 그 소녀에게, "무엇이든 원하는 것을 나에게 청하여라. 너에게 주겠다." 하고 말할 뿐만 아니라, "네가 청하는 것은 무엇이든, 내 왕국의 절반이라도 너에게 주겠다." 하고 굳게 맹세까지 하였다. 소녀가 나가서 자기 어머니에게 "무엇을 청할까요?" 하자, 그 여자는 "요한 세례자의 머리를 요구하여라." 하고 일렀다. 소녀는 곧 서둘러 임금에게 가서, "당장 세례자 요한의 머리를 쟁반에 담아 저에게 주시기를 바랍니다." 하고 청하였다.

마르 6,21-26

헤로디아는 철없는 부모의 전형적인 모습을 보여 줍니다. 철없는 부모는 자녀가 자기를 떠나지 못하게 붙잡아 두고 자신이 원하는 것을 해 주기를 바랍니다. 그런 부모들은 어른스럽지 못할 뿐만 아니라 과시하기를 좋아해서, 자식들이 부담을 느낄 정도로 자기만을 위해 소비하며 항상 다른 사람들에 대해 불평만을 늘어놓습니다. 또 항상 자신만을 사랑해 줄 사람을 찾아 헤매기 때문에 다른 사람들과 좋은 관계를 맺지 못합니다.

헤로디아는 남편의 형과 혼인합니다. 그리고 그 일을 비난한 요한 세례자의 목을 요구하도록 딸에게 시킵니다. 이러한 그녀의 행위는, 그녀가 철없는 부모임을 단적으로 보여 주는 예입니다. 대체로 이런 사람들은 부모에게 사랑과 관심을 충분히 받지 못한 채 성장했을 가능성이 높습니다. 헤로디아는 '자기애적 성격 장애자'의 전형입니다. 그녀는 자신이 바라는 일이라면 주위의 누구라도 이용하려 하고, 자신을 비난하는 사람은 누구라도 죽이려 하는, 철저히 자기중심적인 사람입니다.

그러면 헤로디아의 딸은 어떤 문제가 있을까요? 그녀는 자기 생각은 없고 엄마를 기쁘게 하기 위해서라면 무슨 일이든 합니다. 엄마와 병적으로 친밀해지려고 하는 것이지요.

또 헤로데는 어떻습니까? 헤로데도 심리적으로 건강하지 않습니다. 그는 남자다워야 한다는 강박 관념이 강하며, 충동적인 기질이 다분합니다. 또한 이성의 유혹에 특히 약합니다. 자신감이 없고 회의적이지만 스스로를 변화시킬 만한 의지도 없습니다. 자신의 약한 모습이 드러날까 봐 일부러 객기를 부리지요. 헤로디아 같은 여인에게 헤로데는 아주 좋은 먹잇감이었습니다.

헤로디아와 그녀의 딸은 이중으로 거미줄을 쳐서 헤로데를 묶어 놓고 또 다른 먹잇감을 찾는 사람들입니다. 이를 알아본 요한 세례자는, 헤로데에게 동생의 아내와 결혼해서는 안 된다고 반대하지요. 이 세 사람의 병적인 관계가 백성들에게 재앙을 가져올 것이므로, 요한 세례자는 목숨을 바쳐서라도 이를 막으려 한 것입니다.

헤로데와 헤로디아, 그리고 그녀의 딸. 이 셋은 나자렛 성가정과는 정반대의 모습을 보입니다. 서로를 먹잇감으로 여기고 서로의 성장을 가로막는, 마치 뱀과 뱀이 서로의 꼬리를 잡아먹는 모양입니다. 그래서 헤로데의 가정은 누구도 함부로 건드릴 수 없는 권세 있는 집안이었지만 지금은 요한 세례자를 죽인 살인자의 집안으로 지옥에서 서로를 잡아먹고 먹히는 형벌을 받고 있을 것입니다.

부모는 부모다워야 합니다. "콩 심은 데 콩 나고 팥 심은 데 팥 난다."라고 하지요. 철없는 부모가 자식을 건강하게 양육할 리 없습니다. 가족의 친밀감도 물론 중요하지만, 헤로데 집안처럼 병적인 친밀감으로 똘똘 뭉친 가정이라면 차라리 깨지는 것이 더 낫습니다.

자녀들이 나를 어떻게 대하는지 생각해 보세요.

_____

_____

_____

_____

3장

나는 변할 수 있어요

어서 나오세요

예수님께서는 배에서 내리시어 많은 군중을 보시고 가엾은 마음이 드셨다. 그들이 목자 없는 양들 같았기 때문이다. 그래서 그들에게 많은 것을 가르쳐 주기 시작하셨다. 어느덧 늦은 시간이 되자 제자들이 예수님께 다가와 말하였다. "여기는 외딴곳이고 시간도 이미 늦었습니다. 그러니 저들을 돌려보내시어, 주변 촌락이나 마을로 가서 스스로 먹을 것을 사게 하십시오." 예수님께서 "너희가 그들에게 먹을 것을 주어라." 하고 이르시니, 제자들은 "그러면 저희가 가서 빵을 이백 데나리온어치나 사다가 그들을 먹이라는 말씀입니까?" 하고 물었다.

마르 6,34-37

주님은 당신 말씀을 들으러 온 사람들에게 먹을 것을 주라고 제자들에게 이르십니다. 이 말씀을 듣고 제자들이 무척 난감해합니다. 그 자리에 모인 사람이 한두 명이 아니었기 때문입니다. 복음에서는 장정만도 무려 오천 명에 달했다고 말합니다.

주님은 왜 제자들이 할 수 없는 일을 시키셨을까요? 사실 주님도 제자들의 힘으로는 군중을 모두 배불리 먹일 수 없다는 사실을 잘 알고 계셨습니다. 주님의 의도는, 당신의 가르침을 그저 말씀으로 받아들이는 것에 그치지 않고 실천을 통해 익히게 하시려는 것이었습니다. 입으로 아무리 "나누어라.", "베풀어라." 해도 실천하지 않으면 공염불임을 아셨기 때문에 제자들에게 무리한 요구를 하신 것입니다.

사실 그곳에 온 사람들은 모두 자기가 먹을 음식을 가지고 있었을 것입니다. 사람들이 너무 많으니 눈치를 보느라 먹을 것을 꺼내 놓지 못했을 뿐입니다. 사람들의 마음이 아직 성숙하지 못했던 것입니다. 그래서 주님은 제자들로 하여금 가진 것을 나누는 성숙한 모습을 사람들에게 보여 줄 것을 요구하셨습니다. 제자들 역시 이러한 나눔을 통해서 유아적이고 이기적인 삶에서 벗어날 수 있었던 것이지요. 사람이 내적으로 성장할 때는 갈등을 겪습니다. 제자들도 마찬가지였습니다. 제자들은 가진 것을 모두 내놓는 과정을 거치며 내적으로 한 단계 성장할 수 있었습니다.

저 역시 사제직 안에서 격렬한 갈등의 세월을 보낸 적이 있습니다. 보좌 신부 생활을 시작할 때는 참 좋았습니다. 난생처음 신자들로부터 사랑을 받았고, 사제직에 긍지와 자부심을 느꼈습니다. 그러나 두 번째 본당부터는 달랐습니다. 특히 명동 성당에서 청년들과 만날 때는 마음이 착잡했습니다. 그들은 가난한 사람들에게는 깊은 연민을 가졌지만 가진 사람들한테는 심한 적대감을 드러냈습니다. 그래서 그들과 지내는 것이 쉽지 않았습니다. 첫 본당에서는 청년들과 따뜻한 교류를 했던 터라 그 충격이 더욱 컸습니다. 또 일주일에 한 번 이상 성당으로 들어오는 시위대를 볼 때마다, '이 사회에서 사제가 할 수 있는 일이 무엇인가?' 하는 회의감에 빠지기도 했습니다.

그러다가 주임 신부로 발령이 났습니다. 저는 저만의 사목을 할 수 있다는 기쁨에 차서 이삿짐을 쌌습니다. 그러나 주임 신부로서 사목을 하는 것도 쉽지 않았습니다. 주임 신부가 누구는 예뻐하고 누구는 미워한다는 신자들의 불평을 들으며, 무언가 하려던 의욕은 점점 사그라들었습니다. 느낌도 감동도 없는 강론을 하면서 허공에 대고 혼잣말을 하는 것 같은 공허감에 시달렸습니다. 변하지 않는 본당 신자들이 문제가 아니었습니다. 변하려 하지 않고, 어디로 가야 할지 목적지도 정하지 않는 제 자신이 문제였습니다.

한참이 지나고 나서야 저의 어려움이 제 마음을 모르는 데서 비롯되었다는 것을 알게 되었습니다. 제 마음이 어떤지를 모르면서 저 자신을 가혹하게 다루는 바람에 온갖 심리적 질병이 생긴 것입니다. 나이 환갑이 되어서 지나간 과거를 돌아보니, 가파른 언덕길을 넘어지고 엎어지면서 겨우겨우 올라온 제 발자국이 보입니다. 저는 힘들 때마다 "왜 저만 이렇게 괴롭히시는 겁니까?" 하고 하느님을 원망했습니다. 그렇지만 알고 보니 주님께서는 이기적이며 고집스럽고 좀처럼 자기 감옥 밖으로 나가지 않으려고 버티는 저에게 한 걸음이라도 성숙한 어른의 길로 들어서도록 사제직이라는 기회를 주셨습니다. 그런데도 저는 생각이 짧고 인내심이 약해서 늘 주님의 손을 뿌리치고 불만에 가득 차서 투덜대기만 했던 것입니다.

지금은 오랜 세월 참고 기다려 주신 주님께 감사하는 마음뿐입니다. 주님께서는 이처럼 언제나 인내와 사랑으로 저와 함께해 주셨습니다. 그리고 그분은 우리 모두에게 이렇게 해 주고 계십니다.

내가 만든 감옥은 무엇인지, 그 종류는 어떤 것인지 생각해 보세요. 그리고 그 감옥의 열쇠는 무엇일지도 생각해 보세요.

(예시: 내가 만든 감옥은 분노라는 감옥, 그 감옥에 맞는 열쇠는 유머.)

좋은 추억은 인생길의 버팀목

저녁이 되었을 때, 배는 호수 한가운데에 있었고 예수님께서는 혼자 뭍에 계셨다. 마침 맞바람이 불어 노를 젓느라고 애를 쓰는 제자들을 보시고, 예수님께서는 새벽녘에 호수 위를 걸으시어 그들 쪽으로 가셨다. 그분께서는 그들 곁을 지나가려고 하셨다. 제자들은 예수님께서 호수 위를 걸으시는 것을 보고, 유령인 줄로 생각하여 비명을 질렀다. 모두 그분을 보고 겁에 질렸던 것이다. 예수님께서는 곧 그들에게 말씀하셨다. "용기를 내어라. 나다. 두려워하지 마라." 그러고 나서 그들이 탄 배에 오르시니 바람이 멎었다.

마르 6,47-51

제자들은 주님이 호수 위를 걸으시는 모습을 보고 유령인 줄로 생각하여 비명을 지릅니다. 제자들이 겁에 질린 것은 주님을 보고 자신의 죽음을 생각한 까닭이지요. 유령이 자기를 데리러 온 줄로 착각한 것입니다.

얼마 전에 저는 죽어서 관 속에 누워 있는 저를 내려다보는 꿈을 꾼 적이 있습니다. 꿈속에서 어찌나 놀랐던지 깨어서도 가슴이 벌렁거렸습니다. 가슴을 가라앉힌 후, 제가 왜 그렇게 놀랐는지 생각해 보았습니다. 답은 간단했습니다. 죽기 싫었던 것입니다. 사람은 누구나 죽기 싫어하고 죽음을 두려워합니다. 그러니 제자들이 겁에 질린 것도 무리는 아니지요.

그런데 왜 이런 이야기가, 어떻게 보면 제자들의 심약함을 드러내는 이야기가 버젓이 복음서에 기록되었을까요? 그 이유는 복음 구절을 통해서 알 수 있습니다. "용기를 내어라. 나다. 두려워하지 마라."라는 말씀에 이어 예수님께서 그들이 탄 배에 오르시니 바람이 멎었다는 대목입니다. 제자들은 이 장면에서 크나큰 인상을 받았습니다. 이 복음을 읽는 우리도 그들이 얼마나 감동했을지 충분히 상상할 수 있을 정도니까요. 이런 체험을 한 제자들은 주님이 하늘로 올라가시고 난 뒤에도 흔들림 없이 살았습니다. 주님이 계시지 않는 상황이었는데도 말이지요. 이때 제자들에게 힘을 준 것은 바로 주님에 대한 기억들입니다. 복음의 이 장면이 바로 제자들이 고통을 감내할 수 있도록 용기를 준 근원적 기억이자 추억입니다.

이처럼 하느님과 함께하는 체험을 한 사람들은 쉽사리 신앙을 포기하지 않습니다. 그래서 교회는 영적 체험을 강조합니다. 하느님과의 좋은 추억이 신앙의 버팀목이 되기 때문입니다. 신앙생활뿐만 아니라 일상생활에서도, 좋은 추억은 건강에까지 영향을 미칩니다. 좋은 추억이 많은 사람은 행복한 마음으로 삽니다. 그러나 좋지 않은 기억이 많은 사람은 늘 걱정으로 가득 찬 인생을 삽니다.

그렇다면 좋은 추억을 간직하려면 어떻게 해야 할까요? 그것은 간단합니다. 보기만 해도 기분 좋은 사진들을 많이 가지고 다니는 것입니다. 언젠가 우리나라 사람들은 관광지에 가서 경치는 음미하지 않고 사진만 찍고 온다고 꼬집는 글을 읽은 적이 있습니다. 그러나 사진은 심리적 치유에 매우 중요한 수단이 됩니다. 사람은 추억을 먹고 사는 존재이기 때문입니다. 하지만 아무리 기억력이 뛰어난 사람도 지나간 일을 전부 기억할 수 없기에 사진은 추억을 일깨워 주는 매우 중요한 역할을 합니다. 좋은 추억이 많은 사람은 아무리 먹고살기 힘들어도 마음이 심하게 망가지지 않습니다. 좋은 추억이 마음의 버팀목이 되어 주기 때문입니다.

제자들이 주님에 대한 추억으로 힘겨운 사도직을 잘 수행했듯이, 여러분도 좋은 추억이 담긴 사진으로 마음의 건강을 잘 지키시면 좋겠습니다.

내가 가진 좋은 추억을, 아주 사소한 것이라 할지라도 모두 써 보세요. 그리고 좋지 않은 기억도 모두 써 보세요. 좋은 기억은 두고두고 보시고, 좋지 않은 기억은 지금 펜으로 하나씩 지워 보세요.

_____

_____

_____

_____

내 몸은 내가 지킨다

그들은 호수를 건너 겐네사렛 땅에 이르러 배를 대었다. 그들이 배에서 내리자 사람들은 곧 예수님을 알아보고, 그 지방을 두루 뛰어다니며 병든 이들을 들것에 눕혀, 그분께서 계시다는 곳마다 데려오기 시작하였다. 그리하여 마을이든 고을이든 촌락이든 예수님께서 들어가기만 하시면, 장터에 병자들을 데려다 놓고 그 옷자락 술에 그들이 손이라도 대게 해 주십사고 청하였다. 과연 그것에 손을 댄 사람마다 구원을 받았다.

마르 6,53-56

제가 병원 사목을 할 때의 일입니다. 어떤 자매가 환자인 남편 옆에서 서럽게 울고 있었습니다. 사연인즉, 남편이 나이 사십이 넘도록 제대로 먹지도, 입지도, 놀지도 못하고 오로지 돈을 벌기 위해서 밤낮으로 일해 어느 정도 재산을 모았는데 덜컥 병에 걸렸다는 것입니다. 병상에 누워 있던 남편은 어떻게 해서든 일어서려고 애썼지만 병세는 하루가 다르게 악화되었고 결국 몇 달 지나지 않아 눈을 감고 말았습니다. 그분의 병실을 치울 때 보니 온갖 자연 치유 요법 기구와 약통들이 수십 상자나 나왔습니다. 삶을 제대로 누리지도 못한 채, 어렵게 번 돈을 결국 병 치료에 다 써 버리고 세상을 떠난 것입니다. 남편의 시신 앞에서 "우리 남편 억울해서 어떻게 하냐." 하며 서럽게 울던 자매의 모습이 아직도 눈에 선합니다. 이렇듯 병은 우리가 가진 모든 것을 무의미하게 만들어 버립니다. 그러나 현실에서 병에 걸리지 않는 사람이 있습니까? 우리는 다만 되도록이면 병에 안 걸리려고 노력할 뿐입니다.

그렇다면 어떻게 해야 병에서 조금이라도 벗어날 수 있을까요? 가장 유념해야 할 점은, 몸이 나에게 주어진 것이라 하더라도 내 마음대로 할 수 있는 것은 아니라는 사실입니다. 우리의 몸은 거의 모든 부위가 존중받지 못한 채 무리한 노동에 시달리기 십상입니다. 병은 이처럼 제대로 대우받지 못하는 몸이 벌이는 일종의 시위입니다.

80세가 되었다는 것은 80년 동안 몸을 사용했다는 말인데, 우리가 사용하는 물건들 가운데 그렇게 오래 사용할 수 있는 것이 또 있는지 생각해 보시기 바랍니다. 우리 몸은 그토록 오랫동안 일해도 월급을 올려 달라거나, 존중해 달라거나, 보따리 싸 들고 가출을 하지도 않는 아주 착한 존재입니다. 그런 몸을 소중하게 여기고 보살피는 마음이 필요합니다. 자신이 귀한 존재임을 깨달아 몸을 소중하게 여기고 돌보면 몸이 알아차리고서 저절로 기운을 냅니다.

언젠가 지방에 갔다가, 첫 본당의 신자분을 우연히 만난 적이 있습니다. 반가운 인사가 오가고 서로 근황을 주고받은 후, 대화는 그분의 본당 신부님 이야기로 흘러갔습니다.

"정말 좋은 분이신데, 당신 몸을 돌보지 않으셔서 걱정이네요. 저희 신부님은 정말 성인 신부님이세요."

이 이야기를 듣고 있자니 옛일이 떠올랐습니다. 조그마한 시골 성당에 첫 주임 신부로 발령을 받은 후, 저는 가난한 삶을 실천하기로 결심했습니다. 우선 음식부터 검소하게 먹자는 생각에, 주방 자매를 두지 않은 채 자취생처럼 음식을 직접 해서 먹었습니다. 또한 신자들은 가난한데 본당 주임 신부가 편하게 지내서는 안 된다는 생각에, 한겨울 영하의 날씨에도 보일러도 틀지 않고 옷을 껴입고 떨면서 지냈습니다. 그렇게 1년이 지나자 몸이 부어오르더군요. 집이 너무 추워서 밥을 하기가 귀찮았기에 라면으로 끼니를 때우기 일쑤였습니다. 그랬더니 몸도 마음도 같이 무너져 내리는 것입니다. 몸을 잘 돌보아야 영혼도 건강해진다는 것을, 몸이란 예민하고 대화를 원하는 존재라는 것을 몰랐던 것입니다.

그 후로는 "아무거나 먹자."라는 말을 하지 않습니다. 식사가 검소해도 몸에게 고마움을 표하는 마음으로 먹습니다. 그리고 몸이 아프면 그 부위를 손으로 어루만지면서 사과합니다. "내가 너를 함부로 대해서 미안하다. 너를 쉬게 해 주지 못해서 미안하다."라고 말입니다. 몸은 우리 영혼이 하느님과 영원한 삶을 살게 되는 그날까지 우리와 함께하는 친구입니다. 우리가 아무리 홀대해도, 아무리 아파도 절대 곁을 떠나지 않고 늘 함께해 주는 동반자입니다. 그런 몸을 지키는 것을 귀찮아하고 아무거나 먹는 것은 죄입니다. 건강하게 해 달라고 하느님께 기도하는 만큼, 그동안 혹사당한 몸을 위로하는 시간을 보내는 것이 좋습니다. 기도하면서 혹시 몸에 좋지 않은 일을 한 기억이 나거든 몸에게 용서를 구하고, 앞으로는 잘 돌보아 줄 것이라 결심하는 시간을 가져 보면 어떨까요? 그러면 육체적인 고통이 크게 줄어들고 병도 멀리 물러갈 것입니다.

나만의 건강 관리법이 있나요?

나는 건강 관리를 잘하고 있는지 다시 한 번 점검해 보세요.

몸이 내게 보내는 신호가 있다면 그것들도 적어 보세요.

그리고 앞으로는 어떻게 건강을 관리할지 생각해 보세요.

_____

_____

_____

_____

모든 문제의 해답은 내 탓이오

예수님께서 그들에게 이르셨다. "이사야가 너희 위선자들을 두고 옳게 예언하였다. 성경에 이렇게 기록되어 있다. '이 백성이 입술로는 나를 공경하지만 그 마음은 내게서 멀리 떠나 있다. 그들은 사람의 규정을 교리로 가르치며 나를 헛되이 섬긴다.' 너희는 하느님의 계명을 버리고 사람의 전통을 지키는 것이다."

마르 7,6-8

요즘 들어 본당마다 시끄러운 일들이 적잖이 일어난다고 합니다. 성당이 예전처럼 조용하지 않고 시끌벅적한 시장처럼 되어 간다고 개탄하는 소리도 나옵니다. 어떤 성당은 본당 사제와 신자 간에 갈등이 있어서, 또 어떤 곳은 신자와 신자 간에 갈등이 있어서, 또 어떤 곳은 수녀님과 신자 사이가 좋지 않아서 시끄럽다고 합니다. 어떤 사람들은, 요즘은 자기주장이 강한 사람들이 많아서 말들이 무성하다고 나름 이유를 설명하기도 합니다. 그러나 이런 설명들은 표면적이고 단편적인 원인일 뿐입니다. 이런 생각으로 문제에 다가간다면 기껏해야 사람과 사람을 떼어 놓아 당장의 소란만 피하는 것일 뿐, 그 뿌리는 여전히 남아서 언제라도 다시 불씨가 될 소지가 높습니다.

본당이 안정감을 찾으려면 먼저, 불안정한 이유를 명확하게 들여다보아야 합니다. 본당이 시끄러운 첫 번째 이유는 신자들 가운데 마음의 상처가 깊은 사람들이 많고, 그들이 성당에서 주도권을 행사하기 때문입니다. 사람은 어린 시절에 부모로부터 대인 관계를 맺는 방법을 배웁니다. 어린아이 때, 부모에게 사랑과 관심을 충분히 받은 아이는 자라면서 다른 사람들을 배려하는 성인이 됩니다. 그리고 교회의 평신도 지도자가 된 후에는, 다른 신자들을 살뜰히 돌보면서 본당 신부나 수도자에 대한 경외심을 가지고 협조자로서의 역할을 성실하게 합니다.

어떤 본당에는 주임 사제가 바뀌어도 계속해서 몇 대째 사목 위원을 하는 신자들이 있습니다. 그들은 어떤 신부가 오더라도 성심껏 도움을 주었기에, 신부들에게 환영을 받고, 본인이 그만두고 싶어도 그만두지 못하는 은총 아닌 은총을 누립니다. 그런 신자들은 대개 부모와의 관계가 좋은 사람들입니다.

그런데 새로 오는 본당 신부들과 사사건건 갈등을 빚고 신자들 사이에 분열을 일으켜 '네 편 내 편'으로 갈라놓는 신자들이 있습니다. 이렇게 본당을 시끄럽게 하는 신자들은, 자기 스스로는 정의롭다고 생각하지만, 미성숙하여 대인 관계를 원만하게 맺지 못하는 경우가 대부분입니다. 그들은 성장 과정에서 부모로부터 관계 맺는 법을 배우지 못한 것입니다. 그래서 문제 어른이 된 것이지요. 물론 이런 관점은 비단 신자들에게만 국한된 것은 아닙니다. 본당 신부 역시 신자들을 네 편 내 편으로 갈라놓는다면 심리적인 문제가 있다고 볼 수 있을 것입니다.

두 번째 이유는 문제의 원인을 상대방에게서만 찾으려고 하기 때문입니다. 신앙생활은 철저하게 자신을 위한 삶입니다. 자기 문제를 보고 그 문제를 해결하려고 하는 삶이지요. 그래서 가톨릭 신앙인들은 수도복을 입지 않은 수도자라고 불립니다. 그런데 자기 문제는 보려고 하지 않고 다른 사람의 문제만을 문제 삼을 때, 본당은 자기 문제를 다루는 수도원이 아니라 옳고 그름을 가리는 재판정이 되어 버립니다.

우리 미사 기도문 중에는 '내 탓이오'라는 구절이 있는 기도문이 있습니다. 그 기도문은 '모든 것이 다 자기 탓이오.'라는 의미가 아니다. 만약 그런 의미로 해석하는 이가 있다면 그 사람은 신경증적 장애[3]를 가진 환자라고 봐도 과언이 아닙니다. '내 탓이오'의 의미는, 다른 사람들과의 문제를 가지고 시끄럽게 떠드는 것이 신앙인으로서 성숙하는 데 결코 도움이 되지 않는다는 의미입니다. 그리고 내적인 성숙은 자기 문제를 보는 데서부터 시작된다는 의미로 받아들여야 합니다.

김수환 추기경님이 '내 탓이오' 운동을 전개한 이유는 우리 사회가 심각하게 분열의 위기에 처해 있었기 때문입니다. 우리 교회 역시 문제 유발로 인한 분열을 막으려면 '내 탓이오' 하는 자세, 곧 문제의 원인을 내 안에서 찾는 내적 탐색, 내적 성찰이 필요합니다. 따라서 우리는 지금부터라도 '내 탓이오'라고 말하는 자기 성찰의 시간을 가져야 하겠습니다.

---

[3] 신경증적 장애: 정신병까지 이르지는 않았지만 그에 가까운 상태. 정상과 정신병의 중간 영역이라고 생각하면 된다. 심한 우울, 불안, 분노와 같은 증상을 보인다.

화가 났을 때 화가 난 원인을 어디에서 찾는지 자신을 돌아보세요.

_____
_____
_____
_____

과하면 병이 됩니다

그러고 나서 예수님께서는 다시 군중을 가까이 불러 그들에게 말씀하셨다. "너희는 모두 내 말을 듣고 깨달아라. 사람 밖에서 몸 안으로 들어가 그를 더럽힐 수 있는 것은 하나도 없다. 오히려 사람에게서 나오는 것이 그를 더럽힌다." 예수님께서 군중을 떠나 집에 들어가시자, 제자들이 그 비유의 뜻을 물었다. 예수님께서 그들에게 대답하셨다. "너희도 그토록 깨닫지 못하느냐? 밖에서 사람 안으로 들어가는 것은 무엇이든 그를 더럽힐 수 없다는 것을 알아듣지 못하느냐? 그것이 마음속으로 들어가지 않고 배 속으로 들어갔다가 뒷간으로 나가기 때문이다." 예수님께서는 이렇게 모든 음식이 깨끗하다고 밝히신 것이다. 또 이어서 말씀하셨다. "사람에게서 나오는 것, 그것이 사람을 더럽힌다. 안에서 곧 사람의 마음에서 나쁜 생각들, 불륜, 도둑질, 살인, 간음, 탐욕, 악의, 사기, 방탕, 시기, 중상, 교만, 어리석음이 나온다. 이런 악한 것들이 모두 안에서 나와 사람을 더럽힌다."

마르 7,14-23

우리는 장애인을 볼 때면 안되었다는 듯이 바라봅니다. 그리고 그런 자신의 생각이 편견인 줄도 모른 채, 자신의 사지가 멀쩡한 것을 다행스럽게 여깁니다. 그러나 신체에 장애가 있는 사람들은 자신만 불편할 뿐 다른 사람들에게 불편함을 끼치지 않습니다. 오히려 장애인들 중 사회적 공헌을 한 사람이 더 많을 정도입니다.

사회적으로 문제가 되는 사람들은, 사지는 멀쩡한데 심리적으로 기형인 심리적 장애인들입니다. 이들은 신경증 환자나 정신병을 가진 사람들과는 달리, 지적이며 달변이고 술수에 능하기 때문에 소위 출세한 사람들이 많습니다. 그런데 문제는 이처럼 심리적 장애를 가진 사람들은 자기 인생의 행복을 위해서 다른 사람들이 불편해하는 것쯤은 상관없다는 식으로 행동한다는 것입니다. 심지어 자신의 행복을 위해서 어느 누구라도 종으로 삼고 도구로 이용하기까지 하는, 병적인 자기애를 보이기도 합니다.

자기애란 자기를 사랑하는 마음을 말하는데, 적당한 자기애는 바람직한 것입니다. 하지만 자기애가 지나친 사람들이 문제입니다. 이런 사람들을 소위 '자기애적 성격 장애자'라고 합니다. 과유불급이란 말이 있듯이 무엇이든 정도가 지나치면 문제가 됩니다. 자기애적 성격 장애자들은 사회적으로 문제가 많기 때문에 그들에게 데인 기억을 가진 사람들이 많습니다. 그래서 그들을 '꼴통', '재수 없는 놈'이라고 부르는 경우가 많습니다. 주님께서는 이 복음에서 이런 사람이 되지 말라고 경고하십니다.

그런데 어떤 이들은, '나도 주님께서 지적하신 좋지 않은 것들을 다 가지고 사는데.'라고 생각하며 위축되기도 합니다. 마치 날아가는 새의 방귀 소리에도 놀라는 새가슴을 지닌 사람들입니다. 사실 사람의 마음속에는 온갖 것들이 다 있습니다. 인간의 무의식 안에는 우리가 도저히 상상할 수 없는, 용납될 수 없는 생각들이 무더기로 숨어 있는 것입니다.

따라서 그런 것들이 있다고 해서 다 나쁜 사람이고 죄인인 것은 아닙니다. 인간이 그런 무의식적인 충동 때문에 좋지 않은 것들을 선택하여 행동으로 나타냈을 때 비로소 문제가 될 뿐입니다. 복음을 과도하게 해석하지는 말아야 하겠습니다. 그것은 또 다른 심리적인 문제입니다.

상황이 안 좋을 때 내 탓을 하는 편인지 남의 탓을 하는 편인지 한번 생각해 보세요.

시어머니가 하라는 대로 해 드리세요

더러운 영이 들린 딸을 둔 어떤 부인이 곧바로 예수님의 소문을 듣고 와서, 그분 발 앞에 엎드렸다. 그 부인은 이교도로서 시리아 페니키아 출신이었는데, 자기 딸에게서 마귀를 쫓아내 주십사고 그분께 청하였다. 예수님께서는 그 여자에게, "먼저 자녀들을 배불리 먹여야 한다. 자녀들의 빵을 집어 강아지들에게 던져 주는 것은 옳지 않다." 하고 말씀하셨다. 그러자 그 여자가, "주님, 그러나 상 아래에 있는 강아지들도 자식들이 떨어뜨린 부스러기는 먹습니다." 하고 응답하였다. 이에 예수님께서 그 여자에게 말씀하셨다. "네가 그렇게 말하니, 가 보아라. 마귀가 이미 네 딸에게서 나갔다." 그 여자가 집에 가서 보니, 아이는 침상에 누워 있고 마귀는 나가고 없었다.

마르 7,25-30

여기서 주님은 매우 냉정하게 말씀하십니다. 페니키아 여인을 개로 비유하고, 이스라엘 민족을 자녀로 비유하는, 소위 망언을 하신 것입니다. 그러나 이런 의식은 당시 이스라엘 민족에게 당연한 것이었습니다. 이처럼 이스라엘 민족의 선민의식은 지나치다 못해 때로는 '재수 없다.' 하는 느낌까지 갖게 합니다.

제가 이스라엘에 성지 순례를 갔을 때의 일입니다. 로만 칼라를 하고 길을 가다가 아주 예쁜 이스라엘 아이를 보았습니다. 아이가 예뻐서 품에 안고 사진을 찍고 싶다고 젊은 부모에게 손짓 발짓으로 말을 걸었습니다. 그러자 아이 아빠가 재수 없다는 듯이 아이를 안고 가 버렸습니다. 저를 부정한 이교도 사제로 여긴 것입니다.

또 한번은 이스라엘 식당에 갔는데, 음식이 입에 맞지 않아서 가져간 고추장을 접시에 조금 발라 먹었습니다. 그런데 나중에 보니 제가 사용한 접시가 박살이 난 채 주방 바닥에 뒹굴고 있었습니다. 재수 없는 이방인의 음식이 묻은 접시라며 주방장이 집어던졌다는 것입니다.

이와 같은 경험을 몇 차례 하면서 이스라엘 민족의 선민의식이 거의 신경증에 가까운 콤플렉스로 느껴졌습니다. 그들이 가진 선민의식이 오랫동안 유랑민으로 살아온 민족적 열등감의 발로라는 것을 깨닫게 된 것이지요.

신자가 아닌 사람들은 이 복음에 나오는 주님의 말씀을 두고 "봐라, 예수도 선민사상을 가진 것 아니냐?"라고 비난하기도 합니다. 그러나 예수님께서 이 같은 말씀을 하신 것은 선민 콤플렉스 때문이 아니라 여인의 내적 건강을 시험하려는 뜻이었습니다. 정말 아이를 사랑하는지, 정신적으로는 하자가 없는지 시험하신 것입니다. 만약 여인이 거절당했다고 생각하고 섭섭해서 울기만 했다거나 아이 생각은 아랑곳없이 대들거나 화를 냈다면 예수님의 도움을 받을 수 없었을 것입니다. 그러나 여인은 예수님의 말씀을 잘 받아넘기는 지혜를 보입니다. 이런 여인을 바라보는 예수님의 마음이 얼마나 흐뭇하셨을지 가히 짐작이 갑니다.

어떤 자매가 본당 수녀님에게 상담을 하러 왔습니다. 시댁의 종교가 불교라서 돌아가신 시아버지를 위해 절에 불공을 드리러 가야 한다고 했답니다. 시어머니가 "너도 이제 우리 집안사람이니 부처님께 가서 절을 해야 한다."라고 말했는데 자신이 어떻게 해야 할지 고민이라고 했다더군요. 자매가 다른 신자들에게 물으니 그것은 우상 숭배니 절대로 해서는 안 된다고 겁을 주었다는 겁니다.

"시댁과 종교 사이에서 제가 어떻게 하면 좋을까요?"라며 난감한 얼굴로 묻는 자매에게 수녀님은 어떻게 대답했을까요? 그 자매에게 절을 하지 말라고 하면 집안에 평지풍파가 일어날 것입니다. 시어머니가 부처님께 절을 하라고 요구한 것은 사실 부처가 아니라 당신에게 순종하라는 무언의 메시지이기 때문이지요. 그러니 며느리가 거절한다면 가정에 분열이 일어날 것은 불을 보듯 뻔합니다. 그래서 수녀님은, "시어머니가 하라는 대로 다 해 드리세요. 주님도 누가 속옷을 달라고 하면 겉옷까지 주라고 하지 않으셨습니까? 시어머니가 원하시는 대로 해서 '천주교 신자 며느리가 들어온 후로 우리 집안이 더 화목해졌어.'라는 소리를 들으세요. 그것이 바로 종교 화합이 아니겠습니까?" 하고 조언을 했답니다.

그다음 주에 그 자매가 다시 수녀님을 찾아왔습니다. 자매는 만면에 화색을 띠며, 시어머니가 "너희 수녀님을 봐서 네가 주일 미사에 가는 것을 이제는 막지 않겠다."라고 말했다고 전했습니다.

사람을 대하다 보면 속이 답답할 정도로 꽉 막힌 사람들이 있습니다. 그러나 페니키아 여인처럼, 또 본당 수녀님처럼 지혜로운 사람들도 있습니다. 이런 사람들은 다른 이들에게 즐거움을 주고 대화하고 싶은 마음이 들게 하지요. 우리는 이런 성품을 갖도록 노력해야 합니다. 그것이 예수님의 말씀을 따르는 신앙인의 길입니다.

어떤 문제가 닥쳤을 때 자신이 그것을 지혜롭게 해결했던 기억을 떠올리며 적어 보세요.

_____
_____
_____
_____

나는 변할 수 있어요

그러자 사람들이 귀먹고 말 더듬는 이를 예수님께 데리고 와서, 그에게 손을 얹어 주십사고 청하였다. 예수님께서는 그를 군중에게서 따로 데리고 나가셔서, 당신 손가락을 그의 두 귀에 넣으셨다가 침을 발라 그의 혀에 손을 대셨다. 그러고 나서 하늘을 우러러 한숨을 내쉬신 다음, 그에게 "에파타!" 곧 "열려라!" 하고 말씀하셨다. 그러자 곧바로 그의 귀가 열리고 묶인 혀가 풀려서 말을 제대로 하게 되었다. 예수님께서는 이 일을 아무에게도 말하지 말라고 그들에게 분부하셨다.

마르 7,32-36

이 복음에는 귀먹고 말 더듬는 사람의 이야기가 나옵니다. 귀먹고 말 더듬는 사람이란, 실제로 장애를 가진 사람이기도 하지만 신중하지 못한 사람을 일컫는 표현이기도 합니다. "사람은 좋은데 신중하지 못한 게 흠이야."라는 소리를 듣는 사람들이지요. 이런 사람들은 대개 일을 망쳤을 때 과도하게 미안함을 표현해 주위 사람들로부터 "그럴 수도 있지. 다음에 잘하면 돼."라는 식의 위로를 받습니다. 하지만 이런 과정을 계속 반복하다가 결국 "귀는 뒀다 어디에 쓸 거냐?"라는 말을 듣습니다. 그리고 변명하고 사과하느라 말을 더듬게 되지요. 이 복음에 나오는 귀먹고 말 더듬는 사람처럼 말입니다.

귀먹고 말 더듬는 사람이 얼마나 불안해했는지, 사람들이 그를 주님께 데리고 와서 손을 얹어 달라고 청합니다. 이런 부류의 사람들이 반복적으로 실수하는 까닭은 유난히 신중하지 못하기 때문도, 사고 능력이 떨어지거나 판단력이 부족하기 때문도 아닙니다. 지나친 불안감과 자신감 부족이 이 사람의 진짜 문제입니다. 불안감은 자신이 책임져야 할 일이나 상황을 일단 회피하고자 하는 심리적 기제를 만들어 냅니다. 그래서 무의식적으로 일을 급하게 대충 하도록 만들어 버립니다. 어린아이가 하기 어려운 일을 얼렁뚱땅 끝내려고 하는 것과 같습니다. 결국 문제의 원인이 '불안'임을 아시는 주님은 "에파타!"라는 기도로 그를 불안이라는 마음의 감옥에서 벗어나게 해 주십니다.

자신감이 없고 불안감이 깊은 사람들은 우선 자신의 심리적인 문제를 인정해야 합니다. 그리고 변화하겠다는 의지를 굳게 가져야 합니다. 작은 일부터 차근차근 실천해서 '나는 변할 수 있다.'는 성취감을 맛보아야 합니다. 도망치고 싶고 회피하고 싶은 마음이 올라올 때 정면으로 상대하고 신중한 자세를 취하도록 연습해야 합니다. 그래도 불안하면 주님이 나와 함께 계신 것을 믿는다고 마음속으로 외쳐야 합니다. 그래야 성급하게 일을 처리해서 실패하거나 도망가는 일을 줄일 수가 있습니다.

제가 가좌동 성당에 있을 때의 일입니다. 그 지역이 재개발에 들어가게 되어 보상 문제로 아파트 재건축 조합과 협상을 하게 되었습니다. 저는 그 당시 여러 가지 불안에 시달렸습니다. 끝이 보이지 않는 협상도 문제거니와, 불량배들이 성당을 어떻게 할지 모른다는 불안감에 매일 목이 조여 오는 듯했습니다.

그래서 심리 치료 서적에 나와 있는 '불안 처리' 방법들을 실천해 보기도 했습니다. 제일 먼저 불안해하는 것을 목록으로 쓰고 그것에 대해 냉정하게 평가했지만 불안은 사라지지 않았습니다. 걸으면서 생각도 정리해 보았지만 불안은 더 불안한 생각을 불러올 뿐이었습니다. 불안을 없애야 한다는 생각 자체 때문에 불안에서 벗어나지 못했던 것입니다. 그래서 마지막으로 생각해 낸 방법이 불안한 자리를 떠나는 것이었습니다. 일단 황폐한 불안의 자리를 떠나서, 매일 한강변으로 자전거를 타고 나갔습니다. 그리고 강바람이 몸 구석구석에 밴 불안감을 씻어 가도록 했습니다. 또 일주일에 한 번은 어김없이 등산을 했습니다. 아무 생각 없이 힘겹게 산을 오르면서 불안함과 맞서 싸울 힘을 키웠습니다. 그렇게 운동하고 돌아와서는 편안한 마음으로 불안을 직면하는 훈련을 했습니다. 불안한 마음이 들면 '지금 내가 불안해하는구나.' 하고 알아차리는 것입니다. 그랬더니, 불안이 아주 사라지지는 않았지만 불안한 생각, 그로 인한 감정 때문에 제 자신이 무너지는 일은 일어나지 않았습니다.

지나친 불안은 사람의 정신과 육체를 좀먹는 위험한 감정입니다. 따라서 불안한 감정을 잘 다스려야 합니다. 이렇게 불안에서 나를 잘 지킨다면, 심각한 불안이 불쑥 덮쳐 오더라도 잘 버티면서 살아갈 수 있습니다.

불안한 마음이 들 때, 어떤 생각들이 따라오는지 잘 살펴보세요. 그리고 불안을 떨쳐 버릴 수 있는 여러 가지 방법을 생각해 보세요.

주님, 배고파요

예수님께서는 군중에게 땅에 앉으라고 분부하셨다. 그리고 빵 일곱 개를 손에 들고 감사를 드리신 다음, 떼어서 제자들에게 주시며 나누어 주라고 하시니, 그들이 군중에게 나누어 주었다. 또 제자들이 작은 물고기 몇 마리를 가지고 있었는데, 예수님께서는 그것도 축복하신 다음에 나누어 주라고 이르셨다. 사람들은 배불리 먹었다. 그리고 남은 조각을 모았더니 일곱 바구니나 되었다. 사람들은 사천 명가량이었다. 예수님께서는 그들을 돌려보내시고 나서, 곧바로 제자들과 함께 배에 올라 달마누타 지방으로 가셨다.

마르 8,6-10

"신앙인들은 물질에 대한 집착과 미련을 버리고 오로지 영적인 것만을 추구해야 한다."라고 주장하는 사람들이 있습니다. 이런 사람들은 누군가가 먹을 것, 앞으로 살아갈 일들을 걱정이라도 할라치면, "왜 그렇게 믿음이 약합니까? 왜 그렇게 세상 걱정에 매달려 삽니까? 영적인 삶을 살아야 합니다."라면서 핀잔을 줍니다.

그런데 먹는 것에 대한 욕구, 이것이 과연 세속적인 욕망일까요? 절대로 그렇지 않습니다. 자연계의 모든 생명체는 먹어야 삽니다. 사람을 포함한 모든 생명체는 태어나서 죽을 때까지 먹이를 구하는 데 거의 모든 시간을 다 보낸다고 해도 지나친 말이 아닙니다. 지구상의 많은 동물들이 먹이를 찾아서 수천 킬로미터를 이동하고 사람 역시 사회라는 생존의 터전에서 먹을거리를 찾아 평생을 헤매며 삽니다. 이처럼 먹을 것은 절대적으로 중요합니다. 생명체는 먹지 않으면 생명을 유지할 수 없기 때문입니다.

그래서 경제적으로 어렵던 시절, 사람들은 자기의 배고픔을 해결해 주기만 하면 통치자가 어떤 사람이건 간에 무조건 지지하기도 했습니다. 통치자가 독재 정치를 했는데도 건재했던 것은 바로 경제적 빈곤을 해결했기 때문이었습니다. 이처럼 인간에게 먹는다는 것은 한 사회를 좌지우지할 정도로 중차대한 문제입니다.

마르코 복음서 8장을 보면, 많은 군중이 주님의 말씀을 듣기 위해 모여들었는데 먹을 것이 없었다고 기록되어 있습니다. 어쩌면 사람들이 먹을 것을 가지고 있었지만 눈치 보면서 서로 내놓지 않앉을 수도 있습니다. 그러나 주님이 하신 말씀으로 보아서 꼭 그런 것만은 아닌 듯합니다. "저 군중이 가엾구나. 벌써 사흘 동안이나 내 곁에 머물렀는데 먹을 것이 없으니 말이다. 내가 저들을 굶겨서 집으로 돌려보내면 길에서 쓰러질 것이다."라고 이야기를 하신 것으로 봐서 그런 생각이 듭니다. 주님은 사람들의 정신적 허기뿐만 아니라 육체적 허기에 대해서도 아주 지대한 관심을 갖고 계십니다. 이것은 교회가 무엇에 관심을 가져야 하는지 예수님이 명백하게 암시하신 것입니다.

가톨릭 신앙인으로서 영적인 삶, 수도자적인 삶을 살고자 하는 것은 올바른 모습입니다. 그렇다고 해서 나의 배고픔을 주님께 하소연하는 것을 부끄럽게 여길 필요는 없습니다. 사람이 아주 심하게 배가 고프면 아무 말도 들리지 않습니다. 우리는 배고픔이 가셔야 더 나은 무엇인가를 할 수 있는 존재입니다. 여러분도 기도할 때 내 배고픔, 내 허기를 채워 달라고 부끄러움 없이 기도하시기 바랍니다. 주님은 그런 기도를 기꺼이 들어주시는 분이십니다.

배고프던 기억을 떠올려 보세요.

육체적으로 배고프던 기억과 정신적으로 배고프던 기억을 구분하여 상세히 적어 보고, 그 배고픔을 채우기 위한 방법들을 생각해 보세요. 그리고 주님께서 어떻게 나의 배고픔을 채워 주셨는지 묵상해 보세요.

_____

_____

_____

_____

잘난 척하다가 코 깨집니다

바리사이들이 와서 예수님과 논쟁하기 시작하였다. 그분을 시험하려고 하늘에서 오는 표징을 요구하였던 것이다. 예수님께서는 마음속으로 깊이 탄식하며 말씀하셨다. "어찌하여 이 세대가 표징을 요구하는가? 내가 진실로 너희에게 말한다. 이 세대는 어떠한 표징도 받지 못할 것이다." 그리고 나서 그들을 버려두신 채 다시 배를 타고 건너편으로 가셨다.

마르 8,11-13

바리사이들이 주님께 표징을 요구한 것은 교만하고 자아도취적인 신앙생활에 빠졌기 때문입니다. 그들이 그 같은 행동을 한 것은 주님께서 자신들보다 잘났으면 그 증거를 보이라는 의미였습니다. 교만을 단순하게 표현하면 겸손하지 못함이라고 말할 수 있습니다. 그러나 사실 교만은 그렇게 단순한 감정이 아닙니다. 좀 더 미묘하고 복잡합니다. 교만은 전능, 즉 어떤 일이든 능히 한다는 의미에서 나온 것이라고 합니다. '전능감'은 여러 가지 한계를 가진 나약한 인간이 복잡하고 감당하기 어려운 현실에 부딪혔을 때 일어나는 심리적 방어 기제입니다. 이러한 전능감은 흔히 신앙의 두 번째 단계에서 발생합니다.

신앙의 첫 번째 단계에서는 누구나 겸손하게 하느님께 은총을 구합니다. 그러다가 자기 생각대로 일이 계속 이루어지면 어느새 하느님의 전능함을 자신이 일부라도 가진 양, 그러한 착각에 빠지게 됩니다. 전능하신 하느님의 힘으로 좌절감과 무력감에서 벗어났지만 그다음 단계로 성장하지 못하는 경우, 건강하지 못한 미신적인 생활을 하게 되는 것입니다. 결국 교만한 마음 때문에 하느님을 떠나게 되는 것이지요. 마치 루시퍼가 하느님의 전능함을 소유한 것처럼 굴다가 하느님을 떠났듯이 말입니다. 그래서 우리는 자신이 기도하는 대로 이루어질 때, 더욱 깊게 자기 성찰을 해야 합니다.

바리사이들이 시비를 걸자 주님은 그들을 버려두고 가셨습니다. 이 구절을 읽을 때마다 과거의 제 모습이 떠오릅니다. 어찌할 수 없어 시비를 피하시는 주님의 눈길이 느껴지고 부끄러운 마음이 올라옵니다. 열등감이 심했던 젊은 시절, 저는 늘 다른 사람들을 부러워하면서 살았습니다. 공부 잘하는 사람, 운동 잘하는 사람, 돈 잘 버는 사람들을 볼 때마다 그렇지 못한 제 자신을 한심하게 여겼습니다. 문제가 저 자신한테 있는데도 그것을 알지 못하고 다른 사람들을 탓했습니다. 그러면서도 아무 일도 하지 않으면서 지냈습니다. 참으로 교만한 상태였지요. 주님께 의지하려는 마음을 조금도 갖지 않았으니 말입니다.

이런 교만한 마음은 본당 사목을 할 때 또 다른 모습으로 나타났습니다. 전에는 가진 것이 없어서 할 일도 없다며 자조적으로 살았는데, 이제는 공부를 조금 했다고 본당에 문제가 생기면 기도하기보다 혼자 해결하려고 잔머리를 굴리고, 잘 안 되면 짜증을 내며, 많이 배우지도 못했으면서 머리 좋은 척하느라 여념이 없었습니다. 하느님이 보시고 '참 재수 없는 놈이로세.'라고 생각하셨을 것 같습니다.

그래서 지금은 가능하면 자기 성찰을 게을리하지 않으려고 노력합니다. 예전에는 책을 크게 신뢰하지 않았습니다. '지들이 써 봐야 뭘 썼겠어?', '너희들이 내 마음을 어찌 다 알겠어?' 하는 교만한 생각 때문이었습니다. 또 사람들을 경계하고 무시하며 흠집을 내고 다녔습니다. 그런데 나중에 알고 보니, 그것은 약하고 어리석은 저의 진짜 모습을 감추기 위한 위장술일 뿐이었습니다.

지금은 가능하면 있는 그대로의 나 자신을 보려고 합니다. 그리고 그런 나 자신을 조금이라도 발전시키려고 노력합니다. 여전히 교만하게 제가 제일 잘난 줄 착각할 때도 있지만, 이제는 그런 제 마음을 내려놓으려고 애씁니다. 이렇게 노력하다 보면, 짧은 기간은 아니더라도 언젠가는 고쳐지겠지 하는 기대를 걸면서 말입니다. 저 같은 사람을 아직도 사제로 쓰시는 주님은 참으로 통이 큰 분이십니다. 만약 제 밑에 있는 사람이 저 같았다면 저는 당장 쫓아냈을 텐데 말입니다.

살아오면서 잘못한 기억이나 후회되는 일들을 떠올려 보고 얼마나 많은 사람들에게 용서받으며 살아왔는지 묵상해 보세요.

_____

이렇게 살아서는 안 되는데

그런데 제자들이 빵을 가져오는 것을 잊어버려, 그들이 가진 빵이 배 안에는 한 개밖에 없었다. 예수님께서 그들에게, "너희는 주의하여라. 바리사이들의 누룩과 헤로데의 누룩을 조심하여라." 하고 분부하셨다. 그러자 제자들은 자기들에게 빵이 없다고 서로 수군거렸다. 예수님께서는 그것을 아시고 그들에게 말씀하셨다. "너희는 어찌하여 빵이 없다고 수군거리느냐? 아직도 이해하지 못하고 깨닫지 못하느냐? 너희 마음이 그렇게도 완고하냐? 너희는 눈이 있어도 보지 못하고 귀가 있어도 듣지 못하느냐? 너희는 기억하지 못하느냐?"

마르 8,14-18

이 복음에서 주님은 바리사이들의 누룩을 조심하라고 이르십니다. 바리사이들은 종교적 아버지를 자처하는 사람들입니다. 하지만 그들은 건강한 아버지, 건강한 지도자가 아니라 병적인 아버지의 역할을 했습니다.

병적인 부모는 자기중심적입니다. 자기밖에 모르는 그들은 항상 공허함과 허전함을 채워 줄 누군가를 찾아 헤맵니다. 또한 다른 사람들의 지속적인 관심과 주목, 칭찬을 간절히 원합니다. 그들은 중독적이고 병적인 관계에 빠지기 때문에 건강한 관계가 쉽지 않습니다. 따라서 그들은 자녀들마저 자신의 욕구를 채우기 위해서 이용합니다. 자녀들이 나이 들어 독립할 때가 되어도, 여전히 아이 취급하면서 자신을 떠나지 못하게 합니다.

종교에서도 마찬가지입니다. 병적인 종교 지도자는 다른 사람들을, 신자들을 병들게 합니다. 그들은 말로써 사람들을 현혹합니다. 예를 들면 '신의 뜻'이라는 말로 사람들에게 병적인 콤플렉스를 뒤집어씌우는 일이 비일비재합니다. 콤플렉스가 심한 사람일수록 자기 치장, 자기 방어막이 철저해서 마음이 여린 사람들을 잘 속입니다. 아직도 우리 교회에는 "주님께 나아가려면 이러이러해야 한다."라면서 감당하기 힘든 조건들을 내거는, 콤플렉스를 가진 사람들이 많습니다. 주님은 이런 사람들에게 화를 내십니다. 복음을 읽다 보면 이런 장면을 여러 곳에서 발견할 수 있습니다. 주님은 하느님의 대리인으로 자처하면서 오히려 당신 일을 방해하는 이들의 죄를 엄중하게 묻고 계신 것입니다.

저는 사제 생활을 시작하면서 '모든 이에게 모든 것 Omnibus Omnia', 즉 모든 사람들에게 모든 것이 되겠다고 결심했습니다. 그래서 걸려오는 전화는 다 받았고, 신자들이 청하는 것은 웬만하면 거절하지 않으려고 애썼습니다. 외롭고 힘겨운 젊은 시절에 대한 보상을 신자들이 주시는 사랑으로 충분히 받았다고 여겼을 정도로 사제직을 시작할 때는 하루하루가 감동이었습니다. 그런데 시간이 가면서 체력이 바닥나고 피로가 쌓이기 시작했습니다. 어떻게 하면 착한 목자의 이미지를 유지할 수 있을지를 지나치게 신경 쓴 나머지 에너지를 과도하게 소모한 탓이었습니다. 그러나 그런 상황에서 어떻게 살아야 할지조차 모른 채 다음 본당, 또 다음 본당으로 이동하면서 처음과는 전혀 다른 문제들이 드러나기 시작했습니다. 본당 신자들을 '마음에 드는 신자'와 '마음에 들지 않는 신자'라는 이분법으로 가르고 짜증과 분노가 잦아졌으며 강론 또한 신자들에게 아무런 감동을 주지 못하는 공허한 소리가 되었습니다.

때때로 '이렇게 살아서는 안 되는데…….'라고 반성을 하면서도 어떻게 살아야 할지, 내 문제가 무엇인지 몰라서 엉뚱한 데 헛된 힘을 쓰고 살았습니다. 그러다가 영성 심리학을 만나면서 얽히고설킨 제 마음의 실타래를 보게 되었고, 그 실타래를 한 올씩 풀어내는 작업을 하게 되었습니다.

　사제직이라는 역할을 수행하기에 앞서 제 마음을 먼저 보았어야 하는데, 저는 마음의 문제는 뒷전에 둔 채, 역할에만 매달렸습니다. 그러다 보니 여러 가지 부작용들이 생겨서 주님이 조심하라고 이르신 바리사이처럼 살았던 것입니다. 그래서 지금은 과거로 돌아가지 않기 위해 매일 아침 제 마음을 들여다보고 공부하는 시간을 갖습니다. 공부를 하면 할수록 '내가 내 자신에 대해서 정말 무지했구나.' 하며 부끄러운 생각이 듭니다. 하지만 늦게라도 시작한 공부가 즐겁고 이런 기회를 주신 주님께 감사하는 마음도 듭니다.

　여러분, 매일 자기 마음을 들여다보십시오. 들여다보는 만큼, 마음의 문제가 풀릴 것이며 인생을 즐겁게 살아갈 수 있을 것입니다.

하루 동안 내가 떠올린 생각 중에서 다른 사람에 대한 생각과 나 자신에 대한 생각을 구분해 보고, 어떠한 생각을 더 많이 했는지 비교해 보세요. 자신을 긍정적으로 본 생각과 자신을 부정적으로 본 생각의 비율이 어떠한지 한번 생각해 보세요.

_____

_____

_____

진정한 친구를 찾아서

그런데 사람들이 눈먼 이를 예수님께 데리고 와서는 그에게 손을 대어 주십사고 청하였다. 그분께서는 그 눈먼 이의 손을 잡아 마을 밖으로 데리고 나가셔서, 그의 두 눈에 침을 바르시고 그에게 손을 얹으신 다음, "무엇이 보이느냐?" 하고 물으셨다. 그는 앞을 쳐다보며, "사람들이 보입니다. 그런데 걸어 다니는 나무처럼 보입니다." 하고 대답하였다. 그분께서 다시 그의 두 눈에 손을 얹으시니 그가 똑똑히 보게 되었다. 그는 시력이 회복되어 모든 것을 뚜렷이 보게 된 것이다. 예수님께서는 그를 집으로 보내시면서, "저 마을로는 들어가지 마라." 하고 말씀하셨다.

마르 8,22-26

이 복음을 읽을 때면, 주님이 벳사이다의 눈먼 이를 고치신 후 그를 집으로 보내면서 마을로는 들어가지 말라고 이르신 말씀이 저는 잘 이해가 되지 않았습니다. 병을 고쳤으니 살던 마을로 돌아가는 것이 당연한 일이련만, 왜 주님께서는 마을로 돌아가지 말라고 그를 막으셨을까요? 그 이유는 마을 사람들이 바로 눈먼 사람이 걸린 병의 원인이었기 때문입니다. 마을 사람들은 편견이 아주 심한 사람들이었으리라 추정할 수 있습니다.

흔히 편견이 심한 사람들은 사람에 대해서 이분법적이고 분열증적인 판단을 내리곤 합니다. 특히 '우물 안 개구리'처럼 동네 밖을 나가 본 적이 없는 사람일수록 자신의 무지함을 감추기 위해서 말도 안 되는 편견을 가지고 다른 사람들을 대하는 경우가 많습니다. 자신은 늘 옳고 가장 바람직하다고 생각하며, 자신들의 기준에 맞지 않는 사람은 정상이 아닌 사람으로 대합니다. 그런데 문제는 여러 사람이 입을 모아서 비정상이라고 몰아붙이면 설사 정상적인 사람이라 할지라도 정말로 자기가 비정상이라고 생각하게 된다는 데 있습니다. 여기서 눈먼 사람 역시 그런 경우라고 추측할 수 있습니다. 즉, 실제로 눈먼 사람일 수도 있지만 내면적으로 자신이 누구인지 정체성을 상실한 사람일 수도 있다는 이야기입니다.

인간은 일정한 나이가 되면 '나는 누구지?', '나는 왜 태어났지?' 하는 존재론적 의문을 갖습니다. 마치 홍역을 앓듯이 정서적 혼란기를 거치면서 자기 정체성을 확립합니다. 그런데 이 과정에서 가장 필요한 것이 주위 사람들의 도움입니다. 옆에 있는 사람들이 무너지려는 사람을 지켜 주고, 자괴감에 쓰러지려는 사람을 격려해 주고 위로해 주어야 그 사람이 마음에 힘을 얻고 자신감도 생깁니다. 그렇지만 주위 사람들이 이런 역할을 해 주기는커녕, 무시하고 비하하면 어떻게 될까요? 그 일을 겪는 당사자는 미운 오리 새끼가 됩니다. 자기 자신을 제대로 보지 못해 눈먼 사람이 되고, 그로 인해 생겨난 열등감으로 평생 족쇄를 차게 됩니다. 앞으로 향해 발길을 옮길 수 없게 되는 것입니다. 주님께서는 이런 상황을 너무나 잘 아시기에, 눈먼 이의 두 눈에 손을 얹으시고 그가 자기 자신을 더 정확하게 바라보도록 도움을 주십니다. 그런 뒤, 그를 눈멀게 한 이들이 우글거리는 마을로는 돌아가지 말라고 이르신 것입니다.

우리는 흔히 사람이 죽어서 처벌받는 곳을 지옥이라고 일컫습니다. 그런데 지옥은 꼭 사후에만 존재하는 것이 아닙니다. 사람에 대한 칭찬 한마디 없는 곳, 타인을 늘 헐뜯는 곳, 바로 이런 곳이 지옥입니다. 그리고 이런 지옥은 교회 안과 밖, 세상 어디에나 존재합니다. 이런 지옥에서 벗어나려면 복음의 눈먼 이처럼 주님의 도움으로 눈을 떠야 합니다. 그리고 도움이 되지 않는 사람들을 떠나서, 진정한 친구를 찾아 여행을 떠나야 합니다.

내가 만나는 사람들을 쭉 떠올려 보세요. 그중에 나에게 도움이 되지 않는데도 내가 떠나지 못하는 사람이 있다면 왜 그런지 자기 마음과 대화해 보세요.

내가 호구로 보이니?

예수님께서 제자들과 함께 카이사리아 필리피 근처 마을을 향하여 길을 떠나셨다. 그리고 길에서 제자들에게, "사람들이 나를 누구라고 하느냐?" 하고 물으셨다. 제자들이 대답하였다. "요한 세례자라고 합니다. 그러나 어떤 이들은 엘리야라 하고, 또 어떤 이들은 예언자 가운데 한 분이라고 합니다." 예수님께서 다시, "그러면 너희는 나를 누구라고 하느냐?" 하고 물으시자, 베드로가 "스승님은 그리스도이십니다." 하고 대답하였다.

마르 8,27-29

옛날 개그 프로에 나오는 대사 중에 "내가 누구게?" 하고 묻는 대사가 있었습니다. 그러면 "별 미친 놈 다 보겠네. 네가 너지, 누구긴 누구야!"라고 받아치는 싱거운 개그였습니다. 이 복음에서 주님께서는 마치 이 개그 대사와 같은 질문을 하십니다.

늘 같이 다니시던 분이 어째서 뜬금없이 "너희는 나를 누구라고 하느냐?"라고 질문을 던지신 것일까요? 이 질문의 요지는 당신이 제자들에게 얼마나 의미 있는 존재인지를 묻는 것입니다. 우리는 수많은 사람들을 만나면서 살아갑니다. 그런데 내가 만나는 사람들이 다 똑같이 중요하지는 않습니다. 어떤 사람은 아주 중요한 사람이 되지만, 어떤 사람들은 스치는 바람처럼 가볍게 지나가기도 합니다. 신앙생활 역시 마찬가지입니다. 다 같이 성당에 다니지만, 주님이 우리 안에서 차지하는 비중은 저마다 다릅니다.

그럼 왜 이렇게 사람마다 주님을 생각하는 정도가 다른 것일까요? 인간관계도 그렇지만 신앙생활 역시 내가 얻을 것, 먹을 것이 얼마나 나오느냐에 따라 비중이 결정됩니다. 개를 예로 들어 볼까요? 개들은 사람이 먹을 것을 주면 낑낑대고 꼬리치며 가까이 오지만, 더 이상 먹을 것이 안 나온다고 생각하면 불러도 들은 척도 하지 않습니다. 사람도 마찬가지지요. 돈과 권력이 있을 때는 사람들로 문전성시를 이루지만, 그 반대의 경우에는 집안이 그야말로 썰렁해집니다. 신앙생활도 마찬가지입니다. 기도할 때마다 은총을 받으면 집 안을 성물로 도배하다시피 하고 마치 무당이 굿을 하듯이 정성을 다하지만, 기도를 해도 얻는 것이 없으면 하느님을 멀리하는 것이 사람의 본성입니다. 왜냐하면 '신앙생활을 통해서 무엇을 얻을 수 있는가', '얼마나 행복해질 수 있는가'는 우리에게 중요한 관심사이기 때문입니다.

그런데 주님께서는 "너희가 나를 따르면 무엇인가를 주겠다."라고 말씀하시지 않고 생뚱맞게도 "너희는 나를 누구라고 생각하느냐?"라고 물으십니다. 이 말씀은 듣기에 따라서는 참 엉뚱하다 싶은 이야기입니다. 그러나 그 진의는, "너희들한테 나는 어떤 존재냐? 그냥 주종 관계냐? 아니면 내가 호구로 보이느냐? 진정으로 따라야 할 스승으로 나를 여기기는 하느냐?"라는 것입니다. 예수님께서 갑자기 이런 질문을 하신 까닭은 제자들이 당신을 누구라고 생각하느냐에 따라서 당신이 그들에게 주시려는 말씀의 내용이 달라지기 때문입니다.

이 질문에 베드로 사도는 "스승님은 그리스도이십니다."라고 대답합니다. 그는 예수님께서는 자신의 모든 것을 책임지시는 주님이시라고 굳게 믿었습니다. 그래서 주님께서는 당신의 교회를 그에게 맡기신 것입니다.

저는 "기도를 해도 응답이 없어요. 내가 헛된 기도를 하는 게 아닌지 모르겠어요." 하고 푸념하는 이야기를 자주 듣곤 합니다. 물론 기도를 하는데 아무것도 이루어지지 않으면 그런 소리가 나올 만하지요. 그런데 그럴 때 정말 냉정하게 이런 생각도 한번 해 보시기 바랍니다. '주님은 나에게 어떤 분이신가?', '나는 정말 내 인생을 그분께 송두리째 맡겼던가? 아니면 커피 자판기처럼 생각날 때만 그분을 불러낸 것은 아닌가?' 이런 질문을 앞에 두고 여러분 모두 곰곰이 생각해 보셨으면 합니다.

내게 주님은 어떤 분이신가요?
다른 사람이 나를 부르는 별명은 무엇인가요?
나는 존중받는 편인가요? 홀대받는 편인가요?

내숭 떨지 마세요

예수님께서는 그 뒤에, 사람의 아들이 반드시 많은 고난을 겪으시고 원로들과 수석 사제들과 율법 학자들에게 배척을 받아 죽임을 당하셨다가 사흘 만에 다시 살아나셔야 한다는 것을 제자들에게 가르치기 시작하셨다. 예수님께서는 이 말씀을 명백히 하셨다. 그러자 베드로가 예수님을 꼭 붙들고 반박하기 시작하였다. 그러나 예수님께서는 돌아서서 제자들을 보신 다음 베드로에게, "사탄아, 내게서 물러가라. 너는 하느님의 일은 생각하지 않고 사람의 일만 생각하는구나." 하며 꾸짖으셨다.

마르 8,31-33

주님이 당신은 죽음의 길을 가셔야 한다고 하시며 그 죽음의 의미가 무엇인지 제자들에게 밝히시자, 베드로 사도가 주님을 붙들고 반박합니다. "왜 꼭 그렇게 죽으셔야만 합니까? 세상의 임금이 되시어 하느님 나라를 이루실 수도 있지 않습니까?" 하는 의미가 깔린 반박이었을 것입니다. 베드로 사도의 주장은 다른 제자들도 충분히 공감할 만한 내용이었을 것입니다. 제가 베드로 사도라 해도 저 역시 같은 말을 했을지 모릅니다. 그런데 주님은 베드로 사도에게 "사탄아, 내게서 물러가라!"라고 매우 모욕적인 말씀을 하시고 나서 "너는 하느님의 일은 생각하지 않고 사람의 일만 생각하는구나." 하고 꾸짖으십니다.

사랑받는 제자와 존경받는 스승 사이에 왜 이런 험한 말들이 오갔을까요? 예수님은 당신이 죽음의 길을 가셔야 한다는 점을 받아들이셨지만 주님의 제자는 이를 두려워하고 있었기 때문입니다. 그뿐 아니라 예수님의 마음속에서는 당신의 능력으로 모든 것을 해결하면 어떨까 하는 유혹의 소리가 끊이지 않았을 것입니다. 광야에서 처음 유혹을 당하신 후, 예수님의 약한 마음 한켠에 유혹이 끈질기게 남아 있었을지도 모릅니다. 그래서 예수님은 당신의 약한 부분을 다시 건드린 베드로 사도에게 화가 나셨을 것입니다. 아마 이렇게 생각하지 않으셨을까요? '이 우둔한 인간아, 그게 내가 가장 힘들어하는 부분임을 왜 깨닫지 못하느냐?'

베드로 사도는 왜 그렇게 우둔한 짓을 했을까요? 주님을 위한답시고 예수님께 죽지 마시라고 설득한 베드로 사도의 속마음은 어떤 것이었을까요? 한낱 어부에 지나지 않던 베드로 사도지만 주님을 따라다니면서 그는 명성을 얻고 존경을 받기 시작했습니다. 주님 덕분에 자신도 어느 정도 능력을 갖추게 되었고, 이제는 먹고살 만하다는 생각이 드는 참이었습니다. 그런데 느닷없이 주님이 이 모든 것을 버리고 죽음의 길을 가신다고 하니 자신의 처지가 딱해진 것입니다. 다른 한편으로는 '조금만 상황을 바꾸면, 조금만 세상과 타협하면 그렇게 힘들지 않아도 될 텐데.' 하는 인생 선배로서의 생각을, 아직 세상 물정 모르는 젊은 스승에게 가르쳐 주고 싶은 마음도 있었을 것입니다. 이 복음은 주님과 베드로 사도 각자의 갈등이 아주 적나라하게 보이는 장면입니다.

물론 복음에서는 주님께서 베드로 사도를 야단치시지만 누구라도 베드로 사도의 입장에 선다면 비슷한 생각을 품을 것입니다. 종교 방송을 보면 종교인들이 하느님의 뜻, 믿음 같은 구체적이지 않은 말들을 서슴없이 할 때마다 저는 은근히 짜증이 납니다. '저 사람들이 하느님의 뜻을 얼마나 알고 저런 말을 할까? 믿음이 무엇인지 알고나 하는 소린가?' 하는 생각이 들어서입니다. 우리는 베드로 사도의 어리석음을 비웃고 예수님께 야단맞는 그를 우둔하게 여깁니다. 하지만 베드로 사도는 자신의 우둔함을 그대로 내보일 만큼 정직한 사람이었습니다. 정작 우리는 옛 사람들보다 신학적으로 많이 배웠지만 베드로 사도와 같은 정직함도 없이, 모른다는 사실을 숨기려고 애매모호하게 말하는 종교적인 사기꾼들이 되고 있는지도 모릅니다.

신앙생활은 정직해야 합니다. "너희가 어린아이처럼 되지 않으면, 결코 하늘 나라에 들어가지 못한다."(마태 18,3) 하신 주님의 말씀은, 우리가 하느님 앞에서 정직하게 자신을 드러내는 것이 얼마나 중요한지를 강조하시는 말씀입니다. 만약 누군가가 여러분 앞에 와서 속내를 감추고 가식적으로 행동한다면 우리는 어떤 생각이 들까요? '재수 없는 사람', 혹은 '속을 알 수 없는 흉물스러운 사람'이라는 생각이 들 것입니다. 그러나 솔직 담백한 사람을 만났을 때는 '아, 그 사람 참 믿을 만하구나.'라는 생각이 들기 마련입니다. 하느님이나 인간이나 사람을 보는 눈은 똑같습니다. 하느님 앞에서 정직한 인생을 살아가도록 우리 모두 노력해야 하겠습니다.

이 복음을 읽고 베드로 사도에 대한 느낌을 써 보세요.
그리고 베드로 사도가 나와 어떤 부분에서 유사한지 생각해 보세요.

무식한 것도 죄입니다

예수님께서 제자들과 함께 군중을 가까이 부르시고 그들에게 말씀하셨다. "누구든지 내 뒤를 따르려면 자신을 버리고 제 십자가를 지고 나를 따라야 한다. 정녕 자기 목숨을 구하려는 사람은 목숨을 잃을 것이고, 나와 복음 때문에 목숨을 잃는 사람은 목숨을 구할 것이다. 사람이 온 세상을 얻고도 제 목숨을 잃으면 무슨 소용이 있느냐? 사람이 제 목숨을 무엇과 바꿀 수 있겠느냐? 절개 없고 죄 많은 이 세대에서 누구든지 나와 내 말을 부끄럽게 여기면, 사람의 아들도 아버지의 영광에 싸여 거룩한 천사들과 함께 올 때에 그를 부끄럽게 여길 것이다."

마르 8,34-38

십자가와 목숨. 쉽지 않은 주제입니다. 이 말씀에 대한 해석 또한 다양합니다. 그런데 이 말씀을 어떻게 해석하는가에 따라 우리의 내적인 성장이 이루어지기도 하지만 반대로 십자가 콤플렉스라는 심리적 부작용이 생기기도 합니다. 주님께서 이런 말씀을 하신 진의는 무엇일까요?

운동선수를 예로 들면 이해가 쉬울 것입니다. 운동선수는 시합에서 좋은 성적을 거두기 위해 어떤 노력을 할까요? 성적이 좋은 선수들은 대부분 수도자 같은 삶을 산다고 합니다. 체중 조절 때문에 먹고 싶은 것도 제대로 먹지 못하고, 정신력을 키우기 위해 하고 싶은 것도 못 하면서 오로지 훈련에만 집중한다고 합니다. 그야말로 십자가의 길, 고행의 길을 가는 것인데, 그런 인내의 시간을 잘 버틴 선수가 뛰어난 성적을 거둔다고 하지요. 그리고 이런 성공의 법칙은 세상사 어디에나 적용할 수 있습니다.

사람에게 목숨의 의미는 무엇일까요? 사람들은 인생의 목적, 인생의 가치를 생각하며 살아갑니다. 그런데 우리가 추구하는 가치는 사람마다 서로 다릅니다. 미국의 심리학자인 매슬로에 따르면 인간의 가치는 피라미드처럼 여러 계층으로 나뉜 욕구로 살펴볼 수 있습니다. 가장 아래 단계가 먹고 자고 입는 기본적 욕구, 즉 생리적 욕구 충족의 가치입니다. 그런데 이 하위 가치에 목숨을 걸게 되면 우리의 이기적인 마음이 더욱 이기적이 됩니다. 즉 남의 것을 빼앗아서라도 자기 욕심을 채우고 싶은 파렴치한이 되는 것입니다. 이런 파렴치한들이 언제까지나 잘 살 수 있을까요? 천만의 말씀입니다. 그들은 언젠가는 인심을 잃고 패가망신하는 지경에 이르고 맙니다. "자기 목숨을 구하려는 사람은 목숨을 잃을 것이다."라는 말씀은 이런 경우를 두고 하신 말씀입니다.

그래서 "목숨을 잃는 사람은 목숨을 구할 것이다."라는 말씀은 이와 반대로 해석할 수 있습니다. 이런 사례로는 아프리카 남수단에서 사목을 하다가 병을 얻어 선종한, 영화 〈울지마 톤즈〉의 이태석 신부님을 꼽을 수 있겠습니다. 이태석 신부님처럼 다른 사람들의 고통과 아픔을 돌보기 위해서 노력한 사람들, 타인을 위해 살다가 자기 목숨마저 잃은 사람들은 살아 있을 때뿐만 아니라 죽어서도 그리움의 대상이 됩니다. 그리고 그리움은 시간이 갈수록 더 깊어집니다. 자기 목숨을 희생했기 때문에 더 큰 목숨, 즉 많은 사람들이 주는 사랑을 얻게 된 것입니다.

저는 복음의 이 부분을 잘못 해석해서, 오랫동안 심리적으로 시달렸습니다. 소위 십자가 콤플렉스에 걸린 것입니다. 십자가 콤플렉스란 모든 것을 다 주님이 주신 십자가라고 생각하기 때문에, 아무리 힘들어도 지고 가야 한다고 생각하는 병적인 신념을 말합니다. 제 경우는 원하지 않는 생각이나 욕구 감정 등을 억눌러 버리는 '억압'이라는 방어 기제를 자주 사용하게 되었고, 그 때문에 감정 표현을 못 하고 속에서 삭히는 일이 반복되었습니다. 그로 인해서 신경증적인 증세, 다시 말해 짜증과 무기력증, 우울감에 빠졌습니다. 또한 자기 목숨을 얻고자 하는 것의 반대 개념이 자기 자신을 미워하는 것이라 잘못 생각하여 혹독한 자기 성찰을 한 결과, 제가 제 자신을 쥐 잡듯이 몰아대는 자기 고문을 하면서 상황이 더욱 악화되었습니다. 그 결과 마음이 황폐해져서 거의 심리적 폐인이 되다시피 했습니다.

복음은 주님이 우리를 비난하고 정죄하려고 하시는 말씀이 결코 아닙니다. 복음은 우리가 내적으로 성장하도록 길을 보여 주고 이끌어 주시려고 하느님께서 우리에게 주신 은총의 선물입니다. 복음 묵상을 건강하게 잘해야 내적 성장을 이룰 수 있습니다. 성경을 묵상하면서 만약 내 마음이 무겁고 몸이 아프다면 그것은 복음을 제대로 묵상하지 못해서 그런 것입니다. 그런 경우는 심리 치료를 통해서 마음의 건강을 되찾고, 새로운 시각으로 다시금 복음 묵상을 시작해야 합니다.

십자가라는 말을 들었을 때 떠오르는 생각을 모두 적어 보세요.

그 생각 가운데 특히 무겁고 부정적인 것들은 무엇인가요?

그리고 그 생각들을 한 까닭이 무엇인지 묵상해 보세요.

_____

_____

_____

_____

혼자 있는 시간의 힘

엿새 뒤에 예수님께서 베드로와 야고보와 요한만 따로 데리고 높은 산에 오르셨다. 그리고 그들 앞에서 모습이 변하셨다. 그분의 옷은 이 세상 어떤 마전장이도 그토록 하얗게 할 수 없을 만큼 새하얗게 빛났다. 그때에 엘리야가 모세와 함께 그들 앞에 나타나 예수님과 이야기를 나누었다. 그러자 베드로가 나서서 예수님께 말하였다. "스승님, 저희가 여기에서 지내면 좋겠습니다. 저희가 초막 셋을 지어 하나는 스승님께, 하나는 모세께, 또 하나는 엘리야께 드리겠습니다."

마르 9,2-5

주님은 제자들 가운데 베드로, 야고보, 요한 사도만 따로 데리고 산으로 올라가 당신의 진면목을 보여 주십니다. 아무래도 그 세 사람이 앞으로 교회의 지도자가 되리라 여기셔서 동행하게 하신 것이 아닌가 싶습니다. 그런데 산이 높았다는 것은 세 사람에게 그만큼 어려운 수련을 시키셨음을 의미합니다. 그들이 산에 오르자 모세와 엘리야가 나타나 주님과 이야기를 나눕니다. 이 세 분의 의미는 통합, 전체성의 완성을 의미합니다. 구약과 신약의 구분을 떠난 하나의 완성된 단계이지요. 그동안의 육적인 만남, 육적인 관점을 완전히 관통하고 무너뜨리는, 말로만 듣던 엄청난 광경이 제자들 앞에 펼쳐진 것입니다. 한순간 그동안에 쌓인 의심이 날아가고, 그 영적 모임에 자신들도 함께하고 싶은 간절한 마음에 베드로 사도는 나서서 초막 셋을 지어 드리겠다고 제안합니다. 이런 극적인 상황을 놓치기 싫은 마음, 언제까지고 이런 상태에 머물고 싶은 마음에서 나온 제안입니다. 그러나 제자들은 짧은 체험 후 다시 현실로 돌아옵니다. 그리고 이 복음의 의미를 한참이 지난 후에야 알게 됩니다.

 왜 주님은 이런 체험을 짧은 시간만 허락하셨을까요? 우리는 힘겨울 때, 하느님뿐만 아니라 자신의 인생까지 모든 것을 버리고 싶어 합니다. 그때 성령이 오셔서 지금 겪는 고통의 의미를 알려 주시고 휴식의 시간을 주십니다. 이를 영적 체험이라고 하지요. 그런데 영적 체험을 하는 시간이 길어지면 자신이 마치 도사나 된 듯, 어떤 경지에 도달한 듯 착각하게 됩니다. 영적 체험이 짧은 시간만 허락

되는 것은, 그것이 자발적인 노력으로 얻어진 것이 아니라 성령이 주시는 선물임을 분명하게 깨닫게 하고 자만에 빠져 안주하지 않도록 하기 위해서입니다. 실제로 짧은 체험을 한 번 하고서는 두고두고 여기저기 자랑을 하러 다니는 분들이 많은 것을 보면 하느님께서 과연 그러실 만도 하다는 생각이 듭니다.

하느님과 깊은 연대감을 느끼고 싶은 갈망을 가진 사람, 하느님의 현존을 느끼고 싶은 사람은 잠시나마 영적 체험의 시간을 갖는 것이 참으로 좋습니다. 그 같은 영적 체험으로 한 사람의 인생이 180도 바뀌기도 하기 때문입니다.

그러면 어떻게 해야 이 같은 체험을 할 수 있을까요? 중요한 것은, 혼자 보내는 시간이 필요하다는 것입니다. '사람은 사회적 동물'이라는 말이 있듯이 인간은 혼자 있으면 무기력해질 뿐만 아니라 외로움과 두려움을 깊이 느끼는 존재입니다. 그래서 감옥에서 가장 큰 벌이 독방으로 옮겨지는 것이라고 하지요. 우리가 죽기를 두려워하는 이유도 같이 살던 사람들을 떠나서 홀로 어딘지 모를 길을 가야 하기 때문일 것입니다. 우리는 혼자 있는 시간을 피하려고 늘 누군가를 찾습니다.

그러나 혼자 있는 시간을 갖지 않으면 내적 성장을 하기 어렵습니다. 마음의 평안과 정신의 건강도 얻기 어려워집니다.

심리학자 피터 수드펠드Peter Suedfeld는 이렇게 말했습니다.

"사람은 단조로운 환경에 혼자 있게 되면 내부와 외부의 자극에 민감해지는데, 처음에는 무력감을 느끼지만 시간이 가면서 깊은 내적 체험을 하게 됩니다."

미국의 영성가인 토머스 머튼Thomas Merton도 이렇게 말했습니다.

"하느님은 사람이 홀로 고독 속에 있을 때 나타나십니다."

하버드 대학교 심장병 전문의 허버트 벤슨Herbert Benson은 또 이렇게 말했습니다.

"매일 홀로 기도하는 시간을 갖는 사람은 병에 대한 면역성이 매우 강합니다."

더 깊은 영적 체험과 몸의 건강을 원한다면 홀로 있어야 합니다. 단조로운 환경에서 홀로 지내는 시간을 가지면 영적인 힘이 생깁니다. 주님이 사람들과 더불어 지내다 산으로 가신 것은 이런 이유 때문이었습니다. 하느님은 우리가 혼자 있을 때 그 내면의 고요함 속에서 우리에게 다가오시기 때문입니다.

하루 중 혼자 있는 시간이 얼마나 되나요?

그 시간에 주로 무엇을 느끼고, 무엇을 생각하나요?

혼자 있는 시간이 두렵거나 지겹다면 왜 그러한지 묵상해 보세요.

_____
_____
_____
_____

끊임없이 요구하는 사람들

제자들이 예수님께 "율법 학자들은 어째서 엘리야가 먼저 와야 한다고 말합니까?" 하고 물었다. 그러자 예수님께서 그들에게 말씀하셨다. "과연 엘리야가 먼저 와서 모든 것을 바로잡는다. 그런데 사람의 아들이 많은 고난과 멸시를 받으리라고 성경에 기록되어 있는 것은 무슨 까닭이겠느냐? 사실 내가 너희에게 말하는데, 엘리야에 관하여 성경에 기록된 대로 그가 이미 왔지만 사람들은 그를 제멋대로 다루었다."

마르 9,11-13

엘리야 예언자가 이 세상에 왔을 때 당시 사람들은 그를 제멋대로 다루었다고 주님이 말씀하십니다. 엘리야는 이스라엘 사람들에게 아주 소중한 인물인데 왜 그를 함부로 대했을까요? 우리 주변에는 대화할 때 미운 말만 골라서 하고 지나치게 공격적이거나 완고하고 고지식한 사람들이 있습니다. 대화란 서로 소통하고 이해하면서 친밀감을 키우기 위한 수단인데 그런 대화를 하지 못하고 오히려 상대방의 속을 뒤집어 놓기만 하는 사람들, 상대방의 말을 경청하거나 공감하려는 의지 없이 오로지 자기 생각에만 사로잡혀 상대방의 생각을 비난하거나 꼬투리 잡을 생각만 하는 사람들, 말도 안 되는 사설을 길게 늘어놓으면서 자기가 무슨 말을 하는지도 모르는 채 자기 말에 도취되는 사람들. 이미 와 계신 엘리야를 함부로 대했던 이스라엘 사람들은 아마도 성격에 저런 결함이 있는 사람들이었을 것입니다.

흔히 대화가 안 되고 고집 센 사람들을 일컬어 꼴통이라고 합니다. 꼴통이란 여러 가지 콤플렉스가 심해서 심리적 기능이 원활치 않은 사람들을 두고 하는 말입니다. 이들의 내면에는 수용과 순종을 갈망하는 순종적인 내內자아가 숨어 있습니다. 하지만 그들은 자신의 본모습을 보이면 잃을 게 많다고 생각하기 때문에 본마음과는 전혀 다른 말과 행동을 합니다. 그리고 이렇게 자기기만적인 삶을 살다가 결국은 주위 사람들을 하나둘 잃고 맙니다.

엘리야를 포함한 예언자들은 이스라엘인들에게 이런 점을 지적했지만, 그들은 오히려 예언자들을 조롱하고 무시하며 자신의 마음과는 전혀 다른 태도를 보입니다. 그래서 이스라엘 사람들은 오랫동안 변방 민족으로 학대당하는 모욕적인 역사를 살아야 했던 것입니다.

본당 신부들이 새 본당에 부임하면 비슷하게 겪는 일들이 있습니다. 새 본당에 가서 얼마 지나지 않아, 여러 가지 불만을 털어놓는 신자들을 만나는 것이지요. 그들은 대개 "전임 신부는 이렇게 했는데 당신은 왜 그렇게 하지 않느냐?"라며 때로는 전임 신부뿐만이 아니라 초창기 신부, 심지어는 외국인 선교사 신부 시절까지 들먹입니다. 이처럼 끊임없이 무엇인가를 요구하는 사람은 다른 사람을 지배하려는 욕구가 큰 사람입니다. 그래서 여러 가지 이유를 붙여서, 사람들의 '착한 아이 콤플렉스'를 건드려 자기 마음대로 휘두르려고 하는 지배 욕구가 작동하는 것이지요.

이럴 때 착한 본당 신부들은 그들의 요구를 한없이 수용해 주려고 합니다. 마음이 약한 신부들이 노심초사하며 신자들의 요구를 들어주려 노력하는 것이지요. 하지만 대개 무엇인가를 요구하는 사람들은 만족을 모르기 때문에 끊임없이 요구를 해서 사제들은 결국 한계에 부딪히게 됩니다. 게다가 사제들이 아무리 노력해도 그들은 '우유부단하다'는 등의 소리만 할 뿐 좋은 평도 하지 않습니다.

대화를 해도 설득을 해도 요지부동 자기 식대로 하려는 사람들은 아예 가까이하지 않는 편이 좋습니다. 대개 그런 사람들은 수가 적은데도 그 기세에 눌려서 다수가 침묵을 지키기 마련입니다. 그럴 때 다수의 신자들을 어루만지고 다독이는 데 힘을 다하는 것이 본당 신부가 할 일입니다. 그래야 본당 신부도 살고, 본당도 살아납니다.

사회건 교회건 '악화가 양화를 구축한다'는 그레샴의 법칙이 통용될 때가 많습니다. 신자들 가운데는 정말 선한 분들, 주님을 따르는 바른 마음을 가진 분들이 많습니다. 그런 신자들을 꾸준히 양성하고 그들과 소통한다면, 어떤 본당이라도 건강해질 수 있을 것입니다.

당신은 가정이나 본당에서 얼마나 환영받는 사람인가요?
만일 사람들이 내게 인사를 건네지 않는다면, 어떤 문제 때문인지
생각해 보세요.

_____

_____

_____

당신의 마음에도 봄날이 올 거예요

그들이 다른 제자들에게 가서 보니, 그 제자들이 군중에게 둘러싸여 율법 학자들과 논쟁하고 있었다. 마침 군중이 모두 예수님을 보고는 몹시 놀라며 달려와 인사하였다. 예수님께서 그들에게 "저들과 무슨 논쟁을 하느냐?" 하고 물으시자, 군중 가운데 한 사람이 대답하였다. "스승님, 벙어리 영이 들린 제 아들을 스승님께 데리고 왔습니다. 어디에서건 그 영이 아이를 사로잡기만 하면 거꾸러뜨립니다. 그러면 아이는 거품을 흘리고 이를 갈며 몸이 뻣뻣해집니다."

마르 9,14-18

얼마 전만 해도 악령이나 마귀에 대한 이야기를 자주 했습니다. 정신적으로 약간만 이상해도 마귀가 들렸다며, 가뜩이나 민감한 사람들을 '마귀 불안증'에 빠뜨리는 일들이 종종 벌어지곤 했습니다.

물론 인간의 영혼을 파멸의 길로 유혹하는 어떤 어두운 힘이 실재하는 것은 사실입니다. 그러나 이 복음에 나오는 벙어리 영이 들린 아이의 증세는 오히려 심한 압박감에서 오는 것이라고 추정할 수 있습니다. 자기 안의 더러운 것들을 깨끗하게 하고자 신앙생활을 열심히 하는 사람들은 자신의 모습 가운데 추하고 죄스럽다고 생각하는 점들에 대해 심한 거부 반응을 보입니다. 그래서 그 모든 것을 악에서 오는 것, 사탄이 심어 놓은 것들이라며 모조리 없애려고 무진장 애를 씁니다. 그런데 이렇게 자기 자신을 심하게 몰아붙이며 압박하는 사람들은 자기 맘에 들지 않는 부분을 없애는 데 집착한 나머지 병적인 삶을 살게 됩니다. 때로는 심각한 정신 분열증, 환청과 환시에 시달리다 못해 정신병원 신세를 지는 일도 적지 않습니다. 복음에 나오는 아이의 증상도 이런 경우에 해당하는 것입니다.

저도 청년 시절에, 맑은 영혼을 가지고 싶다는 간절한 소망을 가졌습니다. 그리고 그것을 실천하기 위해서 제 마음에서 좋지 않은 것을 없애려고 열심히 노력했습니다. 거의 성당에서 살다시피 하고, 세속적인 것, 육체적인 것이라 생각하는 것들은 아예 쳐다보지도 않는 등 스스로 단단하게 잠금장치를 했습니다. 그랬더니 한때나마 제 자신이 마치 영적 존재가 된 것 같은 느낌이 들었습니다.

그런데 시간이 지날수록, 마음이 답답하고 몸도 힘들어졌습니다. 그리고 싫어하는 사람, 미워하는 사람의 숫자가 점점 늘어났습니다. 하지만 왜 그런지 이유는 도저히 알 수가 없었습니다. 세월이 한참 흐른 후, 영성 심리를 공부하면서 저는 어둠의 세력과는 전혀 다른, 어두운 자아가 제 안에 있음을 깨닫게 되었습니다. 제 안에는 아직 성숙하지 못하고, 상처받고 콤플렉스 투성이인 '내자아'가 있었습니다. 그리고 그 내자아는 윽박지르거나 없애 버릴 대상이 아니라 마치 어린아이를 다루듯이 천천히 대화하고 이해해야 하는 대상임을 알게 되었습니다. 이를 알고 난 뒤부터 마음 안의 응어리들이 조금씩 풀리고 점차 마음이 편안해졌습니다.

우리는 영적 식별이라는 말을 자주 사용합니다. 그런데 이 영적 식별을 하면서 자신의 내면을 빛과 어둠, 선과 악이라는 이분법으로 구별하면 자칫 스스로를 해치는 결과를 초래할 수 있습니다. 내 마음 안에 어두운 부분, 빛이 적게 드는 부분이 나와 함께 존재하고 있음을 받아들이는 것은 정신 건강을 위해서 가장 중요한 치료 방법입니다. 자신의 마음을 천천히 들여다보십시오. 그리고 그 안에 있는 어두운 부분과 대화를 많이 나누십시오. 그러면 그 안에서 아이가 보일 것입니다. 나에게 무엇인가 이야기하고 싶어 하는 아이를 발견할 것입니다.

자기 자신 안에서 다른 사람들이 보지 않았으면 하는 것들을 하나씩 써 보세요. 그리고 왜 그러한지 그것들과 대화해 보세요.

_____

_____

_____

저는 약합니다. 저를 도와주십시오

그 뒤에 예수님께서 집에 들어가셨을 때에 제자들이 그분께 따로, "어째서 저희는 그 영을 쫓아내지 못하였습니까?" 하고 물었다. 예수님께서는 이렇게 대답하셨다. "그러한 것은 기도가 아니면 다른 어떤 방법으로도 나가게 할 수 없다."

마르 9,28-29

제가 대학원에서 상담 심리를 공부한 후 드디어 상담을 시작했을 때가 떠오릅니다. 당시에는 상담을 받으러 온 사람들에게 자신만만하게 '이래라저래라.' 했습니다. 그런 제 말에 누구도 토를 달지 않았을뿐더러 자기 속마음을 꿰뚫어 보는 영험한 신부님이라는 칭찬에 으쓱해진 저는 슬슬 그 맛에 중독되어 갔습니다. 제 머릿속에 가득 찬 심리학 지식이면 어떤 문제든지 다 해결할 수 있을 것 같았습니다. 그렇게 1년이 가고 2년이 가고 오랜 시간이 흘렀습니다. 문득 정신을 차려 보니, 제가 상담했던 이들이 별로 변하지 않은 채 전과 같이 생활하는 모습이 보였습니다. 저는 깜짝 놀랐습니다. '아니, 지금쯤이면 적어도 이 정도는 와 있어야 하는 거 아닌가?' 성격이 급해서 짧은 시간 안에 결말을 봐야 직성이 풀리는 저에게, 교구 신자들의 변화 없는 생활은 참담한 기분을 안겨 주었습니다.

대체 무엇이 문제인지 진지하게 고민하던 중, 우연히 마주친 문구에 제 마음이 사로잡혔습니다. "상담가는 내담자의 긴 인생 여정 중에 만난 한 부분에 지나지 않는다." 눈이 번쩍 뜨이며 '아, 그렇구나. 내가 내담자 인생의 전부가 되려고 했구나.' 루시퍼가 그랬듯이, '내가 그 사람들에게 하느님이 되려고 했구나. 그러고는 정작 그 사람들을 위해서 기도해 주지는 않았구나.' 하는 깨달음을 얻었습니다. 하느님은 저의 한계를 알려 주심으로써, 제 능력이 별것 아님을 깨우쳐 주신 것입니다. 이 깨우침을 통해 사람의 머리로는 우리의 삶을 바꿀 수 없음을, 우리의 삶은 우리가 가진 힘의 한계를 넘어선 신의 영역에서 다루어져야 하는 것임을 비로소 알게 되었습니다. 그렇기 때문에 기도해야 하는 것입니다.

그 이후로 저는 내담자들의 하느님이 되려는 어리석은 욕구를 버렸습니다. 그리고 상담을 마치고 나면 내담자들의 여정에 하느님이 함께하시기를 기도하기 시작했습니다. 신기하게도 기도를 하고 난 다음부터 상담 심리 공부에 대한 열망이 더욱 강해지고, 내담자들에 대한 연민이 한층 깊어졌습니다. 참담한 심정인 저에게 주님이 주신 선물이었던 것입니다. 유명한 외과 의사로 인정받는 한 지인이 이런 이야기를 했습니다.

"수술을 하는 것은 저 자신이지만, 그 수술이 어떤 결과를 낳는지는 신의 뜻에 달려 있습니다. 처음에는 제 실력만 믿고 수술을 했지만, 시간이 갈수록 사람의 생명은 사람 마음대로 되는 것이 아님을 눈으로 보게 되었습니다. 그때부터 수술을 할 때 기도하기 시작했습니다."

마귀 들린 아이를 고치지 못한 제자들에게 주님은 말씀하십니다. "기도 아니면 다른 어떤 방법으로도 나가게 할 수 없다." 가족이나 친한 사람들이 불행한 일을 겪게 될 때 우리는 마음 아파하고 슬퍼합니다. 그리고 때로는 기도하는 것도 잊은 채 오로지 자신의 힘으로 해결하려고 합니다. 하지만 나의 힘을 넘어선 일과 마주했을 때는 우리가 가진 무의식적인 자만심을 버리고, 무조건 주님 앞에 무릎을 꿇고 "저는 약합니다. 저를 도와주십시오."라고 기도해야 합니다. 긴 세월 동안 인생의 모든 문제를 우둔한 머리로 해결하려다 엉망진창이 되어 보았던 제가 여러분에게 드리는 조언입니다.

　기도하는 일이 부담스럽고 어렵나요? 기도에 대해 새롭게 바라보도록 여기서 잠깐 〈기도하는 시간〉이라는 시를 소개해 드리겠습니다. 하레사쿠 마사히데 신부님의 《괜찮아》라는 시집에 나옵니다.

기도는 화창한 봄 햇살을 쬐는 것과 같아.
천천히 눈을 감고
아무 생각 없이 따뜻한 해님의 마음을 받아
흘러넘치는 햇살에 마음을 드러내고
잡념도 분심도 햇살에 말리며
하품을 하네.
기도하는 편안함은 봄 햇살을 쬐는 것과 같지.

기도는 깊은 산속 온천에서 목욕하는 것과 같아.
천천히 손과 발을 펴고 아무 걱정 없이
대지의 온기에 감싸여
흘러넘치는 따뜻한 물에 몸을 맡기며
지친 마음을 저녁 하늘에 날리고
콧노래를 부르네.

기도하는 기쁨은 온천에서 목욕하는 것과 같지.

기도는 어머니 품속에서 잠자는 아기 같아.
느긋하게 손과 발을 펼치고
아무 걱정 없이
흘러넘치는 사랑에 모든 것을 맡긴 채
어머니의 온기를 믿고
나쁜 일은 침과 함께 삼키며
꿈을 꾸네.
기도하는 평온함은 잠자는 아기 같지.

문제가 생겼을 때, 어떤 행동부터 하나요?
그것이 만약 기도라면 어떤 기도인가요?

4장

내가
내 인생을
살고 있다는
느낌

책은 사람의 마음을 촉촉하게 합니다

그들이 그곳을 떠나 갈릴래아를 가로질러 갔는데, 예수님께서는 누구에게도 알려지는 것을 원하지 않으셨다. 그분께서 "사람의 아들은 사람들의 손에 넘겨져 그들 손에 죽을 것이다. 그러나 그는 죽임을 당하였다가 사흘 만에 다시 살아날 것이다." 하시면서, 제자들을 가르치고 계셨기 때문이다. 그러나 제자들은 그 말씀을 알아듣지 못하였을 뿐만 아니라 그분께 묻는 것도 두려워하였다.

마르 9,30-32

"사람의 아들은 사람들의 손에 넘겨져 그들 손에 죽을 것이다." 주님이 당신 자신에 대해서 예언하신 말씀입니다. 누가 주님을 죽음에 이르게 할까요? 인간성이 메마른 사람들, 마음의 평형을 잃은 사람들입니다. 우리는 이런 사람들을 사회뿐만 아니라 종교계 안에서도 찾아볼 수 있는데, 그들은 다른 사람들에 대한 정신적 살인을 서슴지 않습니다.

어떤 단체에서 봉사하는 분이 제게 휴대폰 문자를 보내셨습니다. 그분이 잠시 봉사를 쉬겠다고 했더니 '하느님께서 처벌하실 것'이라는 답장을 받았다는 것입니다. 어쩔 수 없이 사정상 봉사를 쉬었더니 집안에 우환이 생겼다고 합니다. 그래서 '하느님의 노여움을 풀려면 싫어도 다시 봉사를 해야 합니까?'라고 물었습니다.

저는 그 문자를 보면서 참으로 어이없다는 생각이 들었습니다. 도대체 어떤 사람들이길래 그렇게 하느님의 이름을 모독한단 말입니까? 그들이야말로 자신이 '하느님의 이름을 헛되이 부르지 말라.'라는 계명을 어긴 대죄인임을 모르고 있습니다. 자신들이 한 사람의 영혼을 병들게 하는 대죄를 짓고 있음을 깨닫지 못하고 있는 것입니다. 그저 자신의 편안함을 위해서 다른 사람을 고려하지 않고 말을 함부로 하는 사람은 종교라는 이름으로 범죄를 자행하는 정신적 살인자들입니다.

어느 종교를 막론하고 이런 사람들이 윗자리에 앉으면 마음이 약한 사람들은 말 그대로 머리채를 잡혀서 질질 끌려가는 삶을 살게 됩니다. 그들은 하느님을 두려워하고 우환이 생길까 봐 불안해하면서 거의 신경증 환자 같은 삶을 살아야 합니다.

얼마 전 우리 사회는 염전 노예 사건으로 시끄러웠습니다. 그러나 인간을 구속하고 노예처럼 부리는 행위가 비단 그런 곳에서만 벌어지는 것은 아닙니다. 병적인 부모 밑에서 자라는 아이들과 병적인 종교인들이 운영하는 종교 안에서도 정신적인 염전 노예들이 수를 헤아리기 어려울 정도로 많습니다.

다른 어떤 것보다 종교 범죄는 교활하고 사악합니다. 종교의 이름으로 범죄를 저지르는 사람들은 직접 나서는 법이 없습니다. 사람들 스스로 병들고 죄를 짓도록 뒤에서 조종만 합니다. 그들은 절대자의 이름 뒤에 숨어 있기에, 그 어두운 권력을 상대하기가 쉽지 않습니다. 이런 종교 범죄인들을 색출하고 뿌리를 뽑는 일이야말로 종교가 해야 할 가장 중요한 일입니다. 그리고 우리는 우리 자신이 그런 사람이 되지 않도록 노력해야 합니다.

종교 범죄를 저지르지 않으려면 가장 좋은 예방법은 다양한 분야의 독서를 하는 것입니다. 책은 사람의 마음을 촉촉하게 해 주는 물과 같습니다. 그중에서도 문학은 우리 안의 다양한 모습들을 거울처럼 보여 줍니다. 우리는 이처럼 다양한 책, 특히 문학을 통해서 자기 안의 감정들을 살려내야 합니다. 아무리 가난해도 책을 끼고 사는 사람의 인생은 절대로 사막처럼 메마르지 않습니다. 지금은 경제적인 어려움보다 마음이 사막처럼 황폐해지는 것이 더 큰 문제입니다. 문학 서적은 돈을 버는 것과 관련된 책은 아니지만 마음이 메말라지는 것, 다른 사람들을 심리적으로 죽이는 정신적 살인자가 되는 것을 막아 주는 아주 중요한 역할을 할 수 있습니다. 요즘은 곳곳에 도서관이 있어서 마음만 먹으면 얼마든지 책을 읽을 수 있으니, 여러분 모두 책을 가까이하면서 살기 바랍니다.

책을 얼마나 보나요? 그 책들의 내용은 얼마나 다양한가요? 혹시 같은 종류의 책들만을 보는 것은 아닌지 독서 습관을 점검해 보세요.

_____

_____

_____

_____

마음이 무너질 때 바치는 기도

그 뒤에 예수님께서 집에 들어가셨을 때에 제자들이 그분께 따로, "어째서 저희는 그 영을 쫓아내지 못하였습니까?" 하고 물었다. 예수님께서는 이렇게 대답하셨다. "그러한 것은 기도가 아니면 다른 어떤 방법으로도 나가게 할 수 없다."

마르 9,28-29

가톨릭교회는 일 잘하는 사람보다 기도를 잘하는 사람을 선호합니다. 또 수도회 중에서도 활동 수도회보다 관상 봉쇄 수도원을 더 중요시합니다. 제가 젊었을 때는 왜 교회가 기도하는 사람을 선호하는지 의문이 들었습니다. 매일 성당에 가만히 앉아서 기도하는 사람보다, 무엇인가 일하고 만들어 내는 사람이 더 우선시되어야 한다고 생각했기 때문입니다. 그런데 본당 사목을 하다 보니 기도하는 사람을 선호하는 이유가 납득이 갔습니다.

제가 전에 본당에서 사목할 때는, 기도하는 시간보다 신자들을 만나는 시간이 더 많았습니다. 사람을 만나서 성당으로 이끄는 것이 하느님 사업에 유익하다고 생각했기 때문입니다. 그래서 저녁마다 술자리를 만들고, 낮에는 자매님들과 봉사 활동 겸 나들이를 다녔습니다. 그런데 이상하게도 사람을 만나면 만날수록 십자가 앞에서 기도하는 시간이 줄어드는 것이었습니다. 사람을 만나다 보니 사람에 중독되고 만 것이지요. 성당에 들어가 봐야 썰렁하기도 해서, 아무도 없으면 슬쩍 들여다보고 나와 버리곤 했습니다.

기도를 하지 않으니 점점 마음이 무너지는 것이 느껴졌습니다. 강론을 해도 힘이 없고, 미사가 일처럼 느껴지고, 그저 쉬는 날이 언제쯤 오려나 하는 기다림만이 간절했습니다. 갈수록 마음이 성당 밖으로만 떠돌았습니다. 그제야 저는 기도를 왜 해야 하는지, 기도가 어째서 중요한지 깨달았고, 교회에서 기도하는 사람을 중요하게 생각하는 이유를 알게 되었습니다.

제가 아는 한 신부님은 당신이 기도하는 시간에는 누가 찾아오더라도 만나지 않으셨고, 행여 신자가 왔다고 하더라도 먼저 성체조배를 하도록 했습니다. 기도가 우선이라는 생각 때문이었습니다. 그분은 말씀도 유창하게 잘하지 못했고 일도 별로 하지 않는 분이었습니다. 그러나 신자들은 그 신부님을 보면 마음이 편안해진다고 했습니다. 이는 기도에 담긴 내적인 힘이 밖으로 나왔기 때문이었겠지요.

기도가 필요한 또 하나의 이유는 기도가 본당의 분위기를 좌우하기 때문입니다. 어떤 본당이건 '본당의 분위기'라는 것이 있습니다. 어떤 본당은 수도원같이 조용한 곳이 있습니다. 신자들 중에 기도하는 분이 많은 곳이지요. 그런 본당에는 잘난 척하는 사람도, 신자들이나 단체들 간의 다툼도 없이 모두가 친하게 지냅니다. 그런 성당에 가면 참으로 아늑한 기분이 듭니다. 그런데 어떤 본당은 아주 시끄럽습니다. 서로가 '내가 잘났네, 우리가 더 중요하네.' 하면서 다툽니다. 신자들이 빈 깡통과 같이 기도로 안을 채우지 못해 깡통끼리 부딪치는 소리가 시끄러운 것입니다. 그래서 기도하는 신자가 많은 성당이 마음의 병을 치유할 확률도 더 높다고 하는 것입니다.

상담을 할 때에도 정말 기도가 필요할 때가 많습니다. 인생의 우여곡절, 가난과 비참함을 숱하게 겪은 사람들의 이야기를 듣다 보면, 심리 치료 기법이고 뭐고 간에 '이들에게 도대체 어떤 말로 위로를 해야 하나?' 하는 난감한 마음이 들 때가 한두 번이 아닙니다. 그럴 때 마음속에서, '아, 이분들을 위해서는 정말 기도해야겠구나.'

하는 생각이 간절하게 들곤 했습니다. 그리고 기도를 하고 나면, 그분들에게 아무런 도움도 주지 못했다는 무력감에서 조금은 가벼워지는 기분이 들었습니다.

인간의 지적이고 이성적인 면에 초점을 맞추고 사는 사람들은, 기도가 도피 행위이고 자기 기만적 수단이라고 비아냥거리기도 합니다. 그리고 실제로 인간의 삶에서 그런 경향이 없지는 않습니다. 그러나 인간의 힘으로는 도무지 버틸 수 없는 상황에 부딪혔을 때, 오로지 이성과 의지에만 의존했다가는 심리적 과부하가 걸려서 미쳐 버릴 수도 있습니다. 신의 영역과 인간의 영역을 구분하지 못하는 우둔함 때문에 자기 무덤을 파게 되는 것입니다. 그런 의미에서 기도는 다른 사람들뿐만 아니라 자신의 삶도 지켜 주는 아주 소중한 도구입니다.

하느님께 혹은 성모님께 기도하는 시간이 얼마나 되나요?
기도할 때 내 말만 하나요? 아니면 그분들과 대화를 하나요?
그분들은 내게 어떤 분인가요?

_____
_____
_____

제대로 된 어른

그들은 카파르나움에 이르렀다. 예수님께서는 집 안에 계실 때에 제자들에게, "너희는 길에서 무슨 일로 논쟁하였느냐?" 하고 물으셨다. 그러나 그들은 입을 열지 않았다. 누가 가장 큰 사람이냐 하는 문제로 길에서 논쟁하였기 때문이다. 예수님께서는 자리에 앉으셔서 열두 제자를 불러 말씀하셨다. "누구든지 첫째가 되려면, 모든 이의 꼴찌가 되고 모든 이의 종이 되어야 한다."

마르 9,33-35

제자들이 논쟁을 벌였습니다. 소위 서열 싸움을 한 것이지요. 동물의 세계나 인간 사회나 서열을 향한 집착은 대단합니다. 서열이 높을수록 대접받기에, 동물이건 인간이건 자기의 서열을 높이는 데 열을 올립니다. 물론 어떤 집단에서나 서열은 필요합니다. 인간은 본래 이기적인 존재이기에, 서열이 없다면 질서도 무너져 버리고 그저 목소리 크고 힘 좋은 사람이 모든 것을 다 독차지하는 무법천지가 되고 말 것입니다.

그런데 왜 주님께서는 제자들의 서열 논쟁에 일침을 가하신 것일까요? "누구든지 첫째가 되려면, 모든 이의 꼴찌가 되고 모든 이의 종이 되어야 한다."라고 알쏭달쏭한 말씀을 하신 것일까요? 주님께서 말씀하신 것은 권력 다툼을 노리는 서열 논쟁은 백해무익한 것이고, 진정으로 서열이 앞서려면 진정한 어른이 되어야 한다는 뜻입니다. 그리고 진정한 어른은 다른 사람에 대한 배려와 깊은 연민을 가진 사람이어야 한다고 하신 것입니다.

본당 사목을 하다 보면 별의별 일을 다 겪습니다.

"신부님, 지역 유지인 분이 신부님이 술 한잔 사 주시면 성당에 나올지 고려해 보겠다고 합니다."

"그래요? 신부가 무슨 술집 마담이랍니까? 가서 다른 종교를 찾아보라고 하시죠."

젊은 시절에는 이런 식으로 까칠하게 응대했습니다.

"내가 전에 무슨 일을 했던 사람인데……."라면서 긴 사설을 늘어놓으며 잔소리하는 신자에게는 이렇게 대꾸한 적도 있습니다.

"형제님, 언제 세례받으셨습니까? 저는 세례받은 지 40년이 넘었습니다. 제가 나이는 어려도 세례는 먼저 받았으니 형제님이 제 말을 들으셔야지요."라고 말입니다.

그 말을 들은 신자는 결국 교적을 다른 성당으로 옮겼습니다. 본당 신부들은 이런 일들로 속이 상하기 일쑤입니다. 성당은 겸손을 배우는 곳인데 사회에 있을 때와 다름없이 잘난 체하는 이들을 만나면 저도 모르게 까칠해집니다.

그러나 저절로 고개가 숙여지는 신자도 있습니다. 어느 날은 아주 가난한 신자가 저를 찾아왔습니다. 매일 조용히 기도하고 봉사하는 자매였습니다.

"신부님, 제가 부유하진 않지만 그래도 신부님께 꼭 드리고 싶은 것이 있어서요."

그분은 이렇게 말하며 봉투를 내밀었습니다. 그 봉투에는 천 원짜리 두 장과 기도한 내용이 담긴 영적 선물이 들어 있었습니다. 순간 코끝이 찡해졌습니다. '아, 이런 분들이 계셔서 교회 공동체가 하느님으로부터 사랑받는 것이로구나!' 이런 일을 겪으면 대접받으려는 사람에게는 대접하고 싶은 마음이 사라지고, 대접받기를 한사코 사양하는 사람에게는 대접해 드리고 싶은 청개구리 같은 마음이 올라옵니다.

앞의 복음에 제자들이 길에서 누가 큰 사람이네, 작은 사람이네 논쟁했다는 대목이 나옵니다. 제자들이 몸은 주님을 따라다니면서 정작 마음은 헛된 곳을 찾아 헤매고 있었다는 증거입니다. 그래서 주님은 그런 제자들에게 아주 까칠하게 말씀하십니다. "누구든지 첫째가 되려면, 모든 이의 꼴찌가 되고 모든 이의 종이 되어야 한다." 백번 옳으신 말씀입니다. 누가 어른인지는 본인이 정하는 것이 아니라 그 사람의 행실을 보고 다른 사람들이 평가하는 것입니다. 나이가 들어서도 어르신이 아닌, "저 노인네!"라는 소리를 듣지 않으려면, 정말 제대로 어른 노릇을 해야 할 것입니다.

내가 죽는다면 몇 사람이나 나를 그리워할까요?

편 가르지 마세요

요한이 예수님께 말하였다. "스승님, 어떤 사람이 스승님의 이름으로 마귀를 쫓아내는 것을 저희가 보았습니다. 그런데 그가 저희를 따르는 사람이 아니므로, 저희는 그가 그런 일을 못 하게 막아 보려고 하였습니다." 그러자 예수님께서 이르셨다. "막지 마라. 내 이름으로 기적을 일으키고 나서, 바로 나를 나쁘게 말할 수 있는 사람은 없다. 우리를 반대하지 않는 이는 우리를 지지하는 사람이다. 내가 진실로 너희에게 말한다. 너희가 그리스도의 사람이기 때문에 너희에게 마실 물 한 잔이라도 주는 이는, 자기가 받을 상을 결코 잃지 않을 것이다."

마르 9,38-41

유사 이래로 인간이 저지른 큰 잘못 중 하나가 편 가르기입니다. 내 편이냐 네 편이냐 나누는 편 가르기는, 아이들뿐만 아니라 어른들도 서슴지 않고 행하는 악습입니다. 더군다나 어른들의 편 가르기는 더욱 잔인합니다. 아이들의 편 가르기는 왕따를 시키는 정도이지만, 어른들은 사회적으로 매장시키고 심지어는 목숨까지 빼앗습니다. 나와 의견이 다른 사람들을 적으로 규정하기에 남의 목숨을 빼앗는 것을 합리화하는 것입니다. 인간이라는 존재는 때로는 참으로 미성숙하고 충동적이어서 자신이 속한 집단에서 누군가를 적으로 규정하면 마치 자신이 그 사람들을 죽일 수 있는 권한을 가진 양 착각합니다. 그래서 전쟁 중에 군인뿐만 아니라 노인과 아녀자들까지 살해하는 범죄 행위를 서슴지 않고 저지릅니다.

그러면 내 편, 네 편을 가르는 사람들은 심리적으로 어떤 문제가 있을까요? 그들이 가진 가장 큰 문제는 심리적 분열 상태에 있다는 것입니다. 건강한 사람들은 비교적 내적 통합이 잘 되어 있어 어떤 것이든 별로 가리지 않습니다. 그러나 내면세계가 건강하지 못하고 유아적인 사람들은 사람을 심하게 가립니다. 그래서 끊임없이 투정 부리는 아이처럼 편 가르기를 하는 악습에 중독되는 것입니다.

또 다른 이유는 트라우마[4], 즉 아물지 않은 상처 때문입니다. 사

---

[4] 트라우마: 재해를 당한 뒤에 생기는 심리적 반응, 외상과 관계된 심한 두려움, 불안, 우울증을 비롯한 여러 가지 증상이 나타난다. 이렇게 쉽게 낫지 않는 심리적인 상처들은 일상생활에 지속적으로 부정적인 영향을 끼친다.

람은 살아가면서 상처를 입지 않을 수 없습니다. 그러나 어떤 사람들은 도무지 아물지 않는, 결코 잊을 수 없는 상처를 입기도 합니다. 이런 경우를 '외상 후 스트레스 장애'라고 해서, 이 장애를 가진 사람들은 오랫동안 심리적 고통을 겪습니다. 이런 사람들은 자신에게 상처를 준 사람뿐만 아니라 그와 비슷한 상황이 닥치기만 해도, 놀란 나머지 쉽게 적으로 규정짓고 공격하려는 증상을 보입니다.

편 가르기는 끝이 없는 것입니다. 공산주의 국가에서 끊임없이 숙청이 일어나는 것은 편 가르기의 후유증이 계속되기 때문입니다. 그리고 그 결말은 편 가르기를 주도했던 자들까지도 목숨을 잃는 것으로 끝을 맺습니다. 처음에는 사람이 칼을 휘두르지만, 나중에는 칼이 자기 마음대로 난장을 치고 다니면서 아무나 죽이는 지옥 같은 상황이 벌어지는 것입니다. 좁은 땅덩어리에 살면서 서로 삿대질을 하고 적대감을 표현하며 병적인 편 가르기를 한다면, 결국 모든 사람이 정신 분열증 환자처럼 되어 한 나라가 파국의 길로 치닫게 될 것입니다. 그래서 주님께서는 이런 분열증적 현상을 막기 위해서 늘 사랑과 이해, 관용의 삶을 살도록 일깨워 주신 것입니다. 그렇게 살지 않으면 언젠가는 편 가르기의 병적인 결과가 우리 자신에게 부메랑처럼 되돌아올 것임을 아셨기 때문입니다.

내가 좋아하는 사람들과 싫어하는 사람들의 이름을 쓰고,
왜 그런지 이유를 상세히 적어 보세요.
그리고 나를 싫어하는 사람들의 이름을 쓰고,
그들이 왜 나를 싫어한다고 생각하는지 그 이유도 써 보세요.

그럴 그릇도 안 되면서

"나를 믿는 이 작은 이들 가운데 하나라도 죄짓게 하는 자는, 연자매를 목에 걸고 바다에 던져지는 편이 오히려 낫다. 네 손이 너를 죄짓게 하거든 그것을 잘라 버려라. 두 손을 가지고 지옥에, 그 꺼지지 않는 불에 들어가는 것보다, 불구자로 생명에 들어가는 편이 낫다. 네 발이 너를 죄짓게 하거든 그것을 잘라 버려라. 두 발을 가지고 지옥에 던져지는 것보다, 절름발이로 생명에 들어가는 편이 낫다. 또 네 눈이 너를 죄짓게 하거든 그것을 빼 던져 버려라. 두 눈을 가지고 지옥에 던져지는 것보다, 외눈박이로 하느님 나라에 들어가는 편이 낫다. 지옥에서는 그들을 파먹는 구더기도 죽지 않고 불도 꺼지지 않는다."

마르 9,42-48

'손이 죄를 짓게 하거든 손을 잘라 버리고, 발이 죄를 짓게 하거든 발을 잘라 버리고, 눈이 죄를 짓게 하거든 눈을 빼 던져 버려라.'

하신 주님의 말씀은 참으로 살벌하게 들립니다. 어떤 사람들은 이 말씀을 의역하지 말고 있는 그대로 받아들여야 한다고 주장하기도 합니다. 그러나 주님의 이 말씀을 액면 그대로 받아들인다면 이 세상에 몸이 성할 사람은 하나도 없을 것입니다. 저는 이 말씀을 묵상할 때면 주님께서 이 말씀을 종교 지도자들에게 하신 것이라는 생각이 듭니다.

피터 드러커Peter Drucker 교수는 리더는 어떤 사람인가 하는 질문에 "따르는 사람이 있으면 리더다."라고 답했습니다. 사람이 따른다는 것은 그 사람에게 따를 만하고 본받을 만한 것이 있기 때문에 그런 것이 아닌가 생각합니다. 그러나 인류 역사를 보면 피터 드러커 교수의 말이 100% 맞지는 않다는 것을 알 수 있습니다. 폭군, 독재자, 사이비 종교 교주 등 전쟁과 분란을 일으킨 사람들에게도 추종자가 있었기 때문입니다. 그러니 사람이 따랐다고 해서 무조건 리더가 되는 것은 아닙니다.

인간은 오랫동안 평등 사회를 지향해 왔습니다. 그래서 민주주의라는 사회 시스템을 만들어 냈습니다. 하지만 '만민은 평등하다.'는 이상에도 불구하고 어떤 공동체, 어떤 사회라도 그것을 이끄는 지도자의 역할이 중요합니다. 훌륭한 지도자를 둔 공동체는 사람들이 지도자를 흠모하여 모여듭니다. 지도자 또한 자기를 따르는 사람들을 위해서 헌신합니다. 그러나 이기적이고 탐욕스러운 지도자는 사람들을 종처럼 부려 먹습니다. 그리고 사람들끼리 작은 권력을 가지고 다투게 하여 자신의 과오를 감추면서도 절대 권력을 행사합니다.

    종교계에서도 마찬가지입니다. 종교계에서도 사람들을 행복하고 즐겁게 해 주는 치유자의 역할을 하여 많은 사람들에게 흠모의 대상이 되는 분들이 있습니다. 가톨릭교회에서는 그런 분들을 성인이라고 부릅니다. 또한 성인품은 받지 못했을지라도, 김수환 추기경님이나 이태석 신부님처럼 흠모의 대상이 되는 분들도 있습니다. 이런 분들은 살아 계실 때는 동시대 사람들에게 '같은 땅에서 같은 공기를 마시고 사는 것 자체만으로도 참으로 영광스러운 일이다.'라는 마음이 들게 합니다. 더 나아가 우리는 그런 분들이 돌아가신 뒤에도 그들을 통해 어떻게 살아가야 하는지를 깨달을 수 있습니다.

    그러나 종교인이라는 이름을 걸고 있으면서도 사람들을 무시하고 그들에게 상처 주는 종교인들이 있습니다. 그들은 사람들을 자신의 욕구 충족을 위한 수단으로 여깁니다. 또 한편, 자신의 잘못된 신앙을 영적 생활이라고 호도하면서 절대자의 이름으로 포장하는 종교인들도 적지 않습니다. 그런 종교인들은 세속의 지도자들보다 사람들에게 악영향을 더 크게 미칩니다.

  사회 지도자들의 영향력은 기껏해야 정치적·경제적인 측면과 같은 외적 조건들에 국한됩니다. 그리고 그들은 국민들의 이익과 부합되지 못하는 행위를 하면 비난과 탄핵의 대상이 되어 지도자로서의 자격을 잃게 됩니다. 그러나 종교인들은 현실적인 권력은 크지 않아도 사람들의 정신세계에 지대한 영향을 미칩니다. 때로는 신의 대리인 역할을 하기 때문입니다. 그래서 주님께서 엄중하게 경고하시는 것입니다. "나를 믿는 이 작은 이들 가운데 하나라도 죄짓게 하는 자는, 연자매를 목에 걸고 바다 깊은 곳에 빠지는 편이 낫다."

나는 나의 무지함과 무식함에 대해 얼마나 부끄러움을 느끼나요?
다른 사람들이 나에 대해 비판할 때 나는 어떤 반응을 보이나요?

_____

_____

_____

_____

소금 같은 인생을 살고 간다는 것

"모두 불 소금에 절여질 것이다. 소금은 좋은 것이다. 그러나 소금이 짠맛을 잃으면 무엇으로 그 맛을 내겠느냐? 너희는 마음에 소금을 간직하고 서로 평화롭게 지내라."

마르 9,49-50

　소금은 옛날부터 귀한 식재료였습니다. 특히 유럽은 소금이 귀해서, 소금을 얼마나 많이 가졌는지가 사람의 경제력을 재는 척도였다고 합니다. 그래서 그런지 유럽 음식은 엄청나게 짭니다. 심지어는 아예 음식을 소금덩어리로 만든 것이 아닐까 싶을 정도로 짠 음식이 많습니다. 유럽의 음식이 이렇게 짠 것은 어쩌면 소금에 대한 오래된 갈망 때문이 아닌가 하는 생각이 들기도 합니다.

주님께서는 우리에게 이처럼 귀하고 비싼 소금 같은 존재가 되라고 이르십니다. 그런데 소금은 귀한 만큼이나 만들어지는 과정 또한 인내가 필요합니다. 소금은 뙤약볕 아래서 바닷물의 수분이 증발하는 과정을 거쳐 만들어지는데, 더위와 염분이 공존하는 염전을 일구는 것은 참으로 견디기 어려운 노동입니다. 그래서인지 소금 같은 사람이 되려면 역시 혹독한 자기 수련이 필요합니다.

그렇다면 우리가 소금 같은 존재가 되려면 어떤 수련을 해야 할까요? 먼저, 선택하는 법을 훈련해야 합니다. 인간은 태어나면서 죽을 때까지 선택을 하는 존재입니다. 사람을 만나는 것도, 직장을 잡는 것도, 여행을 가는 것도, 그리고 죽느냐 사느냐 하는 것도 모두 선택입니다. 이러한 선택은 참으로 복잡 미묘합니다.

노벨상 수상자이자 인도 출신의 경제 철학자인 아마르티아 센 Amartya Sen은 이렇게 말합니다.

"선택의 자유를 무턱대고 신봉할 것이 아니라, 그것이 우리의 삶을 풍요롭게 하는지 궁핍하게 하는지, 자유롭게 하는지 구속하는지를 생각해 보라."

새겨들을 만한 말입니다. 선택을 잘하지 못하면 우리 인생은 귀한 소금 같은 존재가 될 수 없기 때문입니다. 그렇기에 지혜로운 선택을 하는 훈련이 중요하지요. 그리고 주님께서는 그러한 선택을 할 수 있는 길을 이미 복음에서 가르쳐 주셨습니다. "마음이 가난한 사람은 행복하다. 하늘나라가 그들의 것이다."라고 말입니다.

마음이 가난한 사람은 어떤 사람일까요? 마음을 비운 사람일까요? 그렇지 않습니다. 사람의 마음을 비우기란 본질적으로 불가능합니다. 영성적으로 부족한 사람은 다른 사람들보다 자기 자신에게 집중하는 사람입니다. 구체적으로 운동선수를 예로 들어 보겠습니다. 실력이 뛰어난 선수들은 자기 자신의 문제를 발견하고 자신의 단점을 극복하기 위해서 많은 노력을 합니다. 이들은 시간이건 돈이건 모든 것을 자기 자신에게 쏟습니다. 그래서 시간이 지날수록 출중한 실력을 갖추게 되어 고수의 경지에 이릅니다. 그러나 실력이 부족한 사람들은 자기의 실력이 모자란데도 노력 대신 다른 일에 신경을 씁니다. 그들은 다른 사람에게 관심을 쏟거나 참견하느라 바쁩니다. 그렇게 자신에게 집중하지 못하기 때문에, 탁월한 선택을 할 수도 없습니다. 그런 인생은 별로 발전이 없기 마련입니다.

우리는 살아가면서 무수한 선택을 합니다. 그런데 내 선택이 올바른 것인지는 항상 의문입니다. 선택을 할 때 우리는 앞날을 내다보기보다 눈앞의 것만 생각하는 경향이 강하기 때문입니다. 그런데 선택의 결과는 훗날, 특히 죽음을 맞이할 때 내게 현실로 돌아옵니다. 마음을 다듬는 일을 게을리하지 않고 주님의 뜻에 따라 살아온 사람은 임종의 순간이 편안합니다. 평생 다듬어 온 자신의 영혼만 가지고 세상을 떠나면 되니 뒤에 남겨 둔 세상에 미련이 없습니다. 그러나 일생을 낮은 수준의 가치만 추구하고 자신의 선택에 대해서 숙고하지 않은 사람은 임종의 순간이 편치 않습니다. 이는 내 손에서 멀어져 가는 것들, 손에 쥐고 갈 수 없는 것들에 대한 미련 때문입니다.

소금 같은 존재로 살다가 가신 분들은 천상에서건 지상에서건 그리움과 기다림의 대상입니다. 그러나 짠맛을 잃은 소금처럼 사는 사람들은 천상에서든 지상에서든 누구도 반기지 않는 하찮은 존재가 되어 버립니다. 항상 기도하시고 좋은 선택을 하셔서 소금 같은 인생으로 거듭나시기를 바랍니다.

살아오면서 내가 도움을 준 사람들과 내 도움을 받고 고마워한 사람들을 떠올려 보세요. 더 많은 사람들에게 도움을 주려면 지금 무엇을 해야 하는지 생각해 보세요.

주님이 바로 우리들의 의사이십니다

그런데 바리사이들이 와서 예수님을 시험하려고, "남편이 아내를 버려도 됩니까?" 하고 물었다. 예수님께서 그들에게 "모세는 너희에게 어떻게 하라고 명령하였느냐?" 하고 되물으시니, 그들이 "'이혼장을 써 주고 아내를 버리는 것'을 모세는 허락하였습니다." 하고 대답하였다. 그러자 예수님께서 이르셨다. "너희 마음이 완고하기 때문에 모세가 그런 계명을 기록하여 너희에게 남긴 것이다."

마르 10,2-5

불안감을 줄이기 위해 신앙을 선택하는 것은 좋은 일입니다. 아이는 자신을 지켜 주는 부모가 있으면 마음이 든든해서 무슨 일이든 자신 있게 할 수 있습니다. 이와 마찬가지로 하느님이 자신을 지켜 주신다는 믿음이 있으면 주눅 들지 않고 불안한 마음을 달래며 살 수 있습니다. 그런데 하느님과의 관계가 깊어질수록 한 가지 주의할 점이 있습니다.

우리들 가운데는 지위가 높은 사람과 친분이 두터워지면 마치 자기 자신도 높은 사람이 된 양 행동하는 사람들이 있습니다. 마찬가지로 하느님과의 관계가 깊어지면 마치 자신이 하느님이라도 된 듯이 행동하는 사람들이 있습니다. 하느님의 전능하심을 자신의 것으로 착각하는 것입니다. 자신이 특별한 부르심이라도 받은 듯 행세하는 이들은, 자신의 생각을 하느님이 말씀하신 것처럼 말하는 데 익숙합니다. 이들은 성경 구절을 교묘하게 인용해서 사람들을 설득하거나 협박함으로써 자신에게 종속되게 합니다. 또한 자신에게 동의하지 않으면 그런 이들을 적으로 간주하고, 사탄의 자식이니 마귀니 하면서 공격합니다.

이런 사람들은 소위 종교적 권력을 추구합니다. 이런 식으로 종교적 권력을 추구하는 사람들은 대개 성장 과정에서 욕구를 제대로 채우지 못한 결핍 욕구 장애자[5]거나, 다른 사람들의 관심을 제대로

---

[5] 결핍 욕구 장애자: 인간의 욕구는 여러 가지가 있다. 이것은 성장 과정에서 채워져야 하는데, 그렇지 못한 경우 심리적 결함, 즉 결핍 욕구 장애가 되어 나이가 들어서도 그 나이답지 못한 행동을 하게 되는 사람을 일컫는다.

받지 못해 열등감이 큰 사람들인 경우가 많습니다. 종교 공동체에서 심하게 허세를 부리거나, 작은 지위를 권력의 도구로 사용하거나, 그 종교를 믿은 지 오래되었다며 타인의 의사와 상관없이 가르치려고 하는 태도를 보이는 사람들이 바로 그런 부류입니다.

경제학자 그레샴T. Gresham은 "악화가 양화를 구축한다."라는 말을 한 적이 있습니다. 이 말처럼 완고하고 지배 욕구가 강한 사람들은 신앙생활을 통해 내적으로 성장하기를 원하는 사람들의 발길을 돌리게 합니다. 소위 컴퓨터에 침입한 악성 바이러스 같다고나 할까요? 이들을 상대하기는 참으로 어렵습니다. 왜냐하면 그들은 자신의 생각이나 감정을 모두 하느님의 이름으로 혹은 영적인 것으로 포장할 뿐 아니라 늘 기도하는 척, 거룩한 척하기 때문입니다. 겉으로는 그들을 비판할 만한 여지를 찾을 수가 없습니다.

그리고 이들은 철저하게 자기 문제는 보지 않고 남의 문제만 보려 합니다. '투사 욕구'가 심한 사람들이지요. 미사 때 다른 사람들에게 보여 주려고 큰 동작으로 가슴을 두들기며 "내 탓이오."를 외치지만, 진정으로 자기반성을 하지는 않습니다. 그래서 이들을 일러 '종교 연가시'라고 합니다. 연가시는 곤충의 몸에 침입해 마치 내장처럼 행세하면서 곤충의 영양분을 빨아먹고 사는 기생 생물입니다. 그런데 이들 또한 교회에서 선량한 신자들의 진을 빨아먹기에 종교 연가시라 불리는 것입니다.

저는 본당 사목의 초점을 상담 사목에 맞춘 뒤, 나름 '한 지식' 한다는 사람들에게 항의를 많이 받았습니다.

"신부님께서는 왜 신자들에게 좀 더 엄하게 하지 않으십니까? 사람들이 신앙을 우습게 여기면 어떻게 합니까?"

그들은 주로 이런 식으로 말했습니다. 그리고 성당에 나오는 사람들은 다 수도자처럼 살아야 한다고 주장했습니다. 그러나 성당은 수도원이 아니라 마음의 병을 어루만져 주는 곳입니다. 주님이 '나는 의인을 위해서 온 것이 아니라 병자들을 위해서 왔다.'라고 하셨듯이 말입니다. 성당을 심리 치료 센터의 개념으로 이해하는 것은 복음적으로 근거가 충분합니다. 그럼에도 불구하고 이들은 말이 많습니다. 그러나 남들에게 엄격한 잣대를 들이대는 사람일수록 대개 자기 문제를 보지 않습니다. 자신의 내면을 들여다보지 않기에 다른 사람을 함부로 비난하거나, 남 탓을 하며 심한 잔소리를 하는 것이지요.

병원에 와서는 병을 고칠 생각은 하지 않고 누가 잘났는지만 따진다면, 환자들은 어떻게 되겠습니까? 병원에 오려면 이 정도 자격은 있어야 한다고, 의사를 제치고 병자가 나선다면 어떤 일이 생길까요? 우리 교회는 이미 심리 치료 시스템을 갖추고 있습니다. 주님이 바로 우리들의 의사이십니다. 여러분도 이 점을 기억하시면 좋겠습니다.

당신은 잔소리나 싫은 소리를 많이 하는 편인가요?
아니면 덕담이나 칭찬을 많이 하는 편인가요?
칭찬보다 잔소리를 많이 한다면 왜 그런지 한번 생각해 보세요.

속빈 강정이 되지 마세요!

사람들이 어린이들을 예수님께 데리고 와서 그들을 쓰다듬어 달라고 하였다. 그러자 제자들이 사람들을 꾸짖었다. 예수님께서는 그것을 보시고 언짢아하시며 제자들에게 이르셨다. "어린이들이 나에게 오는 것을 막지 말고 그냥 놓아두어라. 사실 하느님의 나라는 이 어린이들과 같은 사람들의 것이다. 내가 진실로 너희에게 말한다. 어린이와 같이 하느님의 나라를 받아들이지 않는 자는 결코 그곳에 들어가지 못한다."

마르 10,13-15

이 말씀은 지금도 논쟁이 많은 말씀입니다. 이 말씀을 두고 어떤 사람은 "어린이와 같은 사람들은 어떤 사람을 일컫는 말입니까? 미숙한 사람들을 말하는 것입니까? 아니면 나이가 어린 사람들을 말하는 것입니까? 그리고 주님 말씀대로라면 천국은 애들만 버글거려 난장판일 것입니다."라며 비아냥거리기도 했습니다.

주님께서는 왜 이렇게 논란거리가 많은 이야기를 하신 것일까요? 예수님께서 "하느님의 나라는 이 어린이들과 같은 사람들의 것이다."라고 하신 말씀에는 '의식의 비대화 현상'을 경고하시는 뜻이 담겨 있습니다.

과학 문명이 발전한 현대에도 점집이나 사이비 종교가 성행합니다. 교육 수준이 높은 사람들 역시 점집을 찾고 사이비 종교에 빠지기는 매한가지입니다. 왜 그럴까요? 인간이 물질주의나 과학만능주의의 지배를 받게 되면, 우리의 눈은 내면으로 향하지 못하고 외부로만 뻗어 나가게 됩니다. 그뿐만 아니라 무의식과도 접촉이 끊어집니다. 그 결과 의식, 즉 머리만 발달한 인간이 나타나는데 이를 두고 '의식의 비대화 현상'이라고 말합니다. 이렇게 외부로 뻗어 나간 의식은 자신의 부족한 부분을 채우기 위해서 바깥을 기웃거립니다. 그래서 신비주의 현상이나 점, 사이비 종교 같은 것에 빠집니다. 과학적이고 논리적인 교육을 받은 사람들까지도 점집을 찾는 이유가 바로 이 때문입니다.

이러한 '의식의 비대화 현상'이 나타난 사람은 외적 조건에 집착합니다. 신앙인이면서도 자기 마음을 들여다보지 않고 오로지 외부

행사에만 집착하는 사람들이 있습니다. 그들은 행사 규모가 커야 만족하고 겉치레인 전례 형식에만 집착하며 눈에 보이는 것으로만 상대방의 종교성을 판단합니다. 이런 사람들은 온몸에 성물을 주렁주렁 달고 다니지만 내적으로는 몹시 공허합니다. 기도하는 시간, 자기 내면을 들여다보는 시간을 갖지 않았기 때문입니다.

또한 그들은 자신보다 능력 있는 사람이 있으면 꼭 그 옆자리를 차지하려고 합니다. 마치 유명인이 행사에 나타나면 눈도장, 사진 도장을 찍으려고 한사코 그 옆을 떠나지 않는 사람들처럼 능력자들 옆에 붙어 자신의 내적 공허함을 채우려고 합니다.

주님께서 길을 가실 때에도 이런 사람들이 들러붙었습니다. 이들은 주님이 시키지도 않으셨는데도 자신들이 마치 능력자가 된 양 으스대며 행세했습니다. 성경에서 "사람들이 어린이들을 예수님께로 데려와서 그들을 쓰다듬어 달라고 하였다. 그러자 제자들이 사람들을 꾸짖었다."라고 한 것은 바로 이런 행세를 일컫는 것입니다.

세상 부모들 마음은 다 똑같습니다. 아이들이 장차 행복하게 살기만을 바라는 것입니다. 그래서 부모들이 아이들을 주님께 데려온 것인데, 제자들은 그런 부모를 야단칩니다. 제자들이 이렇듯 이해할 수 없는 행동을 한 이유는 바로 그들이 속빈 강정, 잘나가는 사람 옆에 붙어서 먹고살려는 이들이었기 때문입니다. 그들은 마치 자신들이 허락하지 않고는 주님을 만날 수 없는 것처럼, 그렇게 과시함으로써 대리 만족을 느끼고 치졸한 권력 욕구를 충족하려고 했던 것입니다.

젊은 시절에 저는 평범하고 느슨하게 살지 말고 신앙생활을 더 열심히 해야겠다고 결심하곤 했습니다. 그래서 놀지도 않고 사람들도 멀리했으며 오로지 기도 생활에만 전념하려고 했습니다. 그런데 이상하게도 시간이 갈수록 이유 없이 사람들이 미워지고 짜증만 났습니다. 그러다가 한참이 지난 후에야 제가 사람을 이해하고 사랑하려고 노력한 것이 아니라 사람들 위에 올라서고 싶어 외적인 것에 집착했다는 것을 알게 되었습니다. 기도를 해도 내면을 풍성하게 하는 기도를 한 것이 아니라, 오히려 내면으로 들어가는 길을 막고 기도하는 모습만 드러내서 다른 사람들에게 자랑하고자 하는 병적인 기도를 했던 것입니다. 여러분은 저와 같은 실수를 하지 마시고, 기도하다가 미운 사람이 떠오르거든, 하던 기도를 잠시 내려놓으세요. 그리고 그를 온전히 이해하려고 노력해 보세요. 이렇게 할 때 외적인 부분에서 벗어나 내적인 부분을 채우기 시작할 수 있을 것입니다.

내가 가장 신경 쓰는 사람은 누구인가요?

나를 가장 민감하게 하는 것은 무엇인가요?

_____

_____

_____

_____

친절하면 부자 됩니다

> 제자들은 그분의 말씀에 놀랐다. 그러나 예수님께서는 그들에게 거듭 말씀하셨다. "얘들아, 하느님 나라에 들어가기는 참으로 어렵다! 부자가 하느님 나라에 들어가는 것보다 낙타가 바늘귀로 빠져 나가는 것이 더 쉽다." 그러자 제자들이 더욱 놀라서, "그러면 누가 구원받을 수 있는가?" 하고 서로 말하였다. 예수님께서는 그들을 바라보며 이르셨다. "사람에게는 불가능하지만 하느님께는 그렇지 않다. 하느님께는 모든 것이 가능하다."
>
> 마르 10,24-27

"부자가 하느님 나라에 들어가는 것보다 낙타가 바늘귀로 빠져 나가는 것이 더 쉽다." 이 말씀을 두고 참으로 논쟁이 많았습니다. 어떤 사람은 "예수님께서 사회주의자여서 가진 자들을 배척하신 것이다."라고 편협한 해석을 내놓기도 했고, 또 어떤 사람은 "아주 가난하게 살수록 주님께 가까이 갈 수 있다."라고 궤변을 늘어놓기도 했습니다. 그래서 예수님을 공산주의 혁명가의 원조로 보는 이야기가 회자된 적도 있고, 자신의 무능함을 마치 신심이 깊어서 가난한 삶을 사는 양 포장하는 사람들이 나타나기도 했습니다.

주님께서 마치 부자들을 싫어하신 것처럼 들리는 이 말씀에 담긴 진짜 뜻은 무엇일까요? 심리학적 관점에서 말하는 '부자'와 '가난한 사람'이라는 개념은 사회적 관점에서 보는 재화의 수준, 소득 수준에 따른 개념과는 크게 다릅니다. 예수님께서는 '돈이 많으면 부자고 돈이 없으면 가난한 사람이다.'라는 사회적인 기준에서 말씀하신 것이 아니라 인간의 심리 상태를 말씀하신 것입니다. 주님께서는 복음의 다른 곳에서 "마음이 가난한 사람들은 행복하다."라고 하셨습니다. 이는 '실제로 부자인 것은 마음이 가난한 사람들이며 그들에게는 내적 풍요로움이 있다.'라고 말씀하신 것입니다.

가난과 궁핍은 전혀 다른 개념입니다. 돈이 아무리 많아도 내적 여유 없이 궁핍하게 사는 사람들이 있습니다. 그래서 이미 재산이 많으면서도 늘 허기진 아귀처럼 남의 돈을 자기 것으로 취하여 긁어모으는 사람들, 이런 사람들이 바로 바늘귀로 빠져나오려는 낙타와 같은 사람들입니다. 이런 사람들은 모든 것을 돈이 되느냐, 안 되느냐의 관점에서 바라봅니다. 그리고 돈이 된다면 온갖 불법적이고 파렴치한 짓도 서슴지 않습니다. 그래서 결국 사람들에게서 소외당하고 정신적으로 파국을 맞습니다.

그렇다면 돈 없는 사람들은 누구나 바늘귀를 쉽게 빠져나갈 수 있을까요? 그렇지 않습니다. 가난한 사람들 가운데에도 내면이 부자인 사람들이 있고, 가난한 데다 마음까지 궁핍한 사람들도 있기 때문입니다. 비록 가진 것이 없지만 사람들에게 인정을 베풀고 작은 것에도 감사하며 사는 사람들은 마음이 부자입니다. 이런 사람들은 남의 것을 부러워하지 않고 주눅 들지 않고 살아갑니다. 그래서 어디를 가든 환영받습니다. 그러나 궁핍한 사람들은 늘 자신보다 더 많이 가진 사람들을 부러워하고, 심지어 적개심까지 품습니다. 그들은 자기 신세를 한탄하고, 세상을 원망하면서 매일같이 술타령, 술주정을 합니다. 그래서 사람들은 그들을 동정하기는커녕 "하느님은 왜 저런 애물단지를 그냥 두시는지."라고 말합니다.

그렇다면 우리가 진정한 부자가 되려면 어떻게 살아야 할까요? 12세기의 대표적인 유대인 철학자이자 의사인 모세 마이모니데스 Moses Maimonides는 이렇게 말합니다.

"누군가의 진정한 인격을 가장 잘 가늠할 수 있는 길은 선을 행할 수 없는 사람을 대하는 그 사람의 태도다."

즉 친절함이 사람을 참부자로 만든다는 것입니다. 탈무드에서는 "친절한 행동은 모든 율법을 합친 것과 같다."라고 말합니다. 심리치료에서도 "친절한 행동은 자신을 좋은 사람이라고 강조하고 각인시키며 자신의 긍정적인 자존감을 향상시킨다."라고 이야기합니다. 친절함이 사람의 마음을 여유롭고 풍요롭게 하여, 참부자로 만든다는 것이지요. 소소한 한마디, 작은 미소 하나가 다른 사람들을 기쁘게 하고 사람의 마음을 부자가 되게 합니다. 여러분도 그렇게 해 보시기 바랍니다.

당신이 이야기를 시작하면 사람들이 즐거워하나요?
아니면 딴짓을 하거나 하품을 하나요?

_____

_____

_____

_____

내가 내 인생을 살고 있다는 느낌

예수님께서 말씀하셨다. "내가 진실로 너희에게 말한다. 누구든지 나 때문에, 또 복음 때문에 집이나 형제나 자매, 어머니나 아버지, 자녀나 토지를 버린 사람은 현세에서 박해도 받겠지만 집과 형제와 자매와 어머니와 자녀와 토지를 백배나 받을 것이고, 내세에서는 영원한 생명을 받을 것이다. 그런데 첫째가 꼴찌 되고 꼴찌가 첫째 되는 이들이 많을 것이다."

마르 10,29-31

이 말씀을 처음 접했을 때 당혹스러워하던 기억이 납니다. 십계명에서는 부모에게 효도하라고 하시더니, 느닷없이 자기 가족을 버려야 보상을 받을 것이라 하시니 말입니다. 그래서 신자가 아닌 분들이 이 대목만 보면 "그리스도교는 인륜을 저버리라고 하는 이상한 종교다."라고 할 만하다는 생각이 들었습니다. 그렇다면 이 복음이 진정으로 의미하는 것은 뭘까요?

복음적인 삶이란 참자아를 찾아가는 삶, 마음을 돌보고 다듬는 삶이라 할 수 있습니다. 즉 "모든 그리스도교 신자들은 수도자의 삶을 사는 사람들이다."라고 말할 수 있습니다. 그런데 수도자적인 삶에 대한 정의는 다양합니다. 영성 심리에서는 진정한 수도자의 삶은 자신 안의 병적인 삶을 깨뜨리고 건강한 자아를 만들어 가는 과정이라고 말합니다. 이를 일컬어 마음공부라고 합니다.

사람의 마음에는 병적인 생각들이 수없이 자리 잡고 있어 자아가 성장하지 못하게 막습니다. 이런 것 가운데는 내가 심어 놓은 것도 있지만, 오히려 주위 사람들이 내 안에 심거나 던진 말로 인해 생긴 것이 대부분입니다. 이런 병적인 말들은 뿌리째 뽑아서 던져 버려야 합니다. 그런 의미에서, 주님께서는 형제자매와 부모님을 버리라고 하신 것입니다. 마음공부를 하기 위해서는 부모·형제·자매에 대해서 신경을 끄고 오로지 자기 마음에 집중하고, 온 신경을 자기 다듬기에 쏟아야 합니다. 그래서 집이나 토지 같은 소유물에 집착하는 마음을 버리라고 하신 것입니다. 그런데 이렇게 자기 마음에만 집중하면 모든 일이 해결될까요?

제 경우를 예로 들어 보겠습니다. 영성 심리를 공부하면서 저는 전보다 더 많은 사람들에게 사랑받고 도움을 받기 시작했습니다. 전혀 예상하지 못한 사람들과도 만나게 되었지요. 예전에는 그저 본당 신자들과 지지고 볶는 사목만 했는데, 이제는 다양한 지역의 다양한 사람들과 교류하게 된 것입니다. 서울의 여러 본당들, 지방 본당, 해외 본당 등 저의 미천한 지식을 필요로 하는 곳이 점점 늘어났습니다. 주님께서 제시하신 길을 통해 저는 삶에서 더 큰 수확을 거두게 되었습니다.

제 인생을 돌아볼 때마다 제가 한 일보다 백배, 천배로 돌려받은 인생이었음을 새삼 느낍니다. 삼사십 대 때만 해도 저를 보고 안쓰러워하던 친구들이 지금은 다들 부러워합니다. 이제는 나이 들어 직장에서 밀려나고 젊은 사람들에게 치이는데, 저만 나이가 들수록 더 많은 사람들에게 도움이 되고 있기 때문입니다. 게다가 무엇보다 좋은 점이 또 있습니다. 나이가 들수록 마음공부에 대한 갈망이 더 깊어지고 넓어진다는 것입니다. 영성 심리뿐만 아니라 다른 분야에서 마음을 어떻게 바라볼까 하는 궁금증이 일어나는 것입니다. 이런 저를 보고 어떤 분이 그러더군요.

"나이 들어 공부에 바람난 분을 만나니 보기 좋습니다."

저도 역시 그렇게 생각합니다. 공부한 만큼 다른 사람들에게 필요한 사람이 되니 더욱 좋습니다.

마음공부를 하면서 내가 내 인생을 살고 있다는 느낌도 점점 더 강해지고, 삶이 생산적이고 건강해진다는 느낌도 더 확고해집니다. '사람은 자기 영역을 넓혀 가면서 마음이 더욱 건강해진다는 말이 맞는구나!' 하고 생각합니다.

그러나 마음공부는 결코 쉽지 않습니다. 마음공부를 통해 성장하는 과정에서 다시 예전 자리로 끌어내리려는 힘이 반드시 나타나기 때문입니다. 그 힘은 밖에 있기도 하지만 내 안에도 있습니다. '이런 공부가 다 무슨 소용이야. 다시 예전처럼 살아!' 하고 꼬드기기 일쑤입니다. 그래도 포기하지 마십시오. 훌륭한 선수는 매일의 훈련으로 만들어진다는 것을 잊지 마십시오. 오죽하면 주님께서, "첫째가 꼴찌 되고 첫째가 꼴찌 되는 이들이 많을 것이다."라고 말씀하셨겠습니까?

나는 나 자신에 대해 얼마나 많이 아나요? 내가 아는 나를 긍정적인 부분과 부정적인 부분으로 나눠서 적어 보세요.

_____
_____
_____

아이고, 내 팔자야!

그들이 예루살렘으로 올라가는 길이었다. 예수님께서는 제자들 앞에 서서 가고 계셨다. 그들은 놀라워하고 또 뒤따르는 이들은 두려워하였다. 예수님께서 다시 열두 제자를 데리고 가시며, 당신께 닥칠 일들을 그들에게 말씀하기 시작하셨다. "보다시피 우리는 예루살렘으로 올라가고 있다. 거기에서 사람의 아들은 수석 사제들과 율법 학자들에게 넘겨질 것이다. 그러면 그들은 사람의 아들에게 사형을 선고하고 그를 다른 민족 사람들에게 넘겨 조롱하고 침 뱉고 채찍질하고 나서 죽이게 할 것이다. 그러나 사람의 아들은 사흘 만에 다시 살아날 것이다."

마르 10,32-34

"팔자라는 게 정말 있을까요?" 신자들이 저에게 간혹 하시는 질문입니다. 글자 그대로 해석하면 팔자란 사람에게 주어진 운명을 말합니다. 우리는 살면서 '팔자'라는 말을 아주 빈번하게 사용합니다. "아이고, 내 팔자야." 하고 한탄하는 것은 지금의 내 삶이 그리 행복하지 않을 때 하는 소리이고, "저 사람은 참 팔자가 좋아."라는 말은 상대방의 행복이 부러워 보일 때 하는 소리입니다. 그런데 우리가 가진 고정 관념 중 하나가 '팔자는 타고난 것이라는 생각'입니다. 다시 말해, 사람의 운명은 하늘이 이미 다 만들어 놓았다고 믿는 것이지요. 이와 비슷한 논리가 신학의 '운명 예정설'입니다. 사람의 운명은 하느님께서 이미 다 예정해 놓으셨다는 주장이지요.

이렇게 '인간의 운명, 사람 팔자는 정해져 있다.'라는 논리는 사실 그 동기를 의심해 볼 필요가 있습니다. '사람 팔자가 정해져 있다.'라는 논리는, 기득권층이 자신들의 지배 논리를 정당화하려고 만든 이론입니다. '송충이는 솔잎을 먹어야 한다.'라는 식으로 사람의 자기실현 욕구를 싹부터 좌절시키고, 그들을 통제하기 편하게 하여 자신들의 기득권을 지키려 한 것입니다.

그렇다면 인간에게 팔자란 있는 것일까요, 아니면 없는 것을 있다고 하는 것일까요? '팔자가 있느냐, 없느냐?'라는 질문에 대한 답은, '있을 수도 있고 없을 수도 있다.'라는 것입니다. 팔자란 인생길을 말하는데 그것을 선택하는 것은 사람의 자유의지이니 정해져 있다고 말하기는 어렵지요. 그러나 일단 인생길을 선택하고 나면 그

길을 갈 수밖에 없으니 그때부터는 팔자가 정해져 있다고 말할 수도 있습니다. 예컨대 결혼을 앞둔 처녀가 두 사람의 청년을 놓고 선택할 때는 아직 자기 팔자가 정해지지 않은, 그냥 가능성만 있는 상태입니다. 그러나 일단 선택을 하고 나면 그 후로는 선택에 따른 길을 가야 합니다. 그런 의미에서 팔자는 있을 수도 있고 없을 수도 있다고 할 수 있습니다.

물론 "선택 역시 팔자에 의한 것이 아니냐?"라고 물고 늘어질 수도 있습니다. 성장 과정에서 생긴 여러 가지 상처와 콤플렉스 때문에 소위 눈이 멀어서 선택을 할 수도 있지 않느냐는 것입니다. 그러나 성장 과정에서 최선을 선택하는 법을 배운 사람이라면 인생을 팔자 탓으로 돌리지 않을 것입니다. 결국 팔자는 스스로 만드는 것입니다. 스스로의 노력과 하느님의 은총에 의해서 인생길은 얼마든지 바뀔 수 있습니다.

가끔 팔자를 탓하며 아무 일도 하지 않으려는 사람들이 있습니다. 그것은 자신의 선택에 따른 고통을 무의식적으로 외면하고 싶어 하는 마음이 작용한 것입니다. 팔자가 좋아 보이는 사람에게도 사실은 최선의 선택에 따르는 고통이 찾아옵니다. 하지만 그들은 이를 기꺼이 참아 냅니다.

좋은 팔자를 아무런 노력 없이 수월하게 지니고 태어나는 사람은 아무도 없습니다. 주님도 마찬가지셨죠. 사흘 만에 다시 살아나는 부활 체험은 모욕과 고통 그리고 죽음이라는 혹독한 시간을 거쳐서 이루어진 것임을 우리는 복음을 통해 알 수 있습니다.

따라서 이렇게 고통을 겪을 때 버텨 내는 힘을 키우는 것이 중요합니다. 마음의 힘을 키우면, 다가오는 어려운 일들을 똑바로 바라보고 대면하고자 하는 용기가 생깁니다. 마치 자기보다도 덩치가 훨씬 큰 선수와 기꺼이 맞서려는 작은 선수처럼 말이지요. 여러분도 마음의 힘을 키워서 언젠가 팔자를 바꾸실 수 있기를 바랍니다.

내가 살아온 길에서 전환기는 언제였으며 그때 나는 무엇을 했나요?
내 삶에서 내리막길은 언제였으며 그때 나는 무엇을 했나요?

_____
_____
_____
_____

일등이 그렇게 좋니?

예수님께서는 그들을 가까이 불러 이르셨다. "너희도 알다시피 다른 민족들의 통치자라는 자들은 백성 위에 군림하고, 고관들은 백성에게 세도를 부린다. 그러나 너희는 그래서는 안 된다. 너희 가운데에서 높은 사람이 되려는 이는 너희를 섬기는 사람이 되어야 한다. 또한 너희 가운데에서 첫째가 되려는 이는 모든 이의 종이 되어야 한다. 사실 사람의 아들은 섬김을 받으러 온 것이 아니라 섬기러 왔고, 또 많은 이들의 몸값으로 자기 목숨을 바치러 왔다."

마르 10,42-45

사람은 누구나 다른 사람에게 존경과 선망의 대상이 되고 싶은 욕구가 있습니다. 그러나 이런 욕구가 지나쳐서 일등 인생에 집착하는 경우는 문제가 됩니다. 일등에 대한 집착은 끊임없는 열등감의 발로라고 하지요. 오스트리아 출신의 심리학자 알프레드 아들러 Alfred Adler는 자신의 실패나 무기력함을 변명하거나 합리화하는 의식적인 작용을 '열등 콤플렉스'라고 불렀습니다. 열등 콤플렉스가 심한 사람은 남들은 엄두도 못 낼 만큼 엄청나게 노력을 쏟습니다. 일등이 되기 전에는 쉬지도 않고 행복을 느끼지도 못합니다. 그리고 일등이 된 후에는 그 자리를 지키기 위해서 또다시 긴장하는 삶을 삽니다. 이렇게 살아 보아야 행복하지도 않을 뿐만 아니라 많은 사람들을 적으로 만들고 스스로를 고립시켜 왕따가 됩니다.

이런 일등 주의에 사로잡힌 사람은 공동체를 이끌어 가는 리더가 될 수 없습니다. 일등에 집착하다 보면 '터널 비전', 소위 시야가 좁아지는 외골수 콤플렉스가 생겨, 다양한 변수가 존재하는 공동체를 이끌 수 없기 때문입니다. 외골수적인 지도자가 이끄는 나라는 시작이 그럴듯하지만 분열과 혼란이 끊이지 않습니다. 그만큼 지도자의 자질이 중요하다는 것을 역사가 입증하고 있는 것이지요.

전쟁터에서도 일등 주의에 사로잡힌 사람은 졸장이 됩니다. 흔히 명장과 졸장의 차이는 부하들과 생사를 함께하는가, 아니면 부하들은 전쟁터에 보내고 자신만 목숨을 부지하려 하는가에 달렸다고 합니다. 하지만 그보다 더 중요한 것은 평소에 부하들을 얼마나 잘 보살피는가 하는 점입니다. 진정한 장수는 자기는 엘리트이

자 선민이고 부하들은 하찮은 존재이니 그들을 무시해도 된다고 생각하지 않습니다. 그는 부하 한 사람 한 사람 모두를 자기 손발처럼 여기고 귀하게 대합니다. 그러나 졸장들은 성골이니 진골이니 하는 혈통을 따지고, 집안을 따지고, 학벌을 따져서 분열을 일으키고 결국 부하들을 오합지졸로 만듭니다.

그래서 주님은 진정한 리더에 대해서 이렇게 말씀하십니다.

"너희 가운데 높은 사람이 되려는 이는 너희를 섬기는 사람이 되어야 한다. 또한 너희 가운데서 첫째가 되려는 이는 모든 이의 종이 되어야 한다."

일등 주의는 종교계 안에서도 심심치 않게 드러납니다. 비신자인 어떤 사람들이 제게 이런 말을 하더군요.

"저는 종교를 가질 생각이 없습니다. 지금의 종교들은 너무나 폭력적이기 때문입니다. 이스라엘도 그렇고, 여타 다른 종교들도 별반 다르지 않습니다."

이 말에 저는 이렇게 답변하였습니다.

"모든 종교가 다 그런 것은 아닙니다. 그러나 그런 면이 있다는 것을 부정하지는 못하겠네요. 특히 유일신을 믿는 종교들이 여러 신을 모시는 종교보다 때로는 폭력적 성향이 강한 것 같습니다. 이런 것은 어쩌면 우월 콤플렉스 때문이지요. 내 신, 내 종교 이외의 것을 인정하지 않으려는 태도가 폭력으로 표출되어 그렇습니다."

이는 심리학적으로 어느 정도 근거를 댈 수 있습니다. 절대 유일신이라는 개념에서는 자기 안에 있는 그림자를 인정하지 않습니다. 그래서 자기 안의 그림자를 전부 악으로 규정하는 작업을 무의식적으로 합니다. 이 때문에 신의 이름으로 벌어지는 전쟁을 스스로 합리화하고, 심지어 순교라는 이름으로 죽음을 미화하기도 합니다. 종교 일등 주의 콤플렉스가 만들어 낸 부작용입니다.

개인이건 사회건 종교건, 열린 자세를 가졌을 때 가장 생동감 있는 모습을 보이고 가장 크게 성장합니다. 그러나 나만 일등이어야 하고, 이등부터는 하찮다고 생각하는 닫힌 사고를 한다면 그런 개인·사회·종교는 고인 물처럼 시간이 갈수록 썩어서 퇴보의 길을 걷습니다. 이것이 주님의 말씀을 되새겨야 하는 까닭입니다.

내 삶의 반경을 그려 보세요.
내가 아는 사람, 내가 가 본 나라, 내가 읽은 책은 얼마나 되나요?
그리고 배우는 마음가짐으로 사는지, 경쟁자의 표독한 마음으로
사는지 자기 성찰을 해 보세요.

제가 다시 볼 수 있게 해 주십시오

　예수님께서 제자들과 많은 군중과 더불어 예리코를 떠나실 때에, 티매오의 아들 바르티매오라는 눈먼 거지가 길가에 앉아 있다가, 나자렛 사람 예수님이라는 소리를 듣고, "다윗의 자손 예수님, 저에게 자비를 베풀어 주십시오." 하고 외치기 시작하였다. 그래서 많은 이가 그에게 잠자코 있으라고 꾸짖었지만, 그는 더욱 큰 소리로 "다윗의 자손이시여, 저에게 자비를 베풀어 주십시오." 하고 외쳤다. 예수님께서 걸음을 멈추시고, "그를 불러오너라." 하셨다. 사람들이 그를 부르며, "용기를 내어 일어나게. 예수님께서 당신을 부르시네." 하고 말하였다. 그는 겉옷을 벗어 던지고 벌떡 일어나 예수님께 갔다. 예수님께서 "내가 너에게 무엇을 해 주기를 바라느냐?" 하고 물으시자, 그 눈먼 이가 "스승님, 제가 다시 볼 수 있게 해 주십시오." 하였다. 예수님께서 그에게 "가거라. 네 믿음이 너를 구원하였다." 하고 이르시니, 그가 곧 다시 보게 되었다. 그리고 그는 예수님을 따라 길을 나섰다.

마르 10,46−52

눈먼 사람들은 오늘날에는 사회적 보호를 받지만 예수님 당대에는 그야말로 천덕꾸러기 취급을 받았습니다. 앞이 안 보이는 것만해도 살기가 힘들 텐데, 신체적 장애를 죄에 대한 벌로 여기는 사회적 편견에 시달렸던 것입니다. 그래서 당시 눈먼 사람들은 내적 고통이나 심리적인 아픔을 안고 살았습니다.

하지만 예리코의 눈먼 거지는 비록 앞은 보지 못했지만 마음이 참으로 건강한 사람이었습니다. 자신이 눈먼 거지라는 사실에 대해서 비굴한 마음을 갖지 않고, 자신에게도 삶의 의미가 있을 것이라는 희망을 안고 살았기 때문입니다. 그 결과 그는 주님을 만날 수 있었고 '신앙인이 역경 속에서 어떻게 살아야 하는지'를 온몸으로 보여 줄 수 있었습니다.

심리학자 빅터 프랭클Viktor Frankl은 신앙인에 대해 다음과 같이 자신의 의견을 말했습니다.

"신앙인은 자신의 삶에 '예.'라고 대답하는 사람이라고 생각합니다. 삶의 조건이 어떠하든 여전히 인생이 살 만한 가치가 있다는 사실을 근본적으로 신뢰하며, 자신의 실존을 있는 그대로 마주하는 이가 신앙인입니다. 인간은 자신의 의식적 결정 앞에서 자유로운 존재이지요. 한 개인의 삶에서 무의식적 요인들이 미치는 영향을 과소평가하지 않는다 해도 인생살이의 궁극적 결과는 그 사람의 개인적 응답에 달려 있다고 확신합니다. 사람이 살아가면서 어떤 불행에 부딪히더라도 그의 삶을 결정하는 결정적인 요소는 삶의 조건이 아니라 그 조건에 대한 개인의 응답에 달려 있습니다."

예리코의 눈먼 거지는 이렇게 소리칩니다.

"다윗의 자손 예수님, 저에게 자비를 베풀어 주십시오.", "스승님, 제가 다시 볼 수 있게 해 주십시오."

그러자 주님께서는 이렇게 대답하십니다.

"네 믿음이 너를 구원하였다."

빅터 프랭클의 말처럼 예수님은 눈먼 사람의 의지, 그가 삶에 대해서 "예."라고 대답하는 데 깊은 감동을 받으신 것입니다.

그러나 이 거지와 반대로 몸은 성하지만 마음이 건강하지 못한 사람들이 있습니다. 마음이 쉽게 상하는 사람들, 어떤 일을 해도 문제를 일으키는 사람들, 늘 몸이 아프다며 일을 제대로 하지 않는 사람들, 의기소침해서 인생의 목표를 성취하려는 열정이 없는 무기력한 사람들이 그들입니다.

이들의 공통점은 어린 시절 정서적인 학대를 받았을 가능성이 높다는 것입니다. 아이들은 어른들에게 잘 보이기 위한 행동을 하는 경향이 있습니다. 그런데 어른들이 거기에 부정적으로 반응한다면 이는 정서적인 학대로 볼 수 있습니다. 이렇게 인정받지 못하고 정서적인 학대를 받고 자란 아이는 커서 무의식적으로 자신의 몸을 학대합니다. 그래서 자주 다치는 것입니다. 주위 사람들은 왜 그렇게 부주의하냐고 타박할 뿐 관심을 받고자 하는 그들의 아픔을 알지 못합니다. 그것이 또 다른 학대가 되어서 더 심하게 다치게 하는 결과를 낳습니다. 몸을 자주 다치는 사람은 자신의 부주의함을 탓할 것이 아니라 성장 과정에서 학대를 받지는 않았는지, 혹은 자학하는 습관은 없는지 돌아볼 필요가 있습니다. 자신을 돌아본 후에는 예리코의 눈먼 거지처럼 주님께 도와 달라고 외치세요.

예리코의 눈먼 거지를 생각할 때마다 저는 제가 걸어온 인생살이가 보이는 듯합니다. 저는 고지식하고 무능력하게 보였던 아버지가 답답했고, 내 삶이 아버지의 인생처럼 끝날까 봐 두려워 신학교에 진학했습니다. 한곳에 오래 살지 못하는 역마살도 한몫했지요.

신학교 진학이라는 선택 이후에도 마음이 답답해지면 낯선 곳으로 뛰어들곤 했는데, 낯선 곳으로 몸을 던질 때마다 괴롭고 힘들어 '괜히 왔다. 그냥 집에서 편히 쉴 것을……' 하는 생각이 절로 들었습니다. 이렇게 삶이 막다른 골목에 이른 듯할 때, 왠지 가슴이 답답할 때는 눈먼 거지처럼 소리쳤습니다.

"저를 도와주십시오. 제가 보게 해 주십시오. 제게 길을 열어 주십시오!"

그 외침은 본능적인 것이었습니다. 예리코의 눈먼 거지처럼 이렇게 인생을 끝내기 싫다는 처절한 욕구가 있었습니다. 그리고 주님은 이런 저를 가련히 여기시어 제가 외칠 때마다 손을 내밀어 은총을 주셨습니다.

여러분의 인생은 지금이 끝이 아닙니다. 막다른 곳에 다다른 느낌이 들었을 때, 바로 그때가 인생이 새로이 시작되는 지점에 있는 것입니다. 눈먼 거지처럼 소리치십시오. 주님이 "네 믿음이 너를 구원하였다."라고 하신 것처럼 믿으십시오. 그래야만 고통스러운 현재에서 벗어나서, 주님이 주시는 은총의 삶을 살 수 있습니다.

나의 어린 시절, 부모님과 형제들과 함께한 시간 중에
가장 기억에 남는 일은 무엇인가요? 그때 그 느낌은 어떠했나요?
이에 대해서 부모님과 형제들과 깊은 대화를 나누어 보세요.

실패한 신앙인이 되는 법

> 제자들은 그 어린 나귀를 예수님께 끌고 와서 그 위에 자기들의 겉옷을 얹어 놓았다. 예수님께서 그 위에 올라앉으시자, 많은 이가 자기들의 겉옷을 길에 깔았다. 또 어떤 이들은 들에서 잎이 많은 나뭇가지를 꺾어다가 깔았다. 그리고 앞서 가는 이들과 뒤따라가는 이들이 외쳤다. "호산나! 주님의 이름으로 오시는 분은 복되시어라.' 다가오는 우리 조상 다윗의 나라는 복되어라. 지극히 높은 곳에 호산나!"
>
> 마르 11,7-10

주님이 예루살렘에 입성하십니다. 사람들은 겉옷을 벗거나 나뭇가지를 꺾어서 그분이 가는 길에 깔아 드립니다. 그러나 모든 이가 그렇게 한 것은 아닙니다. 예루살렘 성문은 워낙 사람들이 많이 드나드는 곳이어서 그럴 수도 있지만, 그들은 지혜로운 눈을 갖지 못해서 주님을 알아보지 못했습니다.

이 복음을 보면서 성공한 신앙인과 실패한 신앙인의 두 가지 사례를 살펴볼 수 있습니다. 그리고 성공한 신앙인들은 어떤 사람들인지 알아볼 수 있습니다.

그들의 첫 번째 특성은 '안목'입니다. 안목은 가치 있는 것을 알아보는 눈, 식별하는 눈을 말합니다. 성공하는 사람들은 사람을 볼 줄 아는 눈, 가치가 있는 것을 볼 줄 아는 눈을 가진 사람들입니다.

성경에서도 이런 안목을 가진 사람들을 칭찬하는 내용이 나옵니다. 밭에서 보물을 발견한 사람이 모든 것을 다 팔아서 밭을 산다는 예화는, 안목을 가지고 성공한 사람을 보여 주는 전형적인 예입니다. 주님을 맞이했던 예루살렘 주민들은 사람을 볼 줄 아는 안목을 가진 사람들이었습니다. 그들은 예루살렘을 오가는 그 수많은 사람들 중에서 예수님을 알아보았고, 그래서 그분을 맞이하는 행운을 얻었던 것입니다.

성공한 신앙인의 두 번째 특징은 '적극성'입니다. 사회에서 성공한 사람들을 보면 발바닥이 닳도록 뛰고 또 뛰는 사람들이라는 소리를 자주 듣습니다. 마치 전쟁터의 장수와도 같이, 적극적인 자세로 남의 눈치를 보지 않고 몸으로 실천하는 사람들입니다. 예루살렘 주민들은 바로 그런 적극적인 모습을 보여 주는 성공한 신앙인들입니다.

그렇다면 실패한 신앙인들은 어떤 사람들일까요? 바로 노력하지 않고 행운을 바라는 사람들입니다. 안목이라는 것은 긴 시간 동안 인내심을 가지고 훈련에 훈련을 거듭한 결과 생기는 것인데, 실패한 신앙인들은 그런 인내심이 없이 요행만을 바랍니다. 그러면서도 주님이 자신에게 아무것도 주시지 않는다고 하느님을 원망하고, 세상이 자기를 몰라준다며 세상을 원망합니다.

제가 대학원을 마쳤을 때 누군가 소감을 물었습니다. 제 소감은 아주 간단했습니다.

"이제야 무슨 책을 봐야 할지 알 것 같습니다."

마음공부를 하고 마음의 눈을 뜨면 모든 것이 새롭게 보입니다. 주님이 보이고, 책이 보이고, 또한 우울의 늪에서 허우적대는 자기 자신이 보입니다. 그리고 비로소 자신과 대화하기 시작합니다. 자기 마음과 많은 대화를 나누다 보면 자신을 더 깊이 알게 되어 삶에 기쁨이 넘치게 되고 신앙생활의 맛도 새롭게 느껴집니다. 하느님을 알기 위해서, 성경에 맛 들이기 위해서, 자기 마음을 잘 이해하는 공부를 하시기 바랍니다.

내 인생을 돌아보면서 그동안 거둔 결실들을 상세히 적어 보고, 그때의 생각과 감정도 적어 보세요.

_____

_____

_____

_____

성경을 잘 읽으려면

이튿날 그들이 베타니아에서 나올 때에 예수님께서는 시장하셨다. 마침 잎이 무성한 무화과나무를 멀리서 보시고, 혹시 그 나무에 무엇이 달렸을까 하여 가까이 가 보셨지만, 잎사귀밖에는 아무것도 보이지 않았다. 무화과 철이 아니었기 때문이다. 예수님께서는 그 나무를 향하여 이르셨다. "이제부터 영원히 어느 누구도 너에게서 열매를 따 먹는 일이 없을 것이다." 제자들도 이 말씀을 들었다.

마르 11,12-14

이 복음을 처음 읽었을 때 '주님은 왜 느닷없이 무화과나무를 저주하셨을까?' 하는 궁금증이 생겼습니다. 나무는 그저 나무일 뿐인데 말입니다.

무화과나무는 겉치레 인생을 사는 사람들을 빗댄 것인데, 주님은 이들에게 뼈아픈 경고를 하십니다. 이들의 첫 번째 특징은 겉꾸미기입니다. 어떤 사람이 제게 이런 말을 하더군요.

"신부님들은 사제라는 방어막 뒤에 숨어서 절제하는 일을 게을리합니다. 그래서 자기 위선에 빠지기 쉽지요."

이 말은 제게 뼈아프게 다가왔습니다. 본당 사목을 하다 보면 늘 "신부님!"이라고 부르는 소리를 듣고 삽니다. 그 앞에는 다양한 형용사가 붙지요. 성인 같은 신부님, 신앙심 깊은 신부님, 훌륭한 신부님, 존경하는 신부님, 경건한 신부님……. 그런데 그런 호칭을 계속해서 듣다 보면 어느새 자신이 대단한 존재라도 된 것 같은 착각에 빠지게 됩니다.

그래서 자기 안의 문제는 보지 않으려 하는 게으름이 시작되지요. 열매는 없고 잎만 무성한 무화과나무 같은 삶이 시작되는 것입니다. 사제 생활이 힘겹다느니, 외롭다느니 하며 주위의 동정심을 사려 하고, 외적인 치장이나 형식에 매달립니다. 자신을 그럴듯하게 치장하고 싶은 유혹, 훌륭한 신부로 보이고 싶은 유혹에 빠지는 것입니다. 그러면 나는 없어지고 역할에만 매달리는 연극 같은 삶이 시작됩니다.

이런 연극 같은 삶을 사는 사람들은 얼핏 보면 상당히 멋있습니다. 늘 멋있게 차려입고 분위기를 연출하기 때문에 줏대 없는 사람들은 그 모습을 칭송하며 할 일 없이 그 주위를 맴돕니다. 그런데 문제는 이런 연극 같은 삶은 오래가지 못한다는 것입니다. 내적인 공허함, 내적인 빈곤함으로 인해 주위 사람들을 피곤하게 만들기 때문입니다.

이런 사제들은 강론이나 설교를 할 때 미사여구를 늘어놓기는 하는데 정작 삶에 도움이 될 만한 내용은 별로 없습니다. 그래서 사람들은 강론을 들어도 물고기 한 마리도 못 잡은 낚시꾼 같은 허전한 마음을 느낍니다. 이런 까닭에 자리에 앉아 있어도 마음이 이리저리 헤매거나 백일몽에 빠져서 꾸벅꾸벅 좁니다. 저 역시 그러했던 부끄러운 과거가 있습니다.

이런 연극 같은 삶을 사는 사람들의 두 번째 특징은 자기를 과대평가하는 것입니다. 그래서 별것 아닌 일을 하고도 사회적으로 대단한 업적을 세운 양 스스로를 치켜세우고, 심지어는 무슨 말을 할 때에도 자기 자신에게 극존칭어를 사용합니다. 소위 '교주 콤플렉스'에 빠지는 것입니다. 이런 삶을 사는 종교인들은, 운동선수가 연습이나 훈련은 하지 않고 옷치장에만 신경 쓰는 것과 비슷합니다. 그래서 겉모습은 그럴듯한데 내적으로는 빈곤하기 때문에 사람들이 점차로 떨어져 나갑니다.

마지막으로 세 번째 특징은 역할에 집착한다는 것입니다. 저는 사제품을 받고 첫 본당으로 가면서, '훌륭한 신부, 착한 목자가 되어야지.' 하고 굳게 마음먹었습니다. 그래서 신자들의 청을 거절하지 않고 사제 생활을 열심히 시작했습니다. 그런데 신자들의 기대와 칭찬이 제게 오히려 독이 될 줄은 미처 몰랐습니다. 착한 아이 콤플렉스와 유사한 '착한 목자 콤플렉스'에 빠진 것입니다. 이 콤플렉스에 빠지면 '착하다, 좋다'는 소리를 들으려고 몸부림치다가 결국은 심리적 탈진 상태에 이르게 됩니다. 그래서 갈수록 마음은 짜증으로 가득 차고 몸은 힘들어졌습니다.

답을 찾기 위해 옛날 방식에 매달렸지만 마음은 나날이 황폐해졌습니다. 소위 정신적 부도 사태가 발생한 것입니다. 저는 영성 심리를 배우면서 비로소 벽돌을 한 장 한 장 다시 쌓을 수 있게 되었습니다. 사제라는 역할이 아닌 나의 삶을 시작하게 된 것입니다. 그런데 신기하게도 내가 나 자신의 삶을 살기 시작하자 그토록 진부하게 여겨졌던 성경이 살아 있는 말씀으로 느껴지고, 주님이 왜 그런 말씀을 하셨는지를 조금씩 이해할 수 있게 되는 은총을 받았습니다.

성경은 마음으로 읽어야 한다고 하는데, 이는 참으로 맞는 말입니다. 그런데 한 가지 기억해야 할 것은 어떤 마음으로 읽느냐가 중요하다는 점입니다. 마음이 병들어 있으면 성경을 왜곡해서 받아들입니다. 건강한 마음으로 성경을 읽어야만 주님의 마음을 올바로 이해할 수 있습니다. 그래서 성경을 잘 읽고 싶은 분들께는 마음공부를 하라고 권하고 싶습니다. 그런데 그러면 바로 완벽해질 수 있냐고요? 그렇지 않습니다. 그것은 또 다른 차원의 문제입니다.

내 인생에 대한 만족감을 나타낸다면?
① 아주 행복 ② 행복 ③ 보통 ④ 불행 ⑤ 아주 불행

내 인생의 안내자

　그들은 예루살렘으로 갔다. 예수님께서는 성전에 들어가시어, 그곳에서 사고팔고 하는 자들을 쫓아내기 시작하셨다. 환전상들의 탁자와 비둘기 장수들의 의자도 둘러엎으셨다. 또한 아무도 성전을 가로질러 물건을 나르지 못하게 하셨다. 그리고 그들을 가르치시며 이렇게 말씀하셨다. "'나의 집은 모든 민족들을 위한 기도의 집이라 불릴 것이다.'라고 기록되어 있지 않느냐? 그런데 너희는 이곳을 '강도들의 소굴'로 만들어 버렸다." 수석 사제들과 율법 학자들은 이 말씀을 듣고 그분을 없앨 방법을 찾았다. 군중이 모두 그분의 가르침에 감탄하는 것을 보고 그분을 두려워하였던 것이다. 날이 저물자 예수님과 제자들은 성 밖으로 나갔다.

마르 11,15-19

　저는 어느 날 꿈을 꾸었습니다. 너무나도 생생한 꿈이었습니다.

제가 안내자를 따라서 스페인에 가는 꿈이었는데, 어느 성당 입구에서 갑자기 제 양어깨에 날개가 돋더니, 안내자가 말리는데도 하늘로 날아올랐습니다. 마을 위를 낮게 날아서 간 곳은 아름다운 바닷가였습니다. 마치 새처럼 바닷가 절벽 위에 서서 바다를 내려다보니 황홀하기 그지없었습니다. 그러다 문득 일행과 떨어졌다는 생각에 뒤를 돌아보니, 아무도 보이지 않았습니다. 그런데 이상한 것은 굳이 그들을 찾을 생각이 들지 않았다는 것입니다. 남은 것은 푸르디푸른 스페인의 이름 모를 바다뿐이었습니다.

그러나 이 꿈이 전부가 아니었습니다. 두 번째 꿈은 어둡고 불안한 느낌이 드는 꿈이었습니다. 저는 어두운 지하로 내려가는 길에서 혼자 들어가기가 겁나 주춤거리고 있었습니다. 그 길로 가야 성당이 나온다는 생각에 이러지도 저러지도 못하고 있는데, 불현듯 제가 평소에 아주 신뢰하는 사람이 나타났습니다. 그분은 먼저 내려가면서 저의 길잡이가 되어 주었습니다. 저는 그분께 의지하여 어두운 길을 내려갈 수 있었지요. 그렇게 길을 내려가니 아주 두꺼운 느낌이 드는 작은 문이 나타났습니다. 그리고 그 문을 여니 넓은 성당이 나오고 사람들이 보였습니다.

잠에서 깨어 꿈의 의미를 곰곰이 생각해 보았습니다. 아마 성경을 묵상하며 과거의 기억들을 하나씩 들추는 작업을 하면서 얻은 선물인 듯했습니다.

여행을 해 본 분들은 아시겠지만, 여행이 주는 즐거움의 절반은 안내자에게 달려 있습니다. 아는 것이 많고 재미있는 안내자는 여행객들의 심리적 여독을 풀어 주고, 여행이 지식의 창고라는 것을 깨닫게 해 줍니다. 그러나 안내자를 잘못 만나면 즐거움은커녕 시간을 도둑맞은 느낌이 들고 때로는 불안감이 들기도 합니다.

인생을 살아가는 데도 안내자가 필요합니다. 인생 자체가 여정이고, 우리는 그 길을 가야 하는 여행객이자 순례자이기 때문입니다. 그런데 우리 인생길은 누구에게나 초행길이라서 갈림길에 접어들면 안내자가 절실하게 필요합니다. 어느 쪽으로 가느냐에 따라서 인생의 성공과 실패가 결정되기 때문입니다. 하지만 저는 예수님이라는 안내자를 따라왔기에 인생길이 즐겁고 행복하기만 합니다.

앞의 복음을 보고 어떤 이는 "주님이 혁명가의 기질을 발휘하셨다."라고 하고, 어떤 이는 "주님이 왜 그렇게 가난한 사람을 학대하시느냐."라고 반문하기도 합니다. 그러나 주님은 사람들을 건강하지 못한 삶으로 이끄는 방해물들을 없애신 것입니다. 훌륭한 안내자 역할을 하신 것이지요. 요즘 자신이 훌륭한 안내자인 양 행동하며 사람들을 미혹하게 하는 잘못된 안내자가 많습니다. 바로 사이비 종교인들입니다. 우리는 이런 사람들에게 속지 않도록 늘 기도

하고 자기 마음을 들여다보는 시간을 가져야 합니다.

내가 살아오는 동안 나에게 조언을 해 준 멘토들은 누구였는지 이름을 쓰고 그분들에게 편지를 써 보세요.

_____

_____

_____

_____

기도하다 졸았는데, 죄가 되나요?

이른 아침에 그들이 길을 가다가, 그 무화과나무가 뿌리째 말라 있는 것을 보았다. 베드로가 문득 생각이 나서 예수님께 말하였다. "스승님, 보십시오. 스승님께서 저주하신 무화과나무가 말라 버렸습니다." 그러자 예수님께서 제자들에게 말씀하셨다. "하느님을 믿어라. 내가 진실로 너희에게 말한다. 누구든지 이 산더러 '들려서 저 바다에 빠져라.' 하면서, 마음속으로 의심하지 않고 자기가 말하는 대로 이루어진다고 믿으면, 그대로 될 것이다. 그러므로 내가 너희에게 말한다. 너희가 기도하며 청하는 것이 무엇이든 그것을 이미 받은 줄로 믿어라. 그러면 너희에게 그대로 이루어질 것이다."

마르 11,20-24

주님께서 기도에 대해서 아주 강한 어조로 강조하십니다. 기도는 강한 힘을 가진 것이라고 설파하십니다.

종교에 입문하면 기도에 대해서 많은 이야기를 듣지만, 실상 기도가 무엇이며 어떻게 해야 하는지 질문을 받으면 정확하게 대답하는 사람들은 많지 않습니다. 기도는 여러 가지 효과가 있지만, 그중에서도 중요한 것은 사람의 지친 마음을 쉬게 하고 소모된 힘을 다시 채워 주는 효과입니다.

그렇다면 살아가면서 소모해 버린 힘을 다시 충전하는 것이 어째서 그토록 중요할까요? 사람은 힘이 없어지면 부정적인 생각을 하게 되고 몸이 경직됩니다. 살아가는 모습마저도 제대로 꼴을 갖추기가 어렵습니다. 그래서 우리에겐 힘을 재충전하기 위한 휴식이 필요한데 기도하는 시간이 바로 그런 쉬는 시간입니다.

그런데 저는 신자들에게 가끔 이런 질문을 받습니다. "기도하다 졸았는데, 죄가 되나요?" 기도하다 조는 것은 결코 죄가 아닙니다. 기도란 무엇입니까? 하느님 안에서 내 영혼을 쉬게 하는 것입니다. 마치 부모님 품이 편하면 아이가 편안하게 자는 것처럼, 하느님이 편하면 마음이 편안해져서 기도 시간에 졸 수도 있습니다. 어쩌면 기도 시간에 마음 놓고 자는 사람들이야말로, 하느님을 깊이 신뢰하고 정말로 하느님을 편안히 생각하는 사람들인지도 모릅니다.

"자려면 집에서 자지, 왜 하필이면 성당에서 자는 거야?" 하면서 못마땅해하는 신자들도 있습니다. 사실은 이런 사람들이 더 문제입니다. 그들은 쉬지 못하는 사람들입니다. 그래서 에너지 소모가 크고 분노가 많아서 만성 피로에 시달립니다. 기도는 하느님과 대화를 나누는 시간입니다. 그 대화는 정해진 방법이 있는 것이 아니라 마음이 통하기만 하면 되는 것입니다. 그리고 하느님과의 대화로 인해 마음이 편안해진다면 그것이 최상입니다. 기도 중에 잠이 오는 것은 그런 의미에서 가장 좋은 기도일지도 모릅니다.

그다음으로 많이 받는 질문이 "기도를 많이 하면 성격이 바뀌나요?"라는 것입니다. 여러분 생각은 어떻습니까? 기도를 많이 하면 정말로 사람이 달라질까요? 이 질문에 대한 답은 '어떤 기도를 하느냐에 달려 있다.'라는 것입니다. 그렇기에 기도의 양이 아니라 기도의 내용이 중요합니다. 기도를 아주 많이 하는데도 그것이 지나치게 죄를 파헤치고 단죄하는 내용이라면, 그리고 강박적이고 세심한 것이라면, 그 기도는 자신의 마음을 주님께로 이끄는 것이 아니라 반대의 길로 이끌 수 있습니다. 그러한 대표적인 예가 바로 바리사이입니다.

바리사이의 기도 하면 떠오르는 것이 무엇입니까? "오, 하느님! 제가 다른 사람들, 강도짓을 하는 자나 불의를 저지르는 자나 간음을 하는 자와 같지 않고 저 세리와도 같지 않으니, 하느님께 감사드립니다."라는 기도입니다. 이 기도문은 바리사이의 정체성을 아주 적나라하게 드러내 줍니다. 바리사이들은 말 그대로 자신들을 제외한 사람들은 뽑히지 못한 자들이라고 생각하는 사람들이었습니다. 얼핏 보기에는 감사 기도처럼 보이는 이 기도가 무엇이 문제일까요? 우선, 다른 사람에 대한 차별을 들 수 있습니다. 자신들의 기준에 미치지 못하는 사람들을 무시함으로써 그들에게 상처를 주는 것이지요. 그것보다 더 심각한 것은 바리사이들이 다른 사람들을 대하는 태도를 보면 알 수 있는데, 그것은 다음과 같은 심리학적 이론으로 설명할 수 있습니다.

사람들에게 호의적인 사람은 마음에 안정감이 있고 건강합니다. 자기 안의 어두운 부분을 그대로 받아들이기 때문입니다. 그러나 바리사이 같은 사람들은 열등감을 감추기 위해서 과장된 행동을 합니다. 거짓된 신앙생활을 하는 것이지요. 그들은 다른 사람들이 자신들의 문제를 알아차리지 못하게 하려고 단식도 하고, 오랜 시간 기도도 하고, 성경 구절도 써 붙이고 다니고, 십일조도 냅니다. 기도를 일종의 방어 기제로 삼는 것입니다. 그들은 자기 자신에게 심리적인 문제가 있는 줄도 모르고 오히려 사람들의 마음에 상처만 줍니다. 그래서 예수님이 이들을 혹독하게 비판하신 것입니다.

기도를 아무리 해도 미운 마음이 가시지 않아서 고민이라는 분들이 있습니다. 이분들은 어쩌면 바리사이 신드롬에 빠져 있을 가능성이, 그러니까 기도의 내용이 바리사이적일 가능성이 큽니다. 기도를 아무리 많이 해도, 아니 기도를 하면 할수록 사람을 미워하는 마음이 더 커지는 분이 있다면 자기에게 믿음이 없는 것이라고 자책하지 마시고, 기도의 내용이 건강한지를 살펴보셔야 합니다. 그렇지 않으면 자기도 모르는 사이에 바리사이들의 자리에 가 앉기 십상입니다.

몇 년 전 어떤 이를 상담했는데, 가정이 늘 편하지 않다고 했습니다. 그래서 그 집을 찾아가 성수를 뿌려 드렸지요. 그런데 집안 분위기가 어딘지 음산하고 산만했습니다. 어떤 방에는 돌아가신 할머니의 부적이며 유품들이 어지럽게 널려 있더군요. 저는 할머니의 옷가지와 물건들은 모두 양로원으로 보내고, 쓸데없는 물건들도 정리하시라고 조언했습니다. 그리고 방 안에 조그만 상을 펴고 십자가와 성모상, 그리고 성경을 놓아 기도하는 방으로 만들 것을 권했습니다.

한 달 후, 다시 그 집을 찾았을 때 기도하는 방은 집 안의 조용하고 편안한 중심이 되어 있었습니다. 기도하는 방을 자신의 쉴 곳으로 삼은 그녀의 남편은 성경 봉독을 결심했다고 했습니다. 처음 우울한 얼굴로 상담을 받았던 자매는 가정이 편안해졌다고 감사의 말을 전했습니다.

기도의 힘은 이렇게 큽니다. 마음이 불안하거나 혹은 가정에 무언가 편하지 않은 점이 있을 때, 계속 고민하기보다 자신만의 작은 골방으로 들어가 기도하시기를 권합니다. 작은 공간이지만 그곳에서 커다란 은총을 얻을 것입니다. 제가 장담합니다.

기도할 때 마음이 편한가요? 아니면 긴장하나요?
긴장한다면 왜 그러한가요?
나는 하느님을 어떤 분으로 생각하는지 적어 보세요.

_____
_____
_____
_____

화날 땐 화내고 슬플 땐 울어

그들은 다시 예루살렘으로 갔다. 예수님께서 성전 뜰을 거닐고 계실 때, 수석 사제들과 율법 학자들과 원로들이 와서, 예수님께 말하였다. "당신은 무슨 권한으로 이런 일을 하는 것이오? 또 누가 당신에게 이런 일을 할 수 있는 권한을 주었소?" 그러자 예수님께서 그들에게 이르셨다. "너희에게 한 가지 물을 터이니 대답해 보아라. 그러면 내가 무슨 권한으로 이런 일을 하는지 너희에게 말해 주겠다. 요한의 세례가 하늘에서 온 것이냐, 아니면 사람에게서 온 것이냐? 대답해 보아라." 그들은 저희끼리 의논하였다. "'하늘에서 왔다.' 하면, '어찌하여 그를 믿지 않았느냐?' 하고 말할 터이니, '사람에게서 왔다.' 할까?" 그러나 군중이 모두 요한을 참예언자로 여기고 있었기 때문에 군중을 두려워하여, 예수님께 "모르겠소." 하고 대답하였다. 그러자 예수님께서 그들에게 이르셨다. "나도 무슨 권한으로 이런 일을 하는지 너희에게 말하지 않겠다."

마르 11,27-33

가톨릭교회의 역사를 보면 발전하던 시기도 있지만 전혀 그렇지 못하던 시기도 있습니다. 바로 교회가 타락했던 시기입니다. 교회가 타락했던 이유는 여러 가지가 있겠지만, 간단하게 말하면 교회 지도층이 건강하지 못했기 때문입니다. 이는 행복한 가정이 부모가 건강할 때 이루어지는 것과 같은 이치입니다.

정신적으로 건강한 사람은 마음이 가볍고 부드러운 느낌을 줍니다. 그리고 실제 생활에도 적응을 잘합니다. 이렇게 건강한 성격을 가진 사람들이 교회나 공동체를 이끌 때는 일이 잘 풀리고 사람들이 희망을 갖게 됩니다. 그러나 성격에 문제가 있는 사람들은 완고하고 강박적입니다. 그래서 적응도 잘하지 못합니다. 다른 사람들과의 관계에서 자주 마찰을 빚어 공동체와 늘 불화를 겪습니다.

복음에 나오는 수석 사제들과 율법 학자들, 원로들은 마음이 굳을 대로 굳어 성격 장애자와 다르지 않았습니다. 그들은 예수님께 시비를 걸지만, 반론에는 답하지 못합니다. 시샘을 견디다 못해서 주님께 시비를 걸었지만 보기 좋게 한 방 먹은 셈이지요.

시샘과 부러움은 얼핏 비슷해 보이지만 전혀 다른 결과를 가져옵니다. 다른 사람들이 잘되면 진심으로 축하하고, 자신 역시 어떤 일이건 열심히 하는 것은 부러움을 느끼는 사람들의 특징입니다. 반면 시샘하는 사람들은 특별히 하는 일 없이 과거에 안주하면서 지나간 일들을 들먹입니다. 이런 이들에게는 철저한 자기 성찰이 필요합니다. 내 마음이 하느님을 향해 있는지, 그렇지 못한지 자신의 마음을 들여다보는 것은 내적 성장에 꼭 필요합니다. 이렇게 자신의 마음을 들여다보는 수련을 하면 다른 사람들의 마음까지 보이기 시작합니다. 그저 감이 잡히는 것이 아니라 구체적인 마음의 형태가 보이고 잡힙니다. 상담은 이를 바탕으로 합니다.

그런데 상담 때 어떤 이는 자신의 마음을 들여다보려고 노력하는 반면, 어떤 이는 자신의 마음을 보려고 하지 않으며 다른 이가 마음 근처에도 오지 못하도록 막습니다. 마음속의 어두운 부분을 치부라고 생각해서 보이고 싶어 하지 않고 그것을 없애고만 싶어 합니다. 하지만 우리 마음은 살과 같습니다. 예쁘든, 못생겼든, 상처를 입으면 피를 흘리기 마련입니다. 내 안의 어둠은 그저 약한 부분, 병든 부분일 뿐입니다. 그러니 부드럽게 보듬으며 다듬고 치유해야 합니다. 마음이 건강하면 화가 날 때 화가 났다고, 슬프면 슬프다고 솔직히 표현하고 훌훌 털어 버릴 수 있습니다. 그러나 건강하지 않으면 마음속에서 감정이 마구 요동을 칠 때 이를 다른 사람들에게 들키지 않으려고 기를 쓰다가 마음의 병이 오히려 깊어집니다.

예수님은 우리에게 "네가 바라는 것이 무엇이냐?" 하고 늘 물으십니다. 그 질문에 답할 때는 솔직해지시기 바랍니다. 그것이 진실한 기도입니다. 다른 사람들에게는 다 열어 보일 수 없지만, 하느님께는 내 안의 온갖 것을 다 보여 드려야 합니다. 그래야 마음에 힘이 생겨납니다. 감추기만 하면 마치 숨겨 놓은 물걸레처럼 마음속 어디선가 썩어 들어가서 주변에까지 악취가 납니다. 하느님 앞에서는 어린아이가 되십시오. 그리고 솔직하게 표현하시기 바랍니다.

다른 사람들에게 보이고 싶지 않은 치부가 있다면 무엇인가요?
하느님이 용서해 주실 것 같지 않은 잘못이 있다면 적어 보세요.
그리고 십자가 앞에서 '주님, 저는 약합니다. 저에게 자비를 베풀어 주세요.'라고 기도를 바쳐 보세요.

_____

_____

_____

_____

5장

우리에게 사랑받는 법을 알려 주세요

내 마음의 문제아

예수님께서 그들에게 비유를 들어 말씀하기 시작하셨다. "어떤 사람이 포도밭을 일구어 울타리를 둘러치고 포도 확을 파고 탑을 세웠다. 그리고 소작인들에게 내주고 멀리 떠났다. 포도 철이 되자 그는 소작인들에게 종 하나를 보내어, 소작인들에게서 포도밭 소출의 얼마를 받아 오라고 하였다. 그런데 소작인들은 그를 붙잡아 매질하고서는 빈손으로 돌려보냈다. 주인이 그들에게 다시 다른 종을 보냈지만, 그들은 그 종의 머리를 쳐서 상처를 입히고 모욕하였다. 그리고 주인이 또 다른 종을 보냈더니 그 종을 죽여 버렸다. 그 뒤에 또 많은 종을 보냈지만 더러는 매질하고 더러는 죽여 버렸다. 이제 주인에게는 오직 하나, 사랑하는 아들만 남았다. 그는 마지막으로 '내 아들이야 존중해 주겠지.' 하며 그들에게 아들을 보냈다. 그러나 소작인들은' 저자가 상속자다. 자, 저자를 죽여 버리자. 그러면 이 상속 재산이 우리 차지가 될 것이다.' 하고 저희끼리 말하면서, 그를 붙잡아 죽이고는 포도밭 밖으로 던져 버렸다."

마르 12,1-9

  이 복음에 나오는 소작인들은 참으로 문제가 많은 사람들입니다. 그들이 저지른 일들은 범죄니까요. 이런 사람들을 성격 장애자 가운데 '반사회적 성격 장애자'로 볼 수 있습니다. 그들은 다음과 같은 특징을 보입니다.

  "법에서 정한 사회적 규범을 지키지 못하고 구속당할 행동을 반복한다. 개인적인 이익이나 쾌락을 위해 거짓말을 반복하며, 충동적이어서 향후 계획을 세우지 못한다. 자신과 타인의 안전을 무시하며, 무책임한 행동을 한다. 다른 사람을 괴롭히거나 협박하고, 육체적인 싸움을 도발하여 다른 사람에게 신체적인 위해를 가한다."

  이런 증상 중에서 가장 심각한 것은 자책감, 죄책감의 결여입니다. 다른 사람에게 해를 끼치고도 양심의 가책을 느끼지 못하고 자신을 합리화하는 것이죠. 이런 이들을 문제아라고 할 수 있습니다.

  그런데 이런 문제아는 비단 사회에만 있는 것이 아닙니다. 사람의 마음속에도 이런 악당 같은 자아가 숨어 있습니다. 사람의 마음속에는 어른스러운 자아와 미성숙한 아이의 자아가 있다고 합니다. 그런데 이 미성숙한 자아 옆에는 또 다른 자아, 사악한 악당 같은 자아가 숨어 있습니다. 이 자아를 대할 때면 사람들은 상당히 모순된 태도를 보입니다. 자신 안에 있는 것인데도 기겁을 하면서, 마치 자신이 아닌 듯이 외부의 존재에 투사를 하는 것이지요. 마귀니 사탄이니 하면서 말입니다. 물론 외부 세계에 악한 영이 존재하는 것은 사실입니다. 그러나 외부의 것과 내 안의 것은 전혀 다른데도 그것을 구분하지 못한다면 이는 소위 '성전 콤플렉스', 즉 자기 마음 안에는 늘 성령께서 함께하셔서 자신은 순수한 영적 존재라고 착각하며 살기 때문입니다. 이는 정서적으로 미성숙한 상태입니다.

마음 안에 있는 이 사악한 자아는 수많은 이들을 괴롭힙니다. 우리를 범죄로 유혹하고, 바른 길로 가지 못하게 방해합니다. 그래서 신앙의 선조들은 이를 두고 원죄라고까지 표현했습니다.

사악한 자아를 과대평가하기는 쉽습니다. 본인의 자아가 약하면 그렇게 생각하기 쉬운 까닭입니다. 그러나 내 안의 사악한 자아는 아주 작습니다. 단지 그림자가 커 보일 뿐이죠. 따라서 내 안에 그런 것이 있다고 놀랄 일은 아닙니다. 다만 늘 살펴보고 그것이 커지지 않도록 노력하면 됩니다. 사악한 자아를 어떻게 하면 커지지 않게 할 수 있냐고요? 그것은 우리가 적개심에 몸부림칠 때 커지는 놈이기 때문에 우리가 기도하는 삶, 용서하는 삶, 사랑하고 이해하는 삶을 살려고 노력한다면 사악한 자아는 결코 커지지 못하고 힘도 쓰지 못할 것입니다.

나의 미성숙한 부분이 무엇인지 생각해 보고 적어 보세요.
주로 어떠한 부분인지, 왜 그러한지도 적어 보세요.

_____

_____

_____

_____

도대체 왜 그럴까요?

　그 뒤에 그들은 예수님께 말로 올무를 씌우려고, 바리사이들과 헤로데 당원 몇 사람을 보냈다. 그들이 와서 예수님께 말하였다. "스승님, 저희는 스승님께서 진실하시고 아무도 꺼리지 않으시는 분이라는 것을 압니다. 과연 스승님은 사람을 그 신분에 따라 판단하지 않으시고, 하느님의 길을 참되게 가르치십니다. 그런데 황제에게 세금을 내는 것이 합당합니까, 합당하지 않습니까? 바쳐야 합니까, 바치지 말아야 합니까?" 예수님께서는 그들의 위선을 아시고 그들에게 말씀하셨다. "너희는 어찌하여 나를 시험하느냐? 데나리온 한 닢을 가져다 보여 다오." 그들이 그것을 가져오자 예수님께서, "이 초상과 글자가 누구의 것이냐?" 하고 물으셨다. 그들이 "황제의 것입니다." 하고 대답하였다. 이에 예수님께서 그들에게 이르셨다. "황제의 것은 황제에게 돌려주고, 하느님의 것은 하느님께 돌려 드려라." 그들은 예수님께 매우 감탄하였다.

마르 12,13-17

예수님께 그리고 사람들에게 말로 올무를 씌우려는 사람들이 있습니다. 그들은 감언이설이나 온갖 간교한 말로 사람을 혹하게 해서 올무에 걸려들게 합니다. 상대방을 존중하는 마음 없이 양의 탈을 쓰고 양들에게 접근하는 늑대와 같은 사람들이지요. 그렇다면 그들의 내적 상태는 어떤 모습일까요? 겉으로는 자신만만하게 보이지만 그들의 내면은 의외로 열등감, 불안감, 무력감으로 가득 차 있습니다. 그런데 문제는 그들이 그런 자신의 모습을 인정하지 않고 그것을 감추기 위해 옳지 못한 방법을 사용한다는 것입니다. 바로 다른 사람들을 괴롭히는 것이지요.

그들이 다른 사람들을 괴롭히는 이유는 상대방보다 자신이 우월하다는 것을 인정받고 싶어 하기 때문입니다. 따라서 그들은 특히 사람들이 많은 곳에서 특정인을 공격하고 잘난 체하여 자신을 과시하고 만족감을 얻으려고 합니다.

예수님께 말로 올무를 씌우려고 시도한 바리사이와 헤로데 당원, 그리고 그 밖의 사람들은 바로 이런 부류의 사람들이었습니다. 그들은 예수님이 사람들 앞에서 망신을 당하게 하겠다는 의도를 가지고 있었습니다. 평소에 자신들이 아는 얄팍한 지식이 대단한 것이라고 착각하며 살았기에 이런 무모한 짓을 할 수 있었습니다. 그리고 그들은 사전에 모의를 했을 가능성이 높습니다. 대개 이처럼 못난 사람들은 혼자서 다니지 못하기 때문이지요. 그들은 혼자 있으면 쥐 죽은 듯 조용한데, 무리와 더불어 있으면 갑자기 용맹스러운 척, 용감한 척합니다.

왜 그럴까요? 이들은 강자 앞에서는 꼼짝도 못하면서, 약자 앞에서는 활개 치는 부류이기 때문입니다. 이런 부류는 타인을 존중하지 않고 무시와 협박을 일삼지요. 그들은 길거리에서 약한 희생자를 찾으며, 혼자가 아닌 여럿이 몰려다니며 공격적인 태도를 취합니다. 말 그대로 비겁하기 때문입니다.

그들은 아마도 예수님을 만나기 전에도 이런 식으로 다른 사람들을 괴롭혔고, 여럿이 몰려다니면서 주위 사람들한테 인정을 받고자 했을 가능성이 높습니다. 그러나 그들은 결국 자기들이 해 온 방식대로 예수님에게 오물을 뒤집어씌우려다 오히려 큰 코를 다치고 맙니다.

마음공부를 하는 사람들, 자신을 수양하는 사람들은 인생길에서 만나는 사람들에게서 한 수를 배우려고 하지, 시비를 걸지는 않습니다. 그러니 나 자신이 올바른 길로 가려고 하는 것인지, 아니면 남에게 시비를 걸거나 상대방을 방해하는 것인지 한번 자기 자신을 돌아보길 권합니다. 그렇게 할 때에야 이러한 비겁함에서 벗어날 수 있습니다.

자신이 언제 쪼잔하게 굴었는지, 언제 쪼잔한 마음이 들었는지 생각해 보고, 쪼잔하게 군 자신과 대화를 나눠 보세요.

_____

_____

_____

_____

의심 좀 하면 어때서요

부활이 없다고 주장하는 사두가이들이 예수님께 와서 물었다. "스승님, 모세는 '어떤 사람의 형제가 자식 없이 아내만 두고 죽으면, 그 사람이 죽은 이의 아내를 맞아들여 형제의 후사를 일으켜 주어야 한다.'고 저희를 위하여 기록해 놓았습니다. 그런데 일곱 형제가 있었습니다. 맏이가 아내를 맞아들였는데 후사를 남기지 못하고 죽었습니다. 그래서 둘째가 그 여자를 맞아들였지만 후사를 두지 못한 채 죽었고, 셋째도 그러하였습니다. 이렇게 일곱이 모두 후사를 남기지 못하였습니다. 맨 마지막으로 그 부인도 죽었습니다. 그러면 그들이 다시 살아나는 부활 때에 그 여자는 그들 가운데 누구의 아내가 되겠습니까? 일곱이 다 그 여자를 아내로 맞아들였으니 말입니다." 예수님께서 그들에게 이르셨다. "너희가 성경도 모르고 하느님의 능력도 모르니까 그렇게 잘못 생각하는 것이 아니냐? 사람들이 죽은 이들 가운데에서 다시 살아날 때에는, 장가드는 일도 시집가는 일도 없이 하늘에 있는 천사들과 같아진다. 그리고 죽은 이들이 되살아난다는 사실에 관해서는, 모세의 책에 있는 떨기나무 대목에서 하느님께서 모세에게 어떻게 말씀하셨는지 읽어 보지 않았느냐? '나는 아브라함의 하느님, 이사악의 하느님, 야곱의 하느님이다.' 하고 말씀하셨다. 그분께서는 죽은 이들의 하느님이 아니라 산 이들의 하느님이시다. 너희는 크게 잘못 생각하는 것이다."

마르 12,18-27

이 복음에는 남편이 연달아 죽어 여러 번 결혼한 부인이 죽었다가 다시 부활할 때는 누가 남편이 되느냐에 대한 논쟁이 나옵니다. 얼핏 들으면 "아, 그것 참 궁금할 만도 하겠다." 하는 생각이 들지 모르지만, "왜 사람들은 그런 것에 관심을 둘까?" 하고 의아한 느낌이 들기도 합니다.

이 질문은 인간의 삶에 관한 본질적인 물음, 즉 "인간이란 무엇인가? 어떻게 살아야 하는가?" 하는 본질적 질문에서 벗어난 듯 보입니다. 이렇듯 아직 철이 덜 든 초등학생 같은 질문을 소위 사두가이파 같은 당대의 종교 지식인들이 하게 된 이유는 무엇일까요?

신앙생활에도 단계가 있습니다. 그 가운데 사춘기에 해당하는 단계에 들어서면, 다른 사람들이 듣기에 엉뚱한 의문을 갖게 됩니다. 신앙생활에서도 성인기의 성숙한 단계에 이르지 못했을 때 이런 의문을 갖는 것입니다.

그렇다면 어째서 사두가이파 사람들은 내적으로 성숙하지 못했을까요? 그것은 사두가이들이 가진 종교적 특권 때문이었습니다. 사두가이파는 당대에 종교적 특권층이었습니다. 종교인이자 동시에 권력자였던 것입니다. 그런데 이렇게 종교인들에게 사회적 권력이 주어지면, 영성 수련, 수도 생활, 기도 생활, 내적 쇄신, 내적 성장 등 종교인들이 가야 할 본질적인 삶에는 관심이 없어지고, 소위 전례와 자기 과시를 위한 지식에만 목을 매는 현상이 나타납니다.

즉 본질적인 존재론에 대한 물음, 삶에 대한 물음이 아니라 다른 사람들한테 '배운 사람이다.'라는 평판을 듣기 위한 허세용 물음, 탁상공론식 개똥철학 속에서 허우적거립니다. 그래서 주님께서는 이들의 허세, 허영심, 가식적인 태도를 보시고 그들에게 거리낌 없이 말씀하셨습니다. "너희가 성경도 모르고 하느님의 능력도 모르니까 그렇게 잘못 생각하는 것이 아니냐?"라고, 그야말로 사람들 앞에서 대놓고 망신을 주신 것입니다.

그렇다면 신앙생활을 하면서 품게 되는 의문은 모두 버려야 하는 것일까요? 그렇지는 않습니다. 우리는 신앙생활에서 의문이 들 때마다 항상 그 답을 얻기 위해 애써야 합니다. 그런 과정을 거쳐야 다음 단계로 들어설 수 있기 때문입니다. "무조건 믿어라. 신앙에는 의심이 있어서는 안 된다."라는 말은 무리한 요구입니다. 주님은 사춘기적인 의문을 갖는 사람들에게는 면박을 주지 않으셨습니다. 오히려 자세히 설명하시면서 자상하게 그들이 가진 생각의 잘못을 바로잡아 주셨습니다.

의문이 없는 신앙, 고민이 없는 신앙을 살다 보면 무조건 믿는 광신적인 삶을 살 위험이 큽니다. 마음껏 의문을 품고 답을 얻기 위해서 부단히 노력하는 삶이야말로 우리를 참신앙인의 길로 이끌 것입니다. 다만 그 물음이 정말 내적 성장과 관련된 것인지, 아니면 개똥철학 수준인지는 식별해야 합니다. 그렇지 않으면 주님으로부터 한 소리를 듣고 면박을 당하게 될 것입니다.

혹시 신앙이나 교리 지식에 대해서 의심을 품고 있나요?
있다면 그것에 대해 묵상하며, 답을 구해 보세요.

신앙인은 등급을 매기지 않습니다

율법 학자 한 사람이 이렇게 그들이 토론하는 것을 듣고 있다가 예수님께서 대답을 잘하시는 것을 보고 그분께 다가와, "모든 계명 가운데에서 첫째가는 계명은 무엇입니까?" 하고 물었다. 예수님께서 대답하셨다. "첫째는 이것이다. '이스라엘아, 들어라. 주 우리 하느님은 한 분이신 주님이시다. 그러므로 너는 마음을 다하고 목숨을 다하고 정신을 다하고 힘을 다하여 주 너의 하느님을 사랑해야 한다.' 둘째는 이것이다. '네 이웃을 너 자신처럼 사랑해야 한다.' 이보다 더 큰 계명은 없다."

마르 12,28-32

하느님 사랑과 이웃 사랑 가운데 어떤 사랑이 우선일까 하는 문제를 가지고 논쟁이 벌어진 적이 있습니다. 이웃 사랑이 우선이라고 주장하는 사람들은 믿음이 약하다는 비난을 받았고, 하느님 사랑이 우선이라고 하는 사람들은 신비주의자라고 핀잔을 들었습니다.

그런데 왜 사람들은 모든 것에 우선순위를 매기려고 할까요? 하느님 사랑과 이웃 사랑 가운데서 우선순위를 정하려고 하는 사람들은 마음속에 '등급 콤플렉스'가 있습니다. 모든 것에 순위와 순서를 정해야만 마음이 편해지는 것이지요. 그래서 '삼위일체 하느님의 세 위격 가운데 누가 제일 높으신가?' 하는 질문을 만들어서 고민하거나, '예수님은 신, 성모님은 피조물'이라는 식으로 등급을 매기려고 애씁니다.

그런데 이런 추상적이고 형이상학적인 문제에 대하여 등급을 매기는 것은 본인의 취향이니 상관할 바가 아닙니다만, 이 등급 콤플렉스를 가진 사람들은 사람에 대해서도 굳이 등급을 매기려고 기를 씁니다. 그 대표적인 사례 중 하나가 집안을 따지고 학벌을 따지는 행위입니다. 이는 아주 오래전 계급 사회의 악습인데, 등급 콤플렉스가 심한 사람들이 많은 곳에서는 이런 악폐가 여전히 사라지지 않고 있습니다. 심지어는 민주주의 사회에서 왕조를 부활시키려고 하는 시대착오적인 사람들까지 나타나는 지경입니다.

이런 등급 콤플렉스는 교회 안에서도 종종 문제를 일으키곤 합니다. 세례 받은 지 오래되었으니 대접을 해 달라든지, 성당을 다닌 지 오래되었으니 터줏대감 노릇을 해야겠다든지 하는 등의 소리를 하는 사람들이 바로 등급 콤플렉스 환자들입니다. 뼈대가 있는 집 안이냐 아니냐를 따지고, 혈통 운운하는 것 역시 등급 콤플렉스의 부작용입니다.

그러면 사람들에게 왜 이런 등급 콤플렉스가 생기는 것일까요? 그것은 근거 없는 우월감이나, 못났다는 열등감 때문입니다. 자신이 한없이 우월하다고 생각하는 사람들은 자신이 다른 사람들과 다르다는 것을 증명하기 위해서, 고기 부위별로 등급 나누듯이 사람에게도 등급을 매깁니다. 물론 자기 자신을 최상급에 놓지요. 반대로 열등감을 가진 사람들은 소위 '내시 콤플렉스'가 발동합니다. 누군가 한 사람을 정상에 올려놓고, 그 바로 아래에 자기 자리를 마련하여 자신의 권력 욕구를 채웁니다.

문제는 이러한 사람들이 많은 공동체나 본당은 시끄럽기 이를 데 없다는 것입니다. 본당에서 누군가 봉사를 가는데, 도와주기는 커녕 "네가 뭔데 그런 일을 하느냐?" 하면서 시비를 거는 일이 가끔 벌어집니다. 혹은 어떤 신자가 돈을 희사하려고 하는데 "네가 뭐가 잘나서 그런 것을 내놓느냐?" 하고 핀잔을 주는 경우도 있습니다. 그래서 진심으로 봉사하고 싶어 하는 사람들은 대개 말없이 일하고, 봉헌도 익명으로 조용히 합니다. 우리도 묵묵히 주님을 따르는 신앙인이 되도록 노력합시다.

본당에서 나를 알아주지 않은 적이 있나요?
있다면 그때 얼마나 섭섭하고 화가 났었는지 상세히 쓰고, 그 이유가 무엇인지도 함께 생각해 보세요.

_____

_____

_____

_____

늙으면 다 끝난 건가요?

예수님께서는 성전에서 가르치시며 말씀하셨다. "어찌하여 율법 학자들은 메시아가 다윗의 자손이라고 말하느냐? 다윗 자신이 성령의 도움으로 말하였다. 주님께서 내 주님께 말씀하셨다. '내 오른쪽에 앉아라, 내가 너의 원수들을 네 발 아래 잡아 놓을 때까지.' 이렇듯 다윗 스스로 메시아를 주님이라고 말하는데, 어떻게 메시아가 다윗의 자손이 되느냐?" 많은 군중이 예수님의 말씀을 기쁘게 들었다.

마르 12,35-37

이 복음에는 예수님 말씀을 기쁘게 받아들이는 사람들이 나옵니다. 그들은 어떤 사람들이었기에 주님의 말씀을 기꺼이 받아들였을까요? 이것이 이 복음 말씀의 묵상 주제입니다. 답부터 이야기하자면, 노년의 준비를 잘하는 사람들이라고 말할 수 있습니다. 많은 사람들이 청년기나 중년기는 중시하지만 노년기는 마치 인생에 아무 소용도 없는 시기인 것처럼 생각합니다. 청년기나 중년기의 삶은 가치 있게 여기고, 노년기의 삶은 무가치한 것으로 여기는 것입니다.

그래서 우리는 젊은 나이에 죽는 사람이 있으면 몹시 안타까워하지만, 노인의 죽음에 대해서는 그렇게 반응하지 않습니다. 청년의 죽음이 노인의 죽음보다 훨씬 드문 일이기도 하고, 무의식중에 노인의 삶을 그리 가치 있게 여기지 않기 때문입니다.

그런데 노년기를 그런 관점에서 바라보는 것은 물질적이고 세속적인 사고방식이 아래에 깔려 있기 때문입니다. 돈이 가장 중요하고, 돈이면 모든 것이 해결되며, 돈이 제일이라는 생각을 가지고 있기 때문에 돈을 벌 나이를 지난 사람들에 대해서 낮게 평가를 내리는 것이지요.

그러나 물질적인 관점이 아니라 영성적인 관점으로 보면 노년기는 참으로 중요합니다. 그 이유는 노년기가 세상살이의 모든 것을 경험하고 나서, 이제는 무엇이 현실이고 무엇이 비현실인지 깨닫는 시기이기 때문입니다. 그래서 노년기를 영성의 시기라고 하며, 노인들에게 지혜를 배우라고 말하는 것입니다. 예전이나 지금이나 속된 욕망을 쫓는 사람들, 자기 몸이 타는지도 모르는 채 불나방처럼 아무 데나 뛰어드는 무모한 사람들에게는 주님의 말씀이 케케묵은 소리처럼 들립니다. 그래서 십자가 왼쪽에 매달려 있던 도둑처럼 비아냥거리기 일쑤입니다. "성당에 나가면 밥을 주냐, 돈이 생기냐? 세상에서 제일 좋은 건 오로지 돈뿐이다." 그러나 세월이 흘러 몸이 병들고 늙으면서, 젊은 시절 하늘도 찌를 것 같던 기세가 단순한 치기였음을 몸으로 깨닫게 되면서 그런 오만함이 조금씩 무너집니다. 그때가 되어서야 그 사람은 신을 찾고 하늘의 뜻을 찾습니다. 이것을 두고 우리는 노년의 영성이라고 말합니다.

이처럼 자신의 삶을 반추해 보고 살아온 세월을 깊이 반성하는 사람, 죽음을 생각하며 인간 존재의 의미를 다시 되새기는 사람, 풀지 못한 욕구, 비현실적인 욕망을 손에서 놓고 자신을 있는 그대로 바라보며 사는 사람, 이런 사람들을 '영성적인 삶을 사는 노인들'이라고 말할 수 있습니다. 이들은 인생살이가 순조롭고 일 처리나 대인 관계가 원만해서 주위 사람들에게 존중과 존경을 받습니다.

그렇다면 모든 노인들이 영적일까요? 물론 그렇지 않습니다. 영적 깊이는 젊은 시절부터 얼마나 영성 훈련을 해 왔는지에 따라서 달라집니다. 그렇다면 어떤 노인이 영성적인 삶을 사는지를 어떻게 알 수 있을까요?

가르침을 받기 위해서 얼마나 많은 젊은이들이 찾아오는지를 보면 알 수 있습니다. 위로의 차원이 아니라, 인생살이의 중요한 한 수를 배우기 위해서 찾아오는 사람이 얼마나 많은지를 보면 그 노인들의 영성을 가늠해 볼 수 있습니다.

이런 삶은 나이를 먹는다고 저절로 되지 않습니다. 사교성이 부족하여 외골수 성격을 가진 사람, 자기 삶의 방식을 남에게 강요하는 사람들은 존중받기는커녕 나이를 헛먹었다는 비아냥거림을 듣기 쉽습니다. 그래서 젊은 시절보다 노년기의 마음가짐과 몸가짐이 더 중요하다고 말하는 것입니다. 영성적인 삶을 살기 위해서 자기반성과 자신을 들여다보는 훈련을 하시기 바랍니다.

나의 인생 목표는 무엇인가요?
그리고 노년기를 대비하여 현재 어떤 준비를 하고 있나요?

_____
_____
_____
_____

잔소리하고 싶을 때

예수님께서는 가르치시면서 이렇게 이르셨다. "율법 학자들을 조심하여라. 그들은 긴 겉옷을 입고 나다니며 장터에서 인사받기를 즐기고, 회당에서는 높은 자리를, 잔치 때에는 윗자리를 즐긴다. 그들은 과부들의 가산을 등쳐먹으면서 남에게 보이려고 기도는 길게 한다. 이러한 자들은 더 엄중히 단죄를 받을 것이다."

마르 12,38-40

율법 학자들은 당대의 지식인이자 지도층이었습니다. 그런데 예수님께서는 그들과 늘 대립각을 세우셨습니다. 오늘 이 복음에서도 예수님께서는 율법 학자들에게 아주 엄중하게 이르십니다. 그렇다면 여기서 율법 학자들이 가진 문제는 무엇이었을까요? 그것은 바로 '메시아 콤플렉스'입니다. 메시아 콤플렉스란, 자신이 세상을 구원해야 한다고 생각하는 병적인 상태를 일컫습니다. 이는 다른 말로 '제왕병'이라고 불리기도 하지요. 이 콤플렉스에 걸린 사람들은 늘 정의를 부르짖는데, 상대방이 자신이 세운 정의의 개념과 어울리지 않으면 무자비하게 언어적 폭력을 행사합니다. 여론 재판을 이용하는 것이지요. 이렇게 정의라는 말로 포장한 언어적 폭력 때문에 사람들은 아무도 섣불리 나서지 못합니다. 누구도 함부로 자기의 의견을 말하지 못하는 것이지요. 그들은 이런 사실을 잘 알기에 더욱 교묘하고 지능적으로 사람들의 의식을 마비시킵니다.

그러나 정의라는 이름으로 아무리 포장해도 숨길 수 없는 것이 있습니다. 바로 메시아 콤플렉스에 걸린 사람들의 성격입니다. 그들은 목소리가 높지는 않지만 다른 사람들을 싸잡아 비난하고 내 편과 네 편을 아주 분명하게 가르는 특성이 있습니다. 내 의견에 동조하면 동지로 여기지만, 아니라면 역사의 흐름을 고수한다는 명분을 내세워 반역자라고 단죄합니다. 그래서 메시아 콤플렉스에 걸린 사람들이 활개 치는 사회는 약자가 위축된, 건강하지 못한 사회입니다.

예수님도 당대의 이러한 문제점을 보시고, 바리사이와 율법 학자들을 조심하라고 이르셨습니다. 그리고 매우 단호한 어조로 그들에 대해서 경고하셨습니다.

요즘 들어 '개혁을 해야 한다'는 소리가 높습니다. 구태의연한 구습을 타파하고 새로운 세상을 만들어야 한다는 뜻이지요. 과거의 잘못된 것들을 고치고 살기 좋은 사회를 만들고자 하는 모습은 당연한 것입니다.

그러나 새로운 것을 만들고자 할 때는 주의할 점이 있습니다. 개혁의 주체가 자신이라는 생각을 버려야 합니다. 변화의 주체는 하느님이시고, 나는 변해야 하는 대상 중 하나입니다. 변화의 주도권이 나한테 있다고 생각한다면, 그 순간 쉽게 메시아 콤플렉스에 빠져들게 됩니다.

메시아 콤플렉스에 걸린 사람들이 권력이나 무기를 쥐면 무자비하게 사람들을 죽이거나 다치게 할 수도 있습니다. 사람을 깊이 있게 보지 않은 채, 겉으로 드러난 말로 사람을 판단하며, 자신에게 충고를 하는 이들을 모두 적으로 여기고 살육 행위를 서슴지 않습니다. 자신이 바로 정의를 실현하는 사람이라고 생각하는 정신 분열증적 자기도취 증세를 보이는 것입니다.

메시아 콤플렉스는 일상생활의 사소한 곳에서도 잘 나타납니다. 어떤 식당에서 주인과 이야기를 나눈 적이 있는데, 그는 종업원이 제일 싫어하는 손님이 남을 가르치는 직종에 있는 사람이라고 하더군요. 저는 속으로 찔려서 "어째서 그런가요?" 하고 물었습니다. 그러자 그는 그런 사람들은 잔소리를 많이 해서 싫어하더라고 답했습니다. 그때 저는 바로 그 말이 저 자신을 두고 하는 말인 듯해서 몹시 무안했습니다.

사람 마음이 미성숙하면 시도 때도 없이 남들을 가르치고 싶고 무엇인가 말해 주고 싶어집니다. 듣는 사람이 좋아하는지 싫어하는지도 모른 채 자기 기분에 도취되어서, 주절주절 말을 늘어놓는 사람의 마음이 성숙한 상태일 리 없습니다. 우리에게 다른 사람의 잘못이 너무나 잘 보이고, 남들에게 잔소리하고 싶을 때는 오히려 자신의 공부가 모자란 때라는 것을 잊지 마시기 바랍니다. 나중에 율법 학자들처럼 주님을 뵈올 때 크게 야단맞을지도 모르니 주의해야겠습니다.

다른 사람과 대화할 때 주로 말하는 편인가요, 듣는 편인가요?
듣는 시간과 말하는 시간의 비율이 어떠한지 가늠해 보고,
내가 말할 때 사람들이 보인 반응을 떠올려 보세요.

얼마짜리인가요?

예수님께서 헌금함 맞은쪽에 앉으시어, 사람들이 헌금함에 돈을 넣는 모습을 보고 계셨다. 많은 부자들이 큰돈을 넣었다. 그런데 가난한 과부 한 사람이 와서 렙톤 두 닢을 넣었다. 그것은 콰드란스 한 닢인 셈이다. 예수님께서 제자들을 가까이 불러 이르셨다. "내가 진실로 너희에게 말한다. 저 가난한 과부가 헌금함에 돈을 넣은 다른 모든 사람보다 더 많이 넣었다. 저들은 모두 풍족한 데에서 얼마씩 넣었지만, 저 과부는 궁핍한 가운데에서 가진 것을, 곧 생활비를 모두 다 넣었기 때문이다."

마르 12,41-44

'헌금' 하면 많은 분들이 부담감을 느끼거나 껄끄러운 기분이 들어서 말조차 꺼내지 않으려고 합니다. 심지어 내가 헌금을 내는 모습을 다른 사람들이 볼까 봐, 혹은 나보다 헌금을 많이 낸 사람들이 자랑하는 꼴을 보기 싫어서 모든 신자가 헌금 봉투를 사용해야 한다고 의견을 내세우는 분들도 있습니다. 이처럼 예민한 헌금 문제에 대해서 주님께서는 단도직입적으로 말씀하십니다.

"내가 진실로 너희에게 말한다. 저 가난한 과부가 헌금함에 돈을 넣은 다른 사람들보다 더 많이 넣었다. 저 과부는 궁핍한 가운데서 가진 것을, 곧 생활비를 모두 다 넣었기 때문이다."

이 구절을 읽다 보면 참으로 양심의 가책을 느끼게 됩니다. '나는 과부만큼 헌금을 한 적이 있는가?' 신자가 아닌 분들은 이 대목에서 시비를 걸기도 합니다. '주님께서 노골적으로 돈을 요구하신 것'이라고 말입니다. 그러나 여기서 주님께서 강조하신 것은 돈의 많고 적음이 아닙니다. 그분은 하느님에게 얼마나 깊은 애정과 존중하는 마음을 가지고 있는가를 강조하신 것입니다.

다른 사람에게 얼마나 깊은 애정을 가졌는지를 헤아리려면 어떻게 해야 할까요? 그 지표는 내가 그 사람을 위해서 얼마나 돈을 쓸 수 있는가라고 합니다. 어떤 사람한테는 '내 재산'을 다 털어서라도 도와주고 싶은가 하면, 어떤 사람한테는 땡전 한 푼 주는 것도 아깝습니다. 정신적인 면뿐만 아니라 물질적인 면에서도 도움을 주고 싶은 것은 상대방에게 뿌리 깊은 애정을 가지고 있기 때문입니다.

하지만 한 푼을 주는 일조차 아까운 생각이 드는 것은 그만큼 상대방에게서 실망감, 피로감이 크다는 증거입니다.

장성하여 이미 결혼한 자식인데도 불구하고 부모들이 밑 빠진 독에 물을 붓듯이 도와주는 것은 그만큼 자식을 향한 애정이 깊기 때문입니다. 이런 일은 대부분 옆에서 말려도 그만두지 못합니다. 인간관계가 그러한 것처럼 신앙생활도 마찬가지입니다. 그렇다고 주님께서 우리에게 생활비를 다 털어서 헌금하라고 말씀하시는 것은 아닙니다. 가끔 일부 종교인들이 그런 식으로 신자들에게 심리적 부담감을 주기도 합니다. 하지만 그것은 종교인 자신의 욕심에서 비롯된 소리입니다.

주님께서는 헌금을 문제 삼고 계신 것이 아닙니다. 그분은 단지 진정성을 강조하신 것입니다. 어느 본당의 할머니 한 분은 매번 헌금을 낼 때마다 천 원짜리를 다리미로 깔끔하게 다려서 내셨습니다. 할머니가 내신 그 천 원짜리는 신자들의 입에 두고두고 오르내렸습니다. 할머니의 지극한 정성에 하느님이 감동하셨을 것이라고 다들 입을 모아 칭송을 아끼지 않았습니다. 사람은 누구나 존중받으면 남을 존중해 주고, 홀대받으면 당연히 남을 홀대합니다. 그리고 이것은 하느님도 마찬가지이실 것입니다.

미사 헌금을 낼 때 어떤 생각이 드나요?
혹시 아깝다고 생각한 적은 없나요?

_____

_____

_____

마음이 행복해지는 기도

예수님께서 성전에서 나가실 때에 제자들 가운데 한 사람이 말하였다. "스승님, 보십시오. 얼마나 대단한 돌들이고 얼마나 장엄한 건물들입니까?" 그러자 예수님께서 그에게 이르셨다. "너는 이 웅장한 건물들을 보고 있느냐? 여기 돌 하나도 다른 돌 위에 남아 있지 않고 다 허물어지고 말 것이다."

마르 13,1-2

중동 지역을 여행하다 보면 자주 웅장한 건물들과 마주치게 됩니다. 주로 신전입니다. 그런데 아무리 웅장한 건물이라 해도 모두 허물어져 흙 속에 묻힌 유적일 뿐, 건물 자체가 우리에게 주는 메시지는 거의 없습니다. 오히려 '제아무리 강대한 국가라도 이렇듯 스러져 갔구나.' 하는 안쓰러운 마음만 불러일으킵니다. 이 복음에서 제자들이 예루살렘 성전의 웅장함에 감탄하자 예수님은 다소 냉소적으로 반응하십니다. 그러나 그것은 우리 눈에 보이는 것들 가운데 정말로 위대한 것이 무엇인지 제자들이 깨달았으면 하는 바람으로 보이신 반응일 것입니다.

주님은 우리 자신이 성전이 되기를 원하십니다. 우리 마음의 성전은 꼭 웅장할 필요가 없습니다. 자그마한 기와집도 좋고, 더 작은 오두막집이라도 좋습니다. 주님이 오셔서 비를 피하시고 다른 사람들이 편하게 들어와 잠시 숨을 돌리고 갈 수 있는 정도의 집이면 충분합니다. 그런 마음의 집을 가진 사람은 인생에서 성공한 것입니다.

우리가 마음의 성전을 지으려면 어떻게 해야 할까요? 제일 먼저 기도를 해야 합니다. 심리학자들은 면밀한 관찰을 통해 기도하는 사람과 기도하지 않는 사람의 마음이 다르다는 사실을 알게 되었습니다. 그들은 기도하는 사람이 기도하지 않는 사람보다 더 행복한 마음으로 산다는 결론을 내렸습니다.

기도하는 사람들이 기도하지 않는 사람들보다 행복한 이유는 무엇일까요? 첫째, 기도는 하느님 앞에서 자신의 마음을 털어놓는 시간이기 때문입니다. 사람은 누구나 남들에게 말 못할 사연을 안고 살아갑니다. 그런데 아무에게도 말을 하지 못하면 언젠가는 마음의 병이 생기지요. 심리 치료에서 말을 하는 것, 내가 하는 말을 누군가가 들어 주는 것이 중요하다고 하는 것도 같은 이유입니다. 신자들은 기도를 통해서, 그리고 고해성사를 통해서 마음의 문제를 털어 내고 그로써 마음의 응어리를 치유합니다. 그래서 기도를 정말 후련하게 하는 사람들은 마음 가볍게 살지만, 그렇지 못한 이들은 늘 가슴앓이를 하면서 삽니다.

둘째, 기도하는 이들은 자기 안에 '아버지, 어머니의 자리'가 있기 때문입니다. 사람의 마음에는 누구나 아버지와 어머니의 자리가 있습니다. 이 두 자리가 든든하게 채워져야 건강한 마음을 가진 사람이라고 할 수 있습니다. 그런데 어린 시절, 부모와의 관계가 좋지 않았던 사람들은 마음 안에는 부모의 자리가 없습니다. 부모의 자리가 비어 있으면 심리적인 고아 상태에 빠져서 늘 불안감과 외로움에 시달리게 됩니다. 그래서 '이 세상에 믿을 사람 하나 없다'는 생각으로 힘들고 괴로운 나날을 보냅니다. 이런 사람들은 늘 자신감이 부족하고 열등감에 시달립니다. 그런데 기도를 통해서 하느님과 성모님이 내 마음 안에서 아버지, 어머니의 자리를 채우게 되면 마음이 안정되고 자신감을 회복할 수 있습니다. 누군가가 나를 믿어 주고 이끌어 준다는 믿음이 마음에 힘을 불어넣는 것입니다.

셋째, 기도하는 사람들은 성령께서 이끌어 주시는 것을 느낍니다. 그래서 미래에 대한 불안이 적은 편입니다. 자신이 최선을 다하면 그에 따른 결실도 좋으리라는 것을 알기 때문입니다.

그러면 이처럼 장점이 많은 기도를 우리는 왜 어렵게 생각할까요? 심지어는 기도하는 사람들 가운데 정신적인 문제가 생기는 사람이 나오기도 하는 까닭은 무엇일까요? 그것은 기도 자체의 문제가 아닙니다. 기도의 내용에 문제가 있기 때문입니다. 좀 더 구체적으로 말씀드리면, 기도는 하느님이 내 삶 안에서 어떻게 역사하시는지, 어떻게 나를 이끌어 가시는지를 살펴보는 시간입니다. 그리고 나를 이끌어 주시는 하느님께 감사하는 시간입니다.

그런데 우리는 기도 시간에 자신이 지은 죄의 개수를 헤아리고, 자신이 지은 죄만을 마음에 둡니다. 기도하는 시간이 하느님과 만나는 자리가 아니라 법원에서 판결을 받듯이 하느님께 야단맞는 자리로 변질되고 맙니다. 내 죄에 대한 엄한 질책이 기다리는 그런 자리라면 누구도 거기에 가기 싫을 것입니다.

이럴 때는 기도하는 내용을 바꾸어야 합니다. 질책과 자책의 자리가 아니라, 하느님께서 주신 것에 대해서 감사하는 마음을 갖는 자리로 바꿔야 합니다. 감사하는 마음으로 기도하지 않고, 마치 재판정에 나온 죄수처럼 죄에 관한 기도만 한다면 아무리 기도를 많이 하더라도 마음의 행복을 찾을 수 없습니다.

그러니 시간이 날 때마다 기도하십시오. 내가 하는 짧은 기도 하나가 내 마음의 성전을 짓는 벽돌 한 장이 될 것입니다.

하루에 얼마나 기도하고, 주로 어떤 내용으로 기도하나요?
그리고 기도할 틈이 없다는 말을 해 본 적이 있나요?
있다면 그때 마음은 어떠했나요?

_____
_____
_____
_____

내가 널 얼마나 사랑하는데

"형제가 형제를 넘겨 죽게 하고 아버지가 자식을 그렇게 하며, 자식들이 부모를 거슬러 일어나 죽게 할 것이다. 그리고 너희는 내 이름 때문에 모든 사람에게 미움을 받을 것이다. 그러나 끝까지 견디어 내는 이는 구원을 받을 것이다."

마르 13,12-13

이 말씀을 들으면, 그리스도를 따랐다가는 집안이 풍비박산 나는 게 아닌가 하는 생각이 듭니다. 그러나 주님 말씀은 그런 뜻이 아니라, 자기 마음을 수련하는 과정에서 나타나는 심리적 갈등을 이야기하신 것입니다.

사람에게 인생의 스승은 참으로 중요한 역할을 합니다. 그런데 한 사람의 인생에서 그 누구보다 먼저 가장 크게 영향을 미치는 사람은 부모입니다. 어린 시절에 아이들이 누구를 보고 삶을 배우겠습니까? 당연히 부모입니다. 부모가 아이들에게 보여 주는 모습이 그 자체로 인생의 기준이 됩니다.

현대에 와서 이런 사실을 깨달은 연구자들은 부모의 역할에 대해서 많은 이론을 내놓았습니다. 아이들에게 부모란 하느님과도 같고 선생님과도 같습니다. 아이들은 자기 부모가 하는 행동, 생각, 감정 표현 등을 배웁니다. 아이들은 어렸을 때, 자기 부모가 하는 대로 아무 생각 없이 따라합니다. 그러다가 어느 순간부터 '이게 아닌데?' 하는 생각을 하게 됩니다. 그들에게도 자아의식이 생겼다는 의미입니다. 그때부터 일부 아이들은 '나는 결코 어머니나 아버지처럼 살지 않을 거야.'라며 부모에 대한 거부 반응이나 심한 경우 적대감까지도 느낍니다.

이렇게 자기 부모를 싫어하게 된 아이들은 심리적인 고아가 됩니다. 그리고 심리적 고아 상태의 아이들은 가출을 꿈꾸지요. 아버지 어머니가 매일같이 소리 지르고 싸우는 지옥 같은 집에서 탈출하고 싶은 것입니다. 그런데 정말 안타까운 것은, 그렇게 해서 집을 나간 아이들도 마침내는 자기 부모처럼 살게 된다는 것입니다. 그것은 자기 부모한테 보고 배운 것이 소리 지르고 싸우는 모습뿐이었기 때문입니다. 결국 몸만 가출했지 마음은 여전히 숨 막히는 집에서 벗어나지 못한 것입니다.

제가 청소년 상담을 할 때 접한 사례 중 하나입니다. 한 어머니가, 자기는 정말 아이를 지극정성으로 키웠으며 아이한테 큰소리 한 번 안 내고 늘 타이르면서 키웠다고 합니다. 그런데 아이는 계속 문제를 일으킨다며 상담을 청했습니다. 그런데 상담 중에 아이가 자기 어머니에 대해서 한 말은 어머니가 한 말과 정반대였습니다. 자기 어머니는 너무나 독선적이고 자기를 자주 억압해서 어머니의 별명이 '걸어 다니는 잔소리꾼'이라는 것입니다. 자기에게 어떤 문제가 생기면 어머니는 거의 한 시간여를 조용조용하게 닭살 돋는 목소리로 잔소리를 한다는 것입니다. 그러면서 어머니는 "이게 다 너에게 유익한 거야."라고 하는데, 자기는 꼭 목구멍에 뭔가를 억지로 쑤셔 넣는 그런 기분이 든다고 합니다. 아이는 되도록이면 어머니와 말을 하지 않으려고 하는데도, 어머니는 아이의 얼굴만 보면 그 특유의 목소리로 "이건 이래야 하고 저건 저래야 하지 않겠니?"라는 식으로 의견을 묻는 척하면서, 은연중에 자신의 의견을 강요한다고 합니다. 식사할 때도 "이거 먹어라, 저거 먹어라." 하고, 음식을 먹지 않으면 "내가 너를 얼마나 사랑하는데 왜 먹지 않니?"라며 울상을 짓는다고 합니다. 아이는 "내가 혼자 먹을 테니 좀 내버려 둬!"라고 소리치고 싶지만, 그랬다가는 또다시 가르침을 빙자한 잔소리가 시작될까 봐 아예 속으로 꿀꺽 삼켜 버리고 만다고 합니다.

이처럼 아이들이 병적인 상태가 되는 것은 아이를 '어떻게 키웠는가?' 하는 방법의 문제가 아니라, '어떠한 마음으로 아이를 대했는가' 하는 감정의 문제입니다. 아이를 지나치게 걱정해서 과보호하거나, 반대로 아이를 키우는 데 아주 냉담하다면 아이는 병적인 상태에 빠져듭니다. 또 아이에게 지나친 기대를 가져도 마찬가지로 아이가 건강하게 자라지 못합니다. 아이의 욕구를 존중해 주고, 그 아이가 자신감과 자존감을 가질 수 있도록 충분히 인정해 주면서 아이가 신체적·정신적으로 정상적인 발달을 할 수 있도록 도와주어야 합니다. 부모의 행복이 아니라 아이의 행복을 위해서, 아무런 보상도 기대하지 않는 마음으로 아이를 키워야 합니다.

그러나 많은 부모들이 이런 면에서 실패하여 많은 문제아들을 만들어 내고 있습니다. 그래서 아이들은 컴퓨터에 끼어든 악성 바이러스처럼 좋지 않은 부모의 이미지와 병적인 가르침에 시달리며 평생 헤매며 살게 됩니다. 주님께서는 인간의 이러한 내적 상태를 아시기 때문에, 자신 안의 온갖 잘못된 신념과 싸워서 진정한 자유를 얻으라고 이 복음에서 말씀하고 계십니다.

자녀들이 당신과 함께 있는 걸 좋아하나요?

자녀들이 당신을 얼마나 자랑스러워하나요?

문제에 부딪혔을 때 자녀들이 당신에게 상의하러 오나요?

_____

_____

_____

심판의 날이 오면 어쩌죠?

"그 무렵에 환난이 닥칠 터인데, 그러한 환난은 하느님께서 이룩하신 창조 이래 지금까지 없었고 앞으로도 없을 것이다. 주님께서 그 날수를 줄여 주지 않으셨으면, 어떠한 사람도 살아남지 못할 것이다. 그러나 주님께서는 몸소 선택하신 이들을 위하여 그 날수를 줄여 주셨다. 그때에 누가 너희에게 '보아라, 그리스도께서 여기 계시다!', 또는 '보아라, 저기 계시다!' 하더라도 믿지 마라. 거짓 그리스도들과 거짓 예언자들이 나타나, 할 수만 있으면 선택된 이들까지 속이려고 표징과 이적들을 일으킬 것이다. 그러니 너희는 조심하여라. 내가 이 모든 일을 너희에게 미리 말해 둔다."

마르 13,19-23

신학교에서는 종말론이라는 과목을 가르칩니다. 종말론 과목은 언젠가는 다가올 세상의 종말과 그때 어떠한 일들이 일어날지에 대해 연구하는 수업입니다. 사실 종말론은 그리스도교만의 고유한 사상은 아닙니다. 다른 종교, 다른 민족의 야사野史에도 종말에 대한 이야기가 자주 언급되기 때문입니다. 종말론이 생기게 된 심리적 배경은 인간의 역사와 깊은 연관이 있습니다. 인간은 감당하기 어려운 역경에 처했을 때 깊은 절망감과 자괴감에 빠집니다. 또한 자신의 한계에 부딪히고 불안감을 느낄 때 거기서 벗어나고 싶다는 마음이 간절해집니다. 이것이 종말 사상의 배경입니다.

저는 사춘기 시절에 종말론에 빠진 적이 있습니다. 정확히 말하자면 종말 공포증에 빠졌습니다. 일본 열도가 물에 잠기고, 캘리포니아에 지진이 일어나며, 한반도에 가뭄이 와서 사람들이 굶어 죽고, 모든 사람들이 주님 앞에서 심판받아야 한다는 종교적 종말론이 주는 공포에 빠진 것입니다. 예민한 사춘기 시절이었기 때문에 심리적으로 큰 충격을 받아 잠을 제대로 이루지 못할 정도였습니다. '종말의 날에 나는 어떤 자리에 있을 것일까? 나는 과연 구원받을 수 있을까? 환난을 견뎌 낼 수 있을까?' 이런 걱정과 불안감 속에서 온갖 불길한 상상을 하면서 뜬눈으로 밤을 지새우곤 했습니다. 거의 공황 상태에 가까운 공포였습니다.

상담을 하면서 이와 비슷한 공포증을 가진 사람들을 만나곤 합니다. 그들은 진지한 어조로 묻습니다. "만약 심판의 날이 오면 어떻게 해야 하나요?" 저는 그들이 얼마나 큰 공포를 껴안고 사는지 속속들이 알기에 안쓰러운 마음이 듭니다. 종말은 언젠가는 오겠지요. 하지만 아직 오지도 않은 종말에 대한 공포에 시달린다면 이는 마음이 약하다는 반증입니다. 그런 사람들은 미래에 대한 불안감을 스스로 만들어 내는 경향이 있습니다. 자기가 함정을 만들고, 자기 스스로 거기에 빠져드는 것입니다. 이렇게 불안에 떠는 사람들은 거짓 구원자들에게 쉽게 현혹됩니다. 그래서 "거짓 그리스도들과 거짓 예언자들이 나타나, 할 수만 있다면 선택된 이들까지 속이려고 표징과 이적들을 일으킬 것이다."라고 주님께서 경고하신 것입니다.

한계 상황에 닥친 사람들은 작은 기적이라도 일으키는 사람들이 엄청나고 위대해 보여서 쉽게 그들의 손아귀에 걸려듭니다. 사회가 불안할 때 사교 집단들의 교세가 커지는 것이 바로 그런 이유입니다. 슬픔, 두려움, 불안감, 좌절감 등은 우리 마음을 불편하게 합니다. 집중력을 흐트러뜨려 놓고 사리에 맞지 않게 생각하도록 조장할 뿐 아니라 심하면 자기 파괴적인 방식으로 인생을 몰아붙입니다. 그래서 이럴 때는 마음의 집중력을 기르기 위해서 행복감, 기쁨, 즐거움 같은 감정들을 키워야 합니다. 이런 감정을 가지고 있는 동안에는 불안감에 빠지지 않고 온전히 자신이 하는 일에 마음을 집중할 수 있습니다. 이렇게 하루하루 자기를 다듬고 만드는 데 집중한다면 종말을 두려워하는 마음을 가라앉힐 수 있습니다. 그런데 사람은 행복한 느낌보다는 불행하다는 생각에 더욱 쉽게 빠지고 기쁨보다는 슬픔에 더욱 쉽게 감염된다는 문제가 있습니다. 행복한 느낌을 유지하려면 우리는 많은 노력을 기울여야 합니다. 우리가 기도 생활을 하는 이유도 바로 이러한 행복감을 갖고 내 마음의 두려움을 물리치려는 것이니까요.

내 인생에 종말이 온다면 어떻게 할 것 같나요?
그때를 대비해서 지금 나는 무엇을 준비해야 할까요?

_____
_____
_____
_____

선택받지 못할까 두려워요

"그 무렵 환난에 뒤이어 해는 어두워지고 달은 빛을 내지 않으며 별들은 하늘에서 떨어지고 하늘의 세력들은 흔들릴 것이다. 그때에 '사람의 아들이' 큰 권능과 영광을 떨치며 '구름을 타고 오는 것을' 사람들이 볼 것이다. 그때에 사람의 아들은 천사들을 보내어, 자기가 선택한 이들을 땅 끝에서 하늘 끝까지 사방에서 모을 것이다."

마르 13,24-27

사춘기에 접어든 아이가 이 복음을 접하고 난 후에 심한 충격과 불안에 휩싸였습니다. '마지막 심판의 날 천사들이 와서 자기는 버리고 데려가지 않을 것 같다.'라는 생각이 들었기 때문이었습니다. '세상이 끝나는 날 어떤 일이 벌어질 것일까?' 하는 질문은 오랜 세월 사람들이 궁금해한 이야기입니다. 그러나 세상 종말의 날에 어떤 일이 벌어질지는 누구도 알 수 없습니다. 그렇기 때문에 '지금 여기hic et nunc'에 의미를 두어야 하는 것입니다. 하지만 '지금 여기'에 머물러 사는 것이 쉽지는 않습니다. 몸은 지금 여기에 있는데 마음은 불안한 미래에 가 있기 때문입니다. 이를 두고 '해리 현상'이라고 합니다. 그렇다면 왜 이런 현상이 일어날까요? 심한 불안감 때문입니다. 인간은 불안이 극심해지면 일어나지도 않은 일들을 마치 현실처럼 여기고, 걱정과 근심 때문에 자아가 위축될 대로 위축됩니다. 이런 상황에 빠진 사람들이 종말에 대한 책이나 사이비 종교에 걸려들면, 거의 정신병자 수준에 가까울 정도로 이성이 마비된 채 광신도가 됩니다. 선택받지 못할까 봐 극심하게 불안하여 반드시 선택받으려고 몸부림치는 것입니다.

몇 년 전 어떤 종교 잡지에 외국인 가족사진이 실렸는데, 제목이 '선택받은 가족'이었습니다. 자기들이 다니는 교회만이 하느님께 구원을 받을 수 있다는 일종의 종교 광고였는데, 온 가족이 정장을 입고 미소를 짓고는 있지만 눈빛에서는 불안감이 어른거리는 모습이 보였던 기억이 납니다. 그 교회에 다닌다고 해서 그것만으로는 무의식 속에 있는 불안감까지 없애지는 못했던 것입니다.

그러면 선택받지 못할까 봐 두려워하는 불안감은 어디에서 비롯되는 것일까요? 그 같은 불안감은 잘못된 신관(神觀)에서 옵니다. 하느님이 사랑이시고 자비로우신 분이 아니라, 사람이 지은 죄를 조목조목 따지시는 잔인한 재판관이시라고 생각하는 것입니다. 그래서 가뜩이나 병적인 죄책감으로 위축된 사람이 더욱 위축되어, 선택받지 못할 것이라는 구원 불안증에 시달리게 됩니다. 그런데 대개 이런 병적인 불안증에 시달리는 사람들은, 부모에 대한 트라우마가 심한 사람들입니다. 잔정이 없는 부모, 자식을 방치하는 무관심한 부모들은 자녀를 이런 환자로 만듭니다. 왜냐하면 자녀가 마음속에 품은 하느님의 이미지는 부모의 이미지를 투사하여 생기는 일이 많기 때문입니다.

따라서 이런 사람들은 위축된 자아를 사랑하게 하는 불안 치료를 먼저 해야 합니다. 그 방법이 무엇이냐고요? 아주 간단합니다. 하느님께 기도할 때 하고 싶은 말을 모두 하고, 부모님 사진을 앞에 놓고 자기 감정을 솔직히 털어놓는 시간을 가지는 것입니다. 그렇게 연습하다 보면, 마음에 근력이 생기고 불안에 휘둘리지 않는 강한 자아를 가지게 됩니다.

하느님이 바로 지금 당신 앞에 나타나신다면

당신은 구원받을 것 같나요, 아니면 구원받지 못할 것 같나요?

_____

_____

_____

_____

늘상 그렇지 뭐

"너희는 무화과나무를 보고 그 비유를 깨달아라. 어느덧 가지가 부드러워지고 잎이 돋으면 여름이 가까이 온 줄 알게 된다. 이와 같이 너희도 이러한 일들이 일어나는 것을 보거든, 사람의 아들이 문 가까이 온 줄 알아라. 내가 진실로 너희에게 말한다. 이 세대가 지나기 전에 이 모든 일이 일어날 것이다. 하늘과 땅은 사라질지라도 내 말은 결코 사라지지 않을 것이다."

마르 13,28-31

무슨 일에서든 심드렁한 태도를 취하는 사람들이 있습니다. 이들은 인생이 권태롭다고 말합니다. 그런 말을 하는 사람들은 얼핏 도사처럼 보이지만, 그들 내면으로 들어가 보면 '왜 이리 망가졌을까?' 하는 생각이 절로 들 정도로 정신세계가 피폐합니다. 그 안에는 건질 만한 것, 쓸 만한 자원이 하나도 없습니다. 인간에게 심드렁한 마음, 권태가 왜 생길까요? 자신이 바라는 것과 현실 사이의 괴리가 너무나 클 때, 다시 말해 자기는 굉장한 것을 바라는데 현실은 그렇지 못해서 욕구를 만족시키지 못할 때 사람은 삶에 의욕을 잃습니다. 자기가 생각하기에 자신은 참 대단한 사람인데, 직장이 시원치 않고 배우자도 마음에 들지 않는다고 느낄 때, 세상사에 아무런 흥미도 호기심도 느끼지 못할 수밖에 없습니다.

이렇게 권태롭게 사는 사람은 사실 현실에서 도피하고 싶은 마음을 '심드렁한' 태도로 드러내는 것입니다. 끝없는 욕망, 그러나 좌절된 욕망에 마음이 갈가리 찢기는 것보다, 권태로운 태도를 취함으로써 일종의 도피를 하는 것입니다. 이런 사람들이 정신을 차리려면 어떻게 해야 할까요? 답은 간단합니다. 밥도 주지 않은 채 혹독한 노동판으로 몰아내야 합니다. 자기 힘으로 일하면서 작은 것에 감사할 줄 아는 마음을 갖게 해야 합니다. 그런데 이들이 권태라는 병을 여간해서 못 고치는 것은 다 이유가 있습니다. 주위에 그들을 상전처럼 모시는 종들이 있기 때문입니다.

어떤 본당 신부는 자기는 큰 본당에서 일해야 할 사람인데 수준 낮고, 사정이 어려운 본당에서 사목하게 되었다고 매일 불평했습니다. 신자들은 만나지도 않고 방에 콕 틀어박혀서 우울하게 시간을 죽이는 이 본당 신부를 보면서, 가난한 신자들은 화가 났습니다. 그런데 이 오만한 본당 신부가 태도를 바꾸지 않는 것은 소수의 아첨배가 들러붙어서 "신부님, 대단하신 우리 신부님." 하고 떠받들었기 때문입니다. 그렇니 오만할 수밖에 없지요.

이와 반대의 삶을 사는 분들이 있습니다. 제가 가끔 피정을 하러 가는 봉쇄 수녀원이 있습니다. 밖으로 나올 수도 없고 그 안에서 모든 것을 해결해야 하는 곳, 수도자들을 만날 때도 철창 사이로 만나야 하는 곳입니다. 그런데 신기한 것은, 그렇게 갇혀 사는데도 그분들은 늘 웃고 산다는 사실입니다. 그분들을 볼 때마다 제가 놀려 댑니다.

"아이고, 얼마나 답답하십니까?"

하지만 수녀님들은 이렇게 말합니다.

"우리들이 볼 때는 밖에 사는 사람들이 더 답답하고 불쌍해요."

돌아오는 길에 정말 갇혀서 사는 사람이 누구인지, 그리고 진정 행복한 삶을 사는 사람이 누구인지 다시 한 번 생각해 보았습니다.

또 한번은 텔레비전 뉴스에서 어떤 일용직 노동자의 이야기를 본 적이 있습니다. 그의 별명은 팬티 맨이었습니다. 여자 스타킹에 팬티를 입고 일을 해서 붙은 이름입니다. 그러나 그는 하루 종일 시멘트 부대를 나르고 벽돌을 짊어지면서 콧노래를 흥얼거렸습니다.

기자가 물었습니다.

"일이 즐거우십니까?"

그가 대답했습니다.

"이런 일은 짜증을 내면 할 수 없습니다."

머리가 아닌 온몸으로 깨달은 사람의 한마디가 얼마나 힘이 있던지요! 사람이 열매를 맺는 것은 직업의 높고 낮음에 달린 게 아니라는 것을 그 사람의 모습을 통해 깨달을 수 있었습니다.

같은 삶을 살아도 즐겁게 사는 사람들을 보면, 옆에서 보는 사람까지 다 즐거워집니다. 하지만 우울하게 사는 사람들은 덩달아 우울해집니다. 감정은 전염성이 강하기 때문입니다. 힘들어하고 우울해하는 사람들의 나무에는 아무 열매도 맺히지 않습니다. 그런 나무는 결국 불쏘시개가 될 뿐이지요. 평소에 짜증과 불만이 많았던 내가 복음을 보면서 '아, 내가 바로 모순덩어리였구나.' 하고 느끼곤 합니다. 여러분들도 자기 안의 문제를 잘 살펴보면서 주님이 우리에게 주시는 은총과 기쁨의 삶을 사시기 바랍니다.

짜증이 나고 무기력한 기분이 들 때가 언제인가요?
그리고 그런 감정이 어떤 생각에서 비롯된 것인지 묵상해 보세요.

_____
_____
_____

깨어 있어야 하는데, 잠이 너무 많아요

"그러나 그 날과 그 시간은 아무도 모른다. 하늘의 천사들도 아들도 모르고 아버지만 아신다. 너희는 조심하고 깨어 지켜라. 그때가 언제 올지 너희가 모르기 때문이다. 그것은 먼 길을 떠나는 사람의 경우와 같다. 그는 집을 떠나면서 종들에게 권한을 주어 각자에게 할 일을 맡기고, 문지기에게는 깨어 있으라고 분부한다. 그러니 깨어 있어라. 집주인이 언제 돌아올지, 저녁일지, 한밤중일지, 닭이 울 때일지, 새벽일지 너희가 모르기 때문이다. 주인이 갑자기 돌아와 너희가 잠자는 것을 보는 일이 없게 하여라. 내가 너희에게 하는 이 말은 모든 사람에게 하는 말이다. 깨어 있어라."

마르 13,32-37

"주님은 깨어 있으라고 하셨는데 저는 세속에 빠져서 기도도 하지 않고 잠도 너무 많이 잡니다." 이런 고민을 하는 분들이 있지요?

이들은 복음 말씀을 액면 그대로 받아들이는 사람들입니다. 그러면 주님 말씀의 진짜 의미는 무엇일까요? 정말 하루 종일 뜬눈으로 기도하라는 말씀일까요? 그렇지 않습니다.

우리가 주님 말씀을 잘 알아들으려면 주님께서 말씀하시는 방식을 생각할 필요가 있습니다. 우리가 쓰는 표현 가운데는 그리스적인 방식과 히브리적인 방식이 있습니다. 식사 시간을 말할 때 그리스적인 방식에서는 구체적으로 몇 시라고 하는 반면, 히브리적인 방식에서는 '배고플 때'라고 말합니다. 그런데 앞의 복음에서 주님은 히브리적인 방식으로 말씀하고 계십니다. 따라서 주님께서 "깨어 있으라." 하신 것은 시간적인 의미가 아니라 삶의 근본적인 자세를 말씀하신 것이지요. 그런데 많은 종교인들이 이 말씀을 근거로 소심한 신자들을 마음의 감옥 안에 가두고는 마치 죄수를 감시하는 교도관처럼 행세합니다.

주님은 깨어 있으라고 하십니다. 깨어 있으라는 것은 하루 종일 깨어 기도하라는 의미가 아니고, 자기 자신을 알아 가라는 말씀입니다. 심리학에서는 인간이 자신이 누구인지 깨달았을 때 인간의 내재된 잠재력이 살아난다고 말합니다. 그럴 때 비로소 무엇인가 선택할 수 있고 시작할 수 있는 힘이 나온다는 뜻입니다. 자신이 누구인지, 무엇을 원하는지, 어디로 가는지를 모르고 산다면 이는 스스로 선택한 삶이 아니라 남들이 알려 준 길, 혹은 남들이 가는 길을 그저 따라가는 인생에 지나지 않습니다. 그런 인생길은 안전하고 어느 정도 외적으로 성취할 수는 있을지 몰라도, 마음속에서 솟구치는 힘을 느끼기는 어렵습니다.

우리는 '나는 누구일까, 내가 진정으로 원하는 것은 무엇일까, 나는 지금 어디로 가고 있을까, 나는 왜 살아야 할까?'에 대한 답을 추구해야 합니다. 깨어 있으면서 내적으로 통찰해야 하는 것이지요. 아무리 성능 좋은 컴퓨터가 있어도 다루는 법을 모르면 아무 소용없듯이, 자신의 마음을 공부하지 않으면 하느님이 주신 탈렌트를 모두 사용할 수 없습니다. 주님의 제자로서 산다는 것은, 나 자신이 진정 누구인지를 깨달아 가는 과정이라고 할 수 있습니다.

주님께서 깨어 있으라고 하신 두 번째 이유는 '마야' 때문입니다. 우리는 자기 눈에 보이는 것들을 객관적으로 본다고 생각하지만, 그것은 착각입니다. 사람의 눈에는 심안과 육안 이렇게 두 가지가 있습니다. 우리가 육안으로 보는 것을 왜곡시키거나 혹은 더 깊게 들여다보도록 하는 것이 심안, 곧 마음의 눈인데 마음에 해결하지 못한, 충족되지 못한 욕구들이 넘쳐날 때, 이 마음의 눈에는 '마야', 즉 허상이 보입니다. 이 허상은 나방을 유혹하여 불 속으로 이끄는 불빛처럼 사람의 영혼을 파괴적인 곳으로 끌고 가려고 합니다. 이런 유혹에 걸려들지 않도록 조심하라는 것이 바로 "깨어 있어라."라고 하신 말씀의 속뜻입니다.

그런데 내 안에 있는 상처와 콤플렉스가 크다면, 깨어 있기 참으로 어렵습니다. 상처와 콤플렉스 때문에 우리는 똑같은 죄를 저지르고, 가지 말아야 할 길을 가고, 하지 말아야 할 일을 하며 살기 때문입니다. 그러나 우리에게 주님은 "일어나라."라고 늘 말씀하십니다. 〈유 레이즈 미 업You raise me up〉이라는 노래처럼, 주님은 늘 나를 일으켜 주시는 분입니다. 여러분은 살아가면서 넘어지더라도 주님을 믿고 주님의 팔에 매달려서 일어나 건강한 발걸음을 힘차게 내딛으시기 바랍니다.

현실이 현실로 다가오지 않고 게임이나 연극처럼 느껴질 때가 있지 않나요? 있다면 언제인가요?

_____
_____
_____

이런 사람 꼭 있습니다

파스카와 무교절 이틀 전이었다. 수석 사제들과 율법 학자들은 어떻게 하면 속임수를 써서 예수님을 붙잡아 죽일까 궁리하고 있었다. 그러면서 "백성이 소동을 일으킬지 모르니 축제 기간에는 안 된다." 하고 말하였다.

마르 14,1-2

수석 사제들과 율법 학자들은 어째서 주님을 죽이려고 계획을 세웠을까요? 여러 가지로 해석할 수 있겠지만, 그 가운데 하나는 지나친 자신감 때문입니다. 자신감은 모든 사람이 가져야 할 내적 자산입니다. 자신감이란 자기가 자기를 신뢰하는 마음인데, 자신감이 있어야 살아가면서 여러 가지 변수로 인하여 생기는 일들, 굴곡진 인생길에서 일어나는 감당키 어려운 상황들을 헤치고 나갈 수 있는 힘을 발휘합니다. 자신감 있는 사람들은 실패를 두려워하지 않고, 자신이 재기할 수 있다는 믿음을 가지기에, 실패했을 때도 주눅 들지 않고 당당한 태도를 유지할 수 있습니다.

이런 자신감은 어디에서 비롯되는 것일까요? 바로 자존감입니다. 자존감은 속된 의미의 자존심과는 차원이 다릅니다. 자존감은 '자신을 존중하는 마음'입니다. 존중받는다는 것은 인간에게 참으로 중요한 일입니다. 존중받을 때 사람은 자기 역량을 충분히 발휘할 수 있기 때문입니다. 그런데 다른 사람들이 존중해 주는데도 자존감이 약한 사람은, 마치 다리에 힘이 없는 아이처럼 다른 사람들이 부축해 주지 않고는 살아갈 수 없는 지경에 있습니다. 그러나 자존감이 살아 있는 사람은 남들이 나를 인정해 주지 않아도 성큼성큼 목표를 향하여 자신의 길을 갑니다. 이렇듯 자존감이 자신감을 불러일으키고, 그 자신감이 다시 자존감을 강화하는 선순환이 이루어지는 것입니다.

그런데 인생사 모든 일이 그러하듯이, 지나치면 문제가 일어나기 마련입니다. 지나친 자신감은 좋지 않은 결말을 불러오기도 합니다. '나는 하늘 아래 어떠한 죄도 짓지 않고 살아왔어.' 하고 자신하면 바로 그 순간 교만의 유혹에 빠지게 됩니다. 자신이야말로 다른 사람들을 판단하여 형량을 정할 수 있는 자격을 갖췄다고 자만

하는 것이지요. 지나친 자신감은 자기도취적인 행위를 불러일으킵니다.

주님을 죽이려 했던 수석 사제들과 율법 학자들은 자신감이 지나쳐 교만에 이른 사람들이었습니다. 그렇다면 지나친 자신감은 어디에서 온 걸까요? 아이러니하게도 열등감에서 온 것입니다. 열등감이 심한 사람들은 자기 자신에게 만족하지 못합니다. 그래서 자신의 장점을 보지 못하고 마음이 불균형한 상태에 빠지고 맙니다.

살다 보면 항상 뒷전에서 빈정대는 사람들이 있습니다. 인생에서 성공해 본 기억이 별로 없는 이들, 열등감이 심한 사람들이 대개 이런 태도를 보입니다. 또한 열등감은 허세로 나타나기도 합니다. 그만한 그릇이 되지 못하면서도 자신이 중요한 사람인 듯 행세하는 것입니다. 자신의 이름이나 지위를 습관적으로 자랑하고, 내세울 것이 없으면 친척이나 친구들의 이름을 들먹입니다. 마지막으로 열등감은 공격적인 행동으로 나타나기도 합니다. 열등감이 심한 사람들은 자신의 의견과 반대되는 의견이 나오면 그것을 자신에 대한 비난으로 여기고 공격적으로 답합니다. 그리고 다른 사람의 말을 경청하지 않는 독선적인 태도를 취합니다. 자신의 의견에 확신이 없기에 오히려 더 강하게 자기주장을 하는 것이지요. 이런 사람들은 평생을 빛 좋은 개살구로 살게 됩니다.

주변 사람들에게 환영받지 못하던 기억을 떠올려 보세요.
그때 어떤 생각을 했나요? 왜 그런 생각을 했나요?

우리에게 사랑받는 법을 알려 주세요

예수님께서 이르셨다. "이 여자를 가만두어라. 왜 괴롭히느냐? 이 여자는 나에게 좋은 일을 하였다. 사실 가난한 이들은 늘 너희 곁에 있으니, 너희가 원하기만 하면 언제든지 그들에게 잘해 줄 수 있다. 그러나 나는 늘 너희 곁에 있지는 않을 것이다. 이 여자는 자기가 할 수 있는 일을 하였다. 내 장례를 위하여 미리 내 몸에 향유를 바른 것이다. 내가 진실로 너희에게 말한다. 온 세상 어디든지 복음이 선포되는 곳마다, 이 여자가 한 일도 전해져서 이 여자를 기억하게 될 것이다."

마르 14,6-9

"하느님을 어떻게 사랑해야 하나요?"라고 묻는 이들이 많습니다. 사람 사이의 사랑은 알겠는데 하느님을 어떻게 사랑해야 할지는 잘 모르겠다고 말합니다. 이 복음은 그 물음에 대해 아주 확실하게 답을 알려 줍니다. 복음의 이 여인이, 우리가 하느님을 어떻게 사랑해야 하는지 온몸으로 알려 줍니다. 그런데 하느님을 사랑하는 일이 결코 쉬운 일은 아닙니다.

한 자매가 이 복음을 묵상하고는 "저는 그 여인에 비하면 믿음도 약하고 주님에 대한 사랑도 없나 봅니다." 하고 자책하더군요. 왜 그러냐고 했더니, 헌금을 낼 때 아깝다는 생각이 든다는 것입니다. 물론 그럴 수 있습니다. 하지만 그렇다고 해서 주님에 대한 사랑이 없는 것은 아닙니다. 아무리 사랑하는 사람일지라도, 가진 것을 다 주고 싶은 마음이 든다 해도, 실제로 자신에게 부담이 될 정도의 무언가를 줄 때에는 마음에 갈등이 생기기 마련입니다. 인간은 본능적으로 자기 이익을 먼저 생각하는 존재이기 때문입니다.

주님께 향유를 부어 드린 여인 역시 고민하고 갈등했을 것입니다. 자신도 아쉬운 처지이니 당연한 일이지요. 그러나 자신의 아쉬움보다 사랑하는 사람에게 마음이 향했기 때문에, 아낌없이 향유를 부었던 것이고 주위 사람들이 빈정거려도 흔들리지 않았던 것입니다. 재물을 아까워하는 마음은 자연스러운 것입니다. 그러니 인색하거나 감정이 메말랐다고 스스로를 꾸짖지 마십시오. 저도 남에게 주는 것을 아까워했습니다. 그러면서 이런 자신을 몹시 책망했지요. 그러나 여러분은 이 같은 실수를 반복하지 않기를 바랍니다.

사랑을 키우려면 두 가지 방법이 있습니다. 우선, 사랑을 베풀어야 합니다. 사랑을 베푸는 연습을 하지 않으면 마음이 미성숙한 채로 남게 됩니다. 사랑을 베풀지 않으면 자연히 자기만의 성에 갇혀 살게 되고, 사회에서도 성장하기가 어렵습니다. 그러나 사랑을 베풀면 마음이 자라고, 안정감이 생기며, 자기에 대한 가치가 생겨서 인생을 성공의 길로 이끌어 갈 수 있습니다. 떼쓰고 응석 부리던 아이가 동생을 돌보고 챙기는 행동을 하면 부모는 기뻐합니다. 아이가 철들었다고 생각하기 때문입니다. 어른도 마찬가지입니다. 나이를 먹고도 여전히 자기만 알고 다른 사람을 도울 줄 모른다면, 나이만 들었지 여전히 철없는 사람일 뿐입니다.

그리고 다른 사람에게 사랑을 베풀지 않으면 다른 사람을 다치게 하기 쉽습니다. 이는 폭력의 악순환과도 관계가 깊습니다. 예를 들면, 어떤 가정에서 남편이 아내에게 폭력을 쓰면 아내는 누구에게 화풀이를 할까요? 아이들입니다. 그리고 아이들은 집에서 키우는 개를 때리고, 개는 지나가는 아이를 물 것입니다. 그러면 결국 그 아이의 치료비를 물어 주는 손해를 보게 됩니다. 그래서 사랑은 주는 것 이상으로 얻는 게 많다고 이야기하는 것입니다.

두 번째는 사랑받는 연습을 해야 합니다. 사람을 사랑하고 싶은

데 잘 안 된다고 속내를 털어놓는 이들이 꽤 많습니다. 그 까닭은 진정으로 사랑하고 사랑받는 체험을 해 본 적이 없어서 그렇습니다. 이런 분들은 마음이 따뜻한 사람들에게 듬뿍 사랑을 받으면서, 마음속에서 솟아오르는 따스한 감정을 맛보아야 합니다. 그래야 사랑에 대한 감각을 익히고, 다른 사람들에게도 이를 전할 수 있습니다. 그리고 충분한 사랑을 받아야, 미운 짓을 하는 사람들도 넓은 마음으로 이해할 수 있게 됩니다. 여러분도 사랑을 주고받으며 하루하루 살아가시기 바랍니다.

다른 사람에게 사랑받고 있다고 느끼나요? 그렇다면 얼마나 사랑받고 있다고 여기나요? 만약 사랑을 주기만 할 뿐 받지 못한다고 느낀다면 그 이유는 무엇 때문인지 묵상해 보세요.

정말 최선인가요?

"열두 제자 가운데 하나인 유다 이스카리옷이 예수님을 수석 사제들에게 팔아넘기려고 그들을 찾아갔다. 그들은 그의 말을 듣고 기뻐하며 그에게 돈을 주기로 약속하였다. 그래서 유다는 예수님을 넘길 적당한 기회를 노렸다.

마르 14,10-11

유다 이스카리옷! 그는 교회사에서 배신의 아이콘으로 불리는 사람입니다. 배신자를 지칭할 때 거론되는 악명의 대명사지요.

유다는 주님을 팔아넘기려고 수석 사제들을 찾아갑니다. 이에 대해 어떤 사람들은 "예수님이 전능하시다는 것은 거짓말이다."라고 주장하기도 합니다. "제자에게 버림받을 정도로 사람 보는 눈이 없는데 어떻게 하느님의 아들입니까?" 하고 말이지요. 그러면 정말 예수님은 유다를 알아보는 눈이 없으셨던 것일까요? 천만의 말씀입니다. 복음서를 보면 예수님이 그동안 눈여겨보신 사람들 가운데 열두 제자를 선택하셨다는 증언이 있습니다. 예수님이 유다를 선택하신 이유가 있었음을 드러내는 증거입니다.

예수님은 어째서 유다를 제자로 선택하셨을까요? 제자로 뽑히는 것을 두고 성소를 받았다고 표현하는데, 이 성소에는 두 가지 의미가 있습니다. 하나는 주님이 당신 사업의 보조자로 선발하는 의미이고, 또 하나는 제자라는 역할을 통해 그를 사람이 되게 하려는 것입니다. 여기서 유다는 후자에 속한 사람이었습니다. 예수님은 유다가 당신을 이용하려는 꿍꿍이가 있다는 것을 아시면서도 그런 유다를 기꺼이 제자로 받아들이셨습니다. 그리고 유다가 당신을 팔아넘기려는 순간에도 그에게 빵을 건네셨습니다. 빵은 주님의 몸을 상징합니다. 주님은 당신이 배신당하는 그 순간에도 유다를 향한 연민을 드러내신 것입니다. 그러나 유다는 주님의 배려를 받아들이지 않고 자기 욕망을 좇아 배신의 길을 떠납니다.

우리는 이런 유다를 통해서, 사람이 아무리 큰 죄를 지어도 주님은 끝까지 기회를 주려고 하신다는 것을 확인할 수 있습니다. 사람이 하느님을 버리는 일은 있어도 하느님이 사람을 버리시는 일은 결코 없음을 유다를 통해서 알 수 있습니다. 그러나 유다는 스스로 파멸의 길을 감으로써 하느님께 깊이 상처를 남겼습니다.

유다는 주님을 팔아넘기는 것이 자신으로서는 최선의 선택이라고 판단했을 것입니다. 수석 사제들 역시 유다에게 돈을 주고 주님을 죽이는 일을 주관하는 것이 최선이라고 생각했을 것입니다. 주님을 팔아넘기는 사람이나 주님을 죽이려고 하는 사람들 모두 자신의 선택에 흡족해했던 것입니다. 그러나 그들은 그 선택으로 앞날에 어떤 일이 일어날지는 조금도 예상하지 못했을 것입니다.

그렇다면 주님을 팔아넘기는 것이 유다한테 왜 최선의 선택이었을까요? 유다는 '파랑새 콤플렉스'를 가지고 있었습니다. 파랑새 콤플렉스란, 자신에게 어울리는 삶이 따로 있다고 믿는 것을 말합니다. 파랑새 콤플렉스에 걸리면 무엇을 하건 만족하지 못하고, 겉멋 들린 삶을 살게 됩니다. 얼핏 상당히 진취적인 것처럼 보이지만, 이상적인 미래만 쫓다 보니 현재가 별 볼일 없습니다. 살림은 빠듯한데 씀씀이는 헤퍼서 빚에 쪼들리며 사는 경우가 이에 해당합니다.

'파랑새 콤플렉스'에 걸린 사람들은 신앙생활을 하면서도 현실성 없는 것에 매달립니다. 도피적인 신앙관을 갖거나, 지나치게 신비적인 성향, 자아도취적이거나 겉치레를 중시하는 신앙생활을 하기도 합니다. 유다는 자신이 다른 제자들과는 달리 지적인 면에서 뛰어날 뿐만 아니라 지금처럼 비루하게 살 사람이 아니라고 여겼습니다. 그래서 예수님을 따라다녔지만 별 소득이 없자 헌신짝 버리듯 최악의 선택을 한 것입니다.

우리는 살아가면서 최선이라고 여기고 수많은 선택들을 합니다. 물론 행복하기 위해서입니다. 그러나 우리가 선택한 것이 끝까지 행복을 줄 수 있는지, 그 결과까지 깊이 생각하는 사람들은 그리 많지 않습니다. 어쩌면 우리는 순간의 만족감 때문에 앞으로 다가올 일들에 대해서 깊은 생각은 피하고 싶었는지도 모릅니다. 그렇기에 우리는 선택을 하기에 앞서 꼭 주님과 대화하는 시간을 가져야 합니다.

내 인생의 무게는 어느 정도인가요?
인생의 선택을 가볍게 여긴 것은 아닌지 깊이 묵상해 보세요.

하느님께 벌 받을까 무섭습니다

무교절 첫날 곧 파스카 양을 잡는 날에 제자들이 예수님께, "스승님께서 잡수실 파스카 음식을 어디에 가서 차리면 좋겠습니까?" 하고 물었다. 그러자 예수님께서 제자 두 사람을 보내며 이르셨다. "도성 안으로 가거라. 그러면 물동이를 메고 가는 남자를 만날 터이니 그를 따라가거라. 그리고 그가 들어가는 집의 주인에게, '스승님께서 '내가 제자들과 함께 파스카 음식을 먹을 내 방이 어디 있느냐?' 하고 물으십니다. 하여라.' 그러면 그 사람이 이미 자리를 깔아 준비된 큰 이층 방을 보여 줄 것이다. 거기에다 차려라." 제자들이 떠나 도성 안으로 가서 보니, 예수님께서 일러 주신 그대로였다. 그리하여 그들은 파스카 음식을 차렸다.

마르 14,12-16

오래전 텔레비전 프로그램에서 어머니를 찾는 한 사람의 이야기가 방영된 적이 있습니다. 그는 어머니가 집을 나간 날을 또렷하게 기억하고 있었습니다. 한 끼를 때우기도 힘들 만큼 가난한 시절이 었는데, 그날은 웬일로 어머니가 흰 쌀밥을 수북이 담아 주었다고 합니다. 오늘 이 복음을 묵상하다 보면 이 사연의 어머니가 생각나 곤 합니다. 주님의 마음도 그와 비슷하지 않으셨을까요?

당신은 이제 수난의 길로 가야 했기 때문에 그동안 함께한 제자들에 대한 연민은 깊어 갑니다. 그래서 마지막으로 제자들과 함께 식사라도 하고 싶으셨을 것입니다. 주님은 당신을 팔아넘길 유다를 포함하여 열두 제자 모두와 최후의 만찬을 함께하십니다. 쉽지 않은 인생길을 가야 할 제자들과 마지막으로 밥 한 끼 함께하고 싶으신 것입니다. 특히 당신을 배신하는 길을 택할 유다의 앞날이 불길하기에, 연민의 마음으로 식사 자리를 마련하십니다. 만찬이 끝나면 이제 주님은 죽음의 길로 들어서셔야 합니다. 당신 역시 그 수난의 길을 두려워하셨습니다. 그러나 궁극적으로는 죽음을 두려워하지 않으셨습니다.

죽음이 무섭다는 분들에게 그 이유를 물으면, 대부분이 '하느님께 벌을 받을까 봐 두렵기 때문'이라고 합니다. 하느님은 우리 죄를 무섭게 벌하시는 분일까요? 그렇지 않습니다. 하느님 자리를 탐하는 존재에서 악이 생긴 것처럼, 지옥 역시 하느님이 창조하신 것이 아니라 인간이 스스로 선택하여 만들어 낸 것입니다. 우리는 매 순간 잘못을 일깨워 주시는 하느님께 부끄러운 마음과 감사하는 마음을 안고 다가설지, 아니면 죄책감에 사로잡혀 전전긍긍할지 고민하는 인생을 삽니다. 부끄러움과 동시에 감사함을 느끼는 사람은 자신이 어떤 처지더라도 하느님을 찾아서 묵묵히 길을 나아갑니다. 그들은 이미 천국 길에 오른 것입니다. '나 같은 걸 하느님이 쳐다보시기나 하시겠어?' 하고 신세 한탄이나 한다면 그 자체가 연옥입니다. 그리고 '나 같은 건 차라리 죽는 편이 낫다.'라면서 자신을 죽이고 또 죽이는 것, 그것이 지옥입니다. 지옥에 큰 죄인이 많은 까닭은 자신을 죽이는 행위를 통해서 하느님의 마음을 죽이는 또 하나의 대죄를 지었기 때문입니다. 하느님은 우리의 잘못과 허물을 깨우쳐 주는 분이십니다. 신앙인은 그런 하느님께 감사하는 마음을 지니고, 부끄러워하면서도 그분을 향해서 걸어가는 사람들입니다.

 신자들 가운데 하느님이 어렵다고 하는 사람들이 있습니다. 하느님께 자유롭게 기도하려고 해도 잘 안 된다고 하는 사람들이 있습니다. 하느님을 어려워하는 사람의 마음을 가만히 들여다보면, 많은 경우 '하느님을 그저 어려워하는 것이 아니라 무서워하고 있구나.' 하는 생각이 들 때가 많습니다. 무서워한다는 것은 처벌과 관련이 있습니다.

저는 오랫동안 하느님을 무서워했습니다. 십자가에 달리신 예수님을 바라보는 일이 참으로 버거웠습니다. 도무지 빠져나올 수 없는 늪 속에서 허우적거리면서, 늘 마음에 공포심을 품고 살았습니다. 그러다가 내 목을 조르는 것이 하느님이 아니라 내 안에 있는 초자아라는 것을 알게 되었습니다. 그리고 그 초자아와의 긴 싸움을 통해서 어느 정도 초자아를 무력화시킨 다음에야, 주님께서 배려 깊고 잔정이 많으신 분임을 느끼게 되었습니다. 정말 신앙생활도 공부를 해야만 편안해진다는 것을 깨닫게 되었습니다.

하느님과 아버지의 유사성을 찾아보세요.
어떤 면에서 비슷하나요?

_____

_____

_____

_____

저는 아니겠지요

저녁때가 되자 예수님께서 제자들과 함께 그곳으로 가셨다. 그들이 식탁에 앉아 음식을 먹고 있을 때에 예수님께서 말씀하셨다. "내가 진실로 너희에게 말한다. 너희 가운데 한 사람, 나와 함께 음식을 먹고 있는 자가 나를 팔아넘길 것이다." 그러자 그들은 근심하며 차례로 "저는 아니겠지요?" 하고 묻기 시작하였다. 예수님께서 그들에게 이르셨다. "그는 열둘 가운데 하나로서 나와 함께 같은 대접에 빵을 적시는 사람이다. 사람의 아들은 자기에 관하여 성경에 기록된 대로 떠나간다. 그러나 불행하여라, 사람의 아들을 팔아넘기는 그 사람! 그 사람은 차라리 태어나지 않았더라면 자신에게 더 좋았을 것이다."

마르 14,17-21

주님은 하필이면 식사 자리에서 "너희 가운데 한 사람, 나와 함께 음식을 먹고 있는 자가 나를 팔아넘길 것이다."라고 말씀하십니다.

음식을 먹던 제자들은 너무 놀라서 먹다가 체할 지경이었을 것입니다. 제자들은 차례로 "저는 아니겠지요?" 하고 묻습니다. 제자들은 왜 이처럼 주님께 자기가 아니라는 확인을 받고 싶어 했을까요?

심리학자 칼 융Karl Jung에 따르면, 우리 마음 안에는 '그림자'가 있습니다. 인정하고 싶지 않은 어두운 그림자, 보고 싶지 않고 드러내고 싶지 않은 그림자, 꿈에 나타나는 거대하고 음습한 또 하나의 나가 존재하는 것입니다. 주님께 "저는 아니겠지요?"라고 물은 제자들은, 자신도 유다와 마찬가지 제안을 받고 마음이 흔들렸다는 사실을 스스로 드러내는 것입니다. 주님은 범인을 공개해 망신을 주시려는 의도가 아니라, 다른 제자들의 내면에도 어두운 그림자가 있음을 가르쳐 주시려고, 그들에게 자신의 그림자를 인정하라는 뜻에서 이 같은 말씀을 하셨던 것입니다. 어쩌면 이 제자들이, "주님을 팔아넘길 사람이 저일 수도 있겠습니다."라고 고백하기를 바라셨는지도 모르겠습니다.

그림자는 또 하나의 '나'입니다. 그리고 이 어두운 자아는 부정의 대상이 아닙니다. 앞에 함께 마주 앉아 대화를 해야 할 대상입니다. 그런데 자기 안의 그림자를 아예 쳐다보지 않으려는 사람들이 있습니다. 마치 자기 안에는 어둠이 하나도 없고 선한 기운만 가득한 것처럼 연출하는 사람들입니다. 그들은 자주 자신의 신앙 체험을 이야기합니다. 하느님의 은총을 찬양하면서, 자기가 마치 하느님께 선택받은 사람인 양 거룩한 체하는 사람들, 제자들은 바로 이런 병적인 상태에 있었습니다. 그래서 제자들은 무척 찔리는 심정이었던 것입니다.

어두운 그림자를 가진 우리가 건강한 신앙생활을 하려면 어떻게 해야 할까요? 이 문제의 답은 자기 문제를 잘 보고 자기 고백을 잘 해야 한다는 것입니다. 고백이란 자기 안의 그림자를 인정하는 신앙 행위입니다. 우리는 유혹에 약하고 죄에 약합니다. 이런 자신의 약함을 하느님 앞에서 드러내는 것, 자신의 모습을 고백하는 것이야말로 진정한 겸손이며 참회입니다. 그래서 고백하는 이를 '하느님 안에서 사는 사람'이라고 부르는 것입니다. 고백은 마음의 짐인 죄책감을 덜어 주며 해방감을 느끼게 해 주기도 합니다.

반대로 누구에게도 말 못하고 가슴속에 다 묻고 사는 사람들은 마음의 병에 쉽게 걸립니다. 그러니 기도할 때는 누구에게도 말하지 못하는 일들까지 주님께 모두 고백하는 것이 마음의 편안함을 얻는 가장 좋은 방법입니다. 그런 관점에서, "저는 아니겠지요?" 하고 놀란 반응을 보인 제자들은, 심리적 상태가 그리 성숙치 않았던 것입니다. 복음을 묵상하면서 "저도 그럴지도 모릅니다."라는 고백을 하는, 약한 나를 드러내는 기도 시간을 자주 가지시기 바랍니다.

나의 문제 중 아무리 노력해도 바뀌지 않는 것을 찾아보세요.

_____

_____

_____

_____

자매님은 왜 영성체를 하지 않나요?

그들이 음식을 먹고 있을 때에 예수님께서 빵을 들고 찬미를 드리신 다음, 그것을 떼어 제자들에게 주시며 말씀하셨다. "받아라. 이는 내 몸이다." 또 잔을 들어 감사를 드리신 다음 제자들에게 주시니 모두 그것을 마셨다. 그때에 예수님께서 그들에게 이르셨다. "이는 많은 사람을 위하여 흘리는 내 계약의 피다. 내가 진실로 너희에게 말한다. 내가 하느님 나라에서 새 포도주를 마실 그날까지, 포도나무 열매로 빚은 것을 결코 다시는 마시지 않겠다." 그들은 찬미가를 부르고 나서 올리브 산으로 갔다.

마르 14,22-26

레오나르도 다빈치가 그린 〈최후의 만찬〉의 분위기는 왠지 심상치가 않습니다. 마치 전쟁터에 나가기 전에, 군인들이 죽기 전 마지막 식사를 하는 것처럼 결연한 표정들이 엿보입니다. 그리고 우리 교회에서는 전통적으로 그런 분위기를 고수해 왔습니다. 그래서 전례력으로도 사순 시기 마지막 주간에 주님 만찬 성목요일 미사와 주님 수난 성금요일 예식, 예수 부활 대축일을 연결시켜서 장엄하고 엄숙한 분위기를 연출합니다.

그런데 이 같은 전례적 분위기가 전통적으로 내려오다 보니 심리적 부작용도 적지 않았습니다. 종교가 엄숙해질수록 전례 역시 복잡하고 웅장해지면서, 막상 거기에 참여한 사람들은 경건함을 맛보는 동시에 하느님과 거리감을 느끼게 됩니다. 마치 이웃집 친구가 어느 날 갑자기 고관대작이 되어 나타나는 바람에 함부로 대하지 못하는 것과 같은 현상이 생기는 것입니다. 그리고 그것이 더 심해지면 심리적 경직 현상이 생기고, 심각한 신경증적 증세마저 나타납니다. 기도는 많이 하는데, 내적으로는 위축되고 불안한 신앙인이 되는 것입니다.

한 아이가 있습니다. 아이의 부모는 아이를 엄격하게 훈육합니다. 그래서 아이는 부모의 말을 잘 듣고 허튼 짓도 하지 않습니다. 무슨 일을 하다가도 부모님이 화를 내시면 어떻게 하나 걱정부터 합니다. 식사 때도 늘 아이는 식탁 아래서 밥을 먹습니다. 밥알이라도 흘릴까 봐 가슴을 졸입니다. 아이는 늘 부모가 무섭고, 집에서 쫓겨날까 봐 전전긍긍하면서 삽니다. 이런 아이를 보면 정말 안됐다는 생각이 들 것입니다.

그런데 제가 신자들을 보면 바로 이런 느낌이 듭니다. 신앙생활을 하는 목적이 오로지 하느님께 야단맞지 않기 위해서인 듯 보이는 것이지요. 죄를 짓지 않는 것에만 마음을 두고 신앙생활을 하면 하느님이 어떻게 보일까요? 아마 늘 자기 죄를 심판하는 분으로 여겨질 것입니다. 교리를 배워도 종말론이나 심판론, 지옥과 연옥 같은 것에만 관심이 가고 강박적으로 고해성사를 하는 병적인 상태에까지 이를 수 있습니다.

우리는 행복해지기 위해서 신앙생활을 합니다. 주님이 '산상 수훈'에서 무엇을 가르치셨습니까? 어떻게 하면 행복해지는가에 대해서 말씀하셨습니다. 무슨 죄를 지으면 어떤 벌을 받는다는 식의 가르침을 주신 것이 아닙니다. 그래도 우리가 그런 주님의 말씀을 제대로 듣지 못하고 자책한다면 이는 신심이 깊어서가 아니라 정신적인 문제가 있어서 그런 것입니다.

어떤 자매가 주일 미사는 매번 참례하는데 영성체는 하지 않았습니다. 그 이유가 궁금하더군요. '예비 신자일까? 세례명이 있으니 신자인데 왜 영성체를 안 할까?' 그날도 영성체를 하지 않기에 제가 물어보았습니다.

"자매님은 왜 영성체를 하지 않으십니까?"

"매일매일 하도 죄를 많이 지어서요. 고해성사를 보아도 또 같은 죄를 지으니 도무지 영성체를 할 엄두가 나지 않아요."

"무슨 죄인가요?"

자매는 자신이 지은 죄를 하나하나 꺼내 놓기 시작했습니다. 그런데 이야기를 가만히 들어 보니 죄라고 하기도 힘든 것들이었습니다. '누가 이 자매를 이렇게 만든 것일까?' 하고 마음속에서 슬며시 화가 치밀어 오르더군요.

주님은 우리에게 당신의 몸을 주셨습니다. 강생도 모자라서 아예 당신을 내어 주신 것입니다. 그런데 언제부터인가 우리에게서 주님을 떼어 내려는 소리들이 우리의 마음을 위축되게 합니다. 지나친 엄숙함과 경건함이 병을 만들어 낸 것입니다. 하느님 앞에서는 어린아이가 되시길 바랍니다. 그것이 진정한 신앙의 행복을 맛보는 최상의 선택입니다.

영성체를 할 때 어떤 생각, 어떤 감정이 드나요?
특히 죄를 짓고 미사에 참례했을 때 어떤 느낌이 드는지 상세히 적어 보고, 그 느낌에 대해 묵상해 보세요.

6장

우선 내가 행복해져야 합니다

너는 나를 모른다고 할 것이다

예수님께서 제자들에게 말씀하셨다. "너희는 모두 떨어져 나갈 것이다. 성경에 '내가 목자를 치리니 양들이 흩어지리라.'고 기록되어 있다. 그러나 나는 되살아나서 너희보다 먼저 갈릴래아로 갈 것이다." 그러자 베드로가 예수님께 말하였다. "모두 떨어져 나갈지라도 저는 그러지 않을 것입니다." 예수님께서 그에게 말씀하셨다. "내가 진실로 너에게 말한다. 오늘 이 밤, 닭이 두 번 울기 전에 너는 세 번이나 나를 모른다고 할 것이다." 그러자 베드로가 더욱 힘주어 장담하였다. "스승님과 함께 죽는 한이 있더라도, 저는 결코 스승님을 모른다고 하지 않겠습니다." 다른 이들도 모두 그렇게 말하였다.

마르 14,27-31

예수님께서는 왜 제자들에게 "너희는 모두 떨어져 나갈 것이다."라고 말씀하셨을까요? 특히 베드로 사도에게 그가 어떤 행위를 할지 구체적으로 말씀하신 까닭은 무엇일까요? 어떻게 보면 여러 제자들 앞에서 베드로 사도를 깎아내리는 듯한 말씀이었습니다. 주님께서 왜 그러셨을까요? 그리고 이에 대해서 자기들이 그럴 리 없다고 한사코 부인하는 제자들의 심리는 또 어떤 것이었을까요?

사람들은 별 탈이 없고 편안한 날이 계속되면 서로 예의를 지키면서 자기 속을 보이지 않으려고 애씁니다. 체면치레하기 바쁜 것입니다. 특히 아직은 자신에게 피해가 오지 않은 상황, 무탈한 상황에서는 소위 영웅 심리가 발동되어, 마치 자신이 모든 일을 해결할 수 있는 사람인 양 허풍을 떱니다. 예수님이 앞으로 닥칠 위급한 상황에 대해서 말씀하시자, 베드로 사도를 비롯한 제자들이 자기들은 결코 스승님을 모른다고 하지 않을 것이라고 호언장담하는 것도 같은 이유입니다. 마치 중국 무협 영화에서 호걸인 척하는 사람들과 같은 모습입니다.

제자들은 서로 나서면서 자신이 주님의 진정한 수제자인 양 허풍을 쳐 댑니다. 그러자 으뜸가는 제자 자리를 위태롭게 여긴 베드로 사도는 한술 더 떠서 "모두 떨어져 나갈지라도 저는 그러지 않을 것입니다."라고 호언장담을 합니다. 그쯤 하면 젊은 스승이 감동하셔서 눈물이라도 흘리실 줄 알았던 것입니다. 그런데 주님은 그런 베드로 사도를 똑바로 바라보면서 말씀하십니다. "내가 진실로 너에게 말한다. 오늘 이 밤, 닭이 두 번 울기 전에 너는 세 번이나 나를 모른다고 할 것이다." 까칠하다 못해 잔인할 정도로 가슴에 비수를 꽂으시는 말씀입니다.

예수님은 왜 베드로 사도의 마음을 알아주시지 않고 냉혹한 말씀을 하신 것일까요? 예수님은 내적 성장이 허세가 아니라 자기 문제를 인식하는 데부터 시작된다는 것을 알려 주시기 위해서, 제자들의 내적 수준이 형편없음을 보여 주신 것입니다. 그래서 그들이 초심으로 돌아가기를 바라신 것입니다.

많은 사람들이 "거룩한 삶이란 무엇일까요?"라고 묻습니다. 그런데 이런 물음에는 이미 답이 전제되어 있습니다. 뭔가 그럴듯한 외양, 그럴듯한 스펙 등을 가진 이들이 거룩한 사람일 것이라 생각하는 것이지요. 그런데 영성 심리에서는 자신이 거룩하지 않고 문제가 많은 사람임을 인정할 때 오히려 거룩한 경지에 오른 것이라고 이야기합니다. 간혹 은근히 자신이 다른 사람들과는 달리 기도도 많이 하고 성지 순례를 많이 다녔으니 하느님께 가까이 가 있는 것처럼 행세하는 사람들이 있습니다. 잘난 체하고 싶은 마음이야 이해가 가지만, 그렇게 살다가는 주님에게 베드로 사도 이상으로 면박을 당할지 모르니 참으로 조심할 일입니다.

사람들에게 잘 보이려고 또는 사람들이 내 속을 들여다볼까 봐 두려워 나를 포장한 적이 있지 않나요? 그때 어떻게 포장했는지 적어 보세요. 그리고 왜 그렇게 했는지 솔직하게 주님과 대화를 나누세요.

_____
_____
_____
_____

당신과 나 사이에

그들은 겟세마니라는 곳으로 갔다. 예수님께서는 제자들에게, "내가 기도하는 동안 너희는 여기에 앉아 있어라." 하고 말씀하신 다음, 베드로와 야고보와 요한을 데리고 가셨다. 그분께서는 공포와 번민에 휩싸이기 시작하셨다. 그래서 그들에게 "내 마음이 너무 괴로워 죽을 지경이다. 너희는 여기에 남아서 깨어 있어라." 하고 말씀하셨다. 그런 다음 앞으로 조금 나아가 땅에 엎드리시어, 하실 수만 있으면 그 시간이 당신을 비켜 가게 해 주십사고 기도하시며, 이렇게 말씀하셨다. "아빠! 아버지! 아버지께서는 무엇이든 하실 수 있으시니, 이 잔을 저에게서 거두어 주십시오. 그러나 제가 원하는 것을 하지 마시고 아버지께서 원하시는 것을 하십시오."

마르 14,32-36

이 복음은 참으로 비장한 내용입니다. 예수님은 열혈 청년이셨습니다. 당시의 권력자들을 무서워하지 않으시고 당당하게 사셨습니다. 예수님이 사람들에게 열변을 토하시고, 당신을 반대하는 사람들을 칼같이 비판하시는 대목을 볼 때면 저는 한편으로는 부러움이, 다른 한편으로는 거리감이 느껴지곤 했습니다. 예수님은 '하느님의 아드님이시니, 우리 같은 사람처럼 약하지 않으셨겠지. 당연히 용감하게 사실 수 있었겠지.' 하는 생각에 주눅이 들기도 하고 반감이 들기도 했습니다. '사람이 어떻게 불안감 없이 완전한 믿음으로 살 수 있을까?' 하는 의문 때문이었습니다.

그런데 겟세마니에서 예수님은 약하디약한 모습을 보이십니다. 밤새도록 죽음의 공포에 시달리며 괴로워 죽을 것만 같다고 토로하시는 주님의 모습은 안쓰럽기도 합니다. 그러나 주님은 믿음이란 이런 과정을 통해서 단단해지는 것임을, 강함이란 약함을 토해 내는 과정에서 생기는 것임을 온몸으로 보여 주셨습니다. 또한 주님은 기도를 어떻게 해야 하는지도 몸소 알려 주셨습니다. 기도가 대화라는 것을 보여 주신 것입니다.

사람과 사람의 만남은 그 정도와 깊이가 저마다 다릅니다. 서로 얼마나 깊이 만나는가는 그 대화의 내용을 보면 알 수 있지요. 대화에는 다섯 단계가 있다고 합니다. 첫 단계는 가장 낮은 단계로, 상투적인 이야기를 나누는 단계입니다. 자신을 드러내지 않은 채 인사말 정도만 하고 헤어지는 것이지요. 이런 단계의 말들에 대해서 미국의 남자 듀엣 가수인 사이먼 앤 가펑클은 〈사운드 오브 사일런스Sound of Silence〉에서 이렇게 표현했습니다.

"그날 밤 나는 보았네. 천 명, 아니 더 많을지도 몰라.
사람들은 정작 아무것도 말하지 않으면서 지껄이고,
실제로 귀를 기울이지 않으면서 듣고 있네."

이런 상태의 만남에서는 사람들이 자신의 가면 뒤에 숨어 있습니다. 두 번째 단계는 다른 사람들에 대해서만 이야기하는 단계입니다. 주로 사교적인 모임에서 오가는 말들로, 다른 사람에 대한 주변 이야기나 신문 기사 등에 대한 이야기를 하지요. 이 단계 역시 여전히 고독한 단계입니다. 세 번째 단계는 자기의 생각과 판단을 이야기하는 단계입니다. 하지만 그전에 엄격하게 자기 검열을 거칩니다. 말을 하면서 상대방의 눈치를 보는 것이지요. 네 번째는 자신의 감정을 이끌어 내는 단계입니다. 상대방이 나를 알기를 원하기에 자기 마음속에 든 것을 끄집어내지요. 그래서 이 단계부터는 서로 마음을 나누는 느낌이 듭니다. 하지만 내 감정을 이야기하기란 쉽지 않습니다. 감정적으로 솔직하게 이야기했다가 상처를 입을까 봐 두렵기 때문입니다. 마지막 단계는 정직한 대화를 나누는 단계입니다. 두 사람 사이에 우정, 사랑이 깊어지려면 서로에게 정직해야 합니다. 가면 속에 숨어서, 자신이 정직하지 않음을 합리화하는 온갖 이유를 만드는 것은 속임수에 지나지 않습니다. 언제 거짓이 탄로 날지 몰라 마음이 불안한 그런 관계가 되는 것입니다.

이러한 대화의 단계는 기도에도 적용됩니다. 기도란 하느님과의 대화이고 그 내용이 어느 단계에 있는가가 바로 믿음의 정도를 나타냅니다. 겟세마니에서 예수님은 기도를 어떻게 해야 하는지를 우리에게 몸소 보여 주셨습니다. 하느님과 대화할 때는 나를 있는 그대로 드러내는 솔직한 기도를 하는 것이 가장 좋다는 것을 당신 몸으로 보여 주신 것입니다.

기도할 때 얼마나 진솔하게, 얼마나 깊이 있게 하는지 살펴보세요. 만약 깊이 있는 기도를 하지 못하고 있다면 그 원인은 무엇인지 묵상해 보세요.

당신이 내 속을 어떻게 알아?

그러자 곧, 예수님께서 아직 말씀하고 계실 때에 열두 제자 가운데 하나인 유다가 다가왔다. 그와 함께 수석 사제들과 율법 학자들과 원로들이 보낸 무리도 칼과 몽둥이를 들고 왔다. 그분을 팔아넘길 자는, "내가 입 맞추는 이가 바로 그 사람이니 그를 붙잡아 잘 끌고 가시오." 하고 그들에게 미리 신호를 일러두었다. 그가 와서는 곧바로 예수님께 다가가 "스승님!" 하고 나서 입을 맞추었다. 그러자 그들이 예수님께 손을 대어 그분을 붙잡았다.

마르 14,43-46

유다 이스카리옷에게는 '거짓의 사도'라는 별명이 있지요. 거짓말이 몸에 배면 고치기가 참으로 어렵지만 그렇다고 그대로 두어서도 안 됩니다. 거짓말은 마음속에 어두움을 만들어 내기 때문입니다. 그 어두움은 악이 자리 잡을 수 있도록 자리를 제공하고, 악이 자리 잡은 이후에는 그 사람을 종으로 만들어 버립니다. 악이 내 마음을 지배하면 말과 행동, 눈빛이 달라집니다. 실제로 거짓말을 잘하는 사람들은 눈빛부터 다릅니다. 가끔씩 사기를 치려는 사람이 있습니다. 그런 사람들은 눈동자가 불안하게 흔들립니다. '당신이 내 속을 어떻게 알아?' 하면서 비웃는 눈빛일 때도 있습니다. 그런 사람의 눈을 가만히 들여다보면 그 뒤에 악이 숨어 있는 것이 느껴집니다. 눈뿐만 아니라 뒤에서 등을 보기만 해도 그런 마음을 느낄 수 있습니다. 속이고 돌아서서 가는 사람의 등에는 음산한 기운이 서려 있는 것이 보입니다.

　마음이 밝은 사람은 등의 기운이 밝습니다. 마음이 어두운 사람은 등의 기운도 어둡고 춥습니다. 다른 사람을 속이는 사람들도 등의 기운만은 속이지 못합니다.

　그렇다면 그들은 거짓말을 왜 습관적으로 하는 것일까요? 첫 번째 원인은 부모에게 있습니다. 아이가 잘못했을 때 부모가 야단을 치는 것은 당연합니다. 그런데 훈육이라는 명목으로 아이에게 자신의 분노를 덮어씌우는 부모가 있습니다. 그런 경우 힘이 약한 아이들은 잘못했다고 비는 반면, 힘이 좀 있는 아이들은 끝까지 잘못하지 않았다고 우기거나 다른 아이에게 책임을 떠넘기기도 합니다.

거짓말로 자신을 방어하는 것입니다. 이런 습관이 몸에 배면 어른이 되어서도 자신의 문제를 직시하지 않고 남의 탓만 합니다.

아이들에게 왜 거짓말을 했냐고 다그치면 그들은 더 큰 거짓말을 합니다. 거짓말은 순간을 모면하기 위한 수단이니까요. 그러나 그 순간이 지나고 나면 거짓말은 스스로를 파멸시키고 영혼을 악의 노예가 되게 합니다. 따라서 우리는 마음의 힘을 키워 거짓이라는 도피처로 도망가는 습관을 고쳐야만 합니다.

교회에서는 분명히 악이 존재한다고 가르치지만 사람들은 가능하면 이를 믿지 않으려고 합니다. 악의 실재를 부정하는 까닭은, 그 관념으로 인해서 무수한 사람들이 희생당했기 때문입니다. 또 자기 안의 악을 인정하기 두렵기 때문입니다. 그러나 우리는 악의 실재를 무시해서도 안 되고 회피해서도 안 됩니다.

심리학에 지나치게 경도된 사람들은, 악을 인간이 만들어 낸 허구라고 말하기도 합니다. 하지만 악은 존재합니다. 악이란 '유혹하는 자'라는 표현 그대로입니다. 예전 사람들은 악마에게서 사람을 구하려고 성수를 뿌리거나 구마 기도를 했지만 현대에는 그런 악의 실체를 발견하기는 어렵습니다. 악도 그만큼 교묘해진 것이지요. 현대의 악은 우리의 본능에 숨은 충동으로 존재합니다. 어떤 사람이 미울 때, 처음에는 사람이 싫은 정도지만 그 마음은 제자리에 머물러 있지 않고 점점 커집니다. 그 마음이 통제하기 어려울 정도로 커지는 것은 내 의지가 아닌 악에 의한 충동일 가능성이 높습니다.

사람은 인생을 살아가면서 선행을 하기도 하고 악행을 저지르기도 합니다. 이런 행위들은 살아 있을 때는 그 빛이 미미합니다. 그러나 사람이 죽고 나면 그 후폭풍이 거세게 일어납니다. 젊은 나이에 뇌사 상태에 빠진 사람이, 평소 유언대로 자신의 장기를 모두 필요한 사람들에게 기증하고 죽었습니다. 이후 그가 평소에 해 왔던 선행이 알려지고 그에 대한 애도가 잔잔히 퍼져 나가기 시작합니다. 그의 장례식은 추모와 축제의 장이 되었다고 하지요. 반면, 평소에 악행을 저지르고 결국 사람마저 죽이는 범죄를 저지른 사람의 영안실은 무섭도록 춥고 왠지 모를 스산함이 가득합니다. 마치 악령이 그 안을 독차지한 듯 느껴지는 것입니다. 우리가 왜 선행을 해야 하는지 단적으로 보여 주는 예라고 할 수 있습니다.

악은 곰팡이 같은 존재입니다. 해가 들지 않는 곳에 곰팡이가 피듯이 우리가 죄를 짓고도 참회하지 않으면 마음속에 어두운 그늘이 생겨 곰팡이처럼 번식하는 것이지요. 이런 힘을 약화시키는 방법은 의외로 간단합니다. 비록 내가 죄 중에 있을지라도 주님을 바라보는 눈길을 놓지 않는 것입니다. 그러면 악은 우리의 존재를 뒤집지 못합니다. 늘 마음속에 주님의 빛이 비치고 있기 때문입니다.

언론에 보도되는 극악 범죄를 보면서 어떤 생각이 드나요?
그리고 내 안에 있는 악한 성향들은 어떤 것인지 살펴보세요.

나라도 도망갔을 거야

어떤 젊은이가 알몸에 아마포만 두른 채 그분을 따라갔다. 사람들이 그를 붙잡자, 그는 아마포를 버리고 알몸으로 달아났다.

마르 14,51-52

주님이 체포되시자 제자들은 도망쳤습니다. 그 가운데 한 젊은이는 아예 알몸으로 도망을 갔지요. 성경 주석 학자들은 이 복음 속 젊은이가 마르코 복음사가일 가능성이 높다고 합니다.
언젠가 이 복음에 대해서 묵상을 나누는데 어떤 분이 몹시 분개하더군요. "예수님을 따르던 사람이 어떻게 그런 행동을 할 수가 있습니까?" 저 역시 같은 생각을 하곤 했기 때문에 그의 마음을 이해할 수 있었습니다.

그런데 우리가 도망간 제자를 비난하는 속마음은 무엇일까요? '나라면 안 그랬을 것이다.'라는 자만심과 우월감 때문이지 않을까요? 이는 대개 이런저런 문제에 대해 이러쿵저러쿵 비난하면서 마치 자신이 의인인 듯이 허세를 떠는 사람들의 심리와도 같습니다. 그런데 나이가 들고 여러 가지 경험을 할수록, 그 젊은이를 비난할 수 없더군요. '목숨이 왔다 갔다 하는 마당에 나 같으면 도망을 가지 않았을까? 나라도 도망갔을 거야.'라는 생각이 드는 것입니다.

사람은 불리한 상황에 처하면 본능적으로 자신의 안위부터 생각합니다. 자신의 생존을 위해서라면 다른 사람의 희생 따위는 아무것도 아닙니다. 일제 강점기에 일본 순사들의 앞잡이를 한 조선 사람들이 그랬고, 아우슈비츠에서 독일 군인들을 대신해 동족을 학살한 유대인들이 그랬습니다. 인간의 심리가 본능적으로 자기 안위, 자기 행복을 추구하도록 만들어졌기에, 평소에는 목숨을 걸고 순교라도 할 것처럼 허세를 부리지만, 정말 목숨이 왔다 갔다 하는 상황에서는 누구나 자기 목숨을 지키기 위해서라면 부끄러운 행동도 마다하지 않습니다.

그러나 하느님께서는 사람들의 마음 안에 또 다른 씨앗을 심어 주셨습니다. 그것은 아주 작은 겨자씨 크기로, '양심'이란 씨앗입니다. 그래서 사람은 처음에는 본능적 욕구에 따라 행동하지만, 시간이 지나면 맨 아래 묻힌 양심이 올라오면서 부끄러운 마음을 느끼고 눈물로 참회하게 되는 것입니다.

　예를 들면 나치 수용소에서 살아남은 사람들은 자신이 저지른 행동을 죽을 때까지 부끄러워하면서 살았다고 합니다. 사람은 생사가 달려 있는 급박하고 위태로운 상황에서는 이기적이고 잔인해지지만, 상황이 호전되면 다시 상식적인 마음으로 돌아오게 마련입니다. 죄는 미워하되 사람은 미워하지 말라는 말은 이런 이유에서 생긴 것입니다.

　이기적이고 치사한 사람들을 단죄하기는 너무나 쉽습니다. 그러나 같은 상황에 처했을 때 나는 그렇게 행동하지 않으리라고 확신할 수 있을까요? 같은 맥락에서, 다른 사람을 사랑하지 않는 이를 비난하기는 쉽습니다. 하지만 내가 다른 사람을 사랑하기란 쉽지 않습니다. 인간을 사랑하라는 말은 얼마든지 할 수 있지만 내 옆에 있는 사람을 사랑하는 것은 쉽지 않습니다. 이것이 보통 사람들의 모습입니다. 저 역시 내 마음의 불완전함과 나약함을 알고 나서야 남들을 비난하기가 전처럼 쉽지만은 않다는 것을 깨달을 수 있었습니다.

그동안 내가 어리석게 행동한다고 생각했던 사람들을 떠올려 보세요. 그리고 그들에게 일어났던 일이 내게도 생긴다면, 나는 어떻게 할지 적어 보세요.

아집 vs 신념

　수석 사제들과 온 최고 의회는 예수님을 사형에 처하려고 그분에 대한 증언을 찾았으나 찾아내지 못하였다. 사실 많은 사람이 그분께 불리한 거짓 증언을 하였지만, 그 증언들이 서로 들어맞지 않았던 것이다. 더러는 나서서 이렇게 거짓 증언을 하기도 하였다. "우리는 저자가, '나는 사람 손으로 지은 이 성전을 허물고, 손으로 짓지 않는 다른 성전을 사흘 안에 세우겠다.'고 말하는 것을 들은 적이 있습니다." 그러나 그들의 증언도 서로 들어맞지 않았다. 그러자 대사제가 한가운데로 나서서 예수님께, "당신은 아무 대답도 하지 않소? 이자들이 당신에게 불리한 증언을 하는데 어찌 된 일이오?" 하고 물었다. 그러나 예수님께서는 입을 다무신 채 아무 대답도 하지 않으셨다. 대사제는 다시 "당신이 찬양받으실 분의 아들 메시아요?" 하고 물었다. 예수님께서 대답하셨다. "그렇다. '너희는 사람의 아들이 전능하신 분의 오른쪽에 앉아 있는 것과 하늘의 구름을 타고 오는 것을 볼 것이다.'" 그러자 대사제가 자기 옷을 찢고 이렇게 말하였다. "이제 우리에게 무슨 증인이 더 필요합니까? 여러분도 하느님을 모독하는 말을 듣지 않았습니까? 여러분의 생각은 어떻습니까?" 그들은 모두 예수님께서 사형을 받아야 마땅하다고 단죄하였다.

마르 14,55-64

이 복음에서 주님은 당시 여러 지식인과 지도자들에게 소위 여론 재판을 받으십니다. 이들은 여러 가지 증거를 들어 주님을 단죄하고 옭아매려고 합니다. 그런데 주님께서는 이들의 행위에 대해서 별반 반응을 보이지 않으십니다. 왜 주님은 항변하거나 맞대응하지 않으시고 이렇게 소극적으로 대응하셨을까요? 그들이 종교적 신념이 아닌 종교적 아집을 가지고 있기에, 당신이 어떤 말을 하더라도 결코 듣지 않으리라는 것을 주님께서는 아셨기 때문입니다.

신념과 아집은 얼핏 비슷해 보입니다. 그러나 한 꺼풀 열어 보면 신념과 아집은 엄청나게 다른 것입니다. 신념은 건강한 성장을 위해 내적으로 쇄신하기 위한 가이드라인입니다. 따라서 신념을 가진 사람들은 아직 자신은 배우는 중이라 가르칠 자격이 없다고 겸손하게 말하며, 늘 새로운 가르침을 찾으려 합니다. 그래서 우리는 그들을 수행자라고 부르고 존경해 마지않는 것이지요.

그런데 아집을 가진 사람들은 내적인 것에는 별로 관심이 없습니다. 이들의 관심사는 오로지 자기만족뿐입니다. 이들은 허영심을 채우기 위해서 다양한 연출을 시도합니다. 이런 눈속임으로 대중의 지지를 받고자 하지요. 주님을 대놓고 비난한 종교인들은 바로 그런 아집 덩어리들이었습니다. 그래서 주님께서는 그들을 대화 상대로 여기지 않으시고, 상대조차 하지 않으신 것입니다. 그러나 주님께서 그럴수록 그들은 사람들 앞에서, 자기들이 잘났다는 것을 보이려고 주님을 비난하고 잘난 체하는 행동을 했지요.

그렇다면 아집에 찬 신앙인이 아니라 신념을 가진 신앙인이 되려면 어떻게 해야 할까요? 자기 문제를 성찰하면서 고치려고 애써야 합니다. 그런데 이것은 쉽지 않습니다. 자기 안에 심리적인 저항이 생기기 때문입니다. 이런 저항이 생기는 이유는 자기 문제를 직면하고 싶지 않고 마음자리를 바꾸고 싶은 마음도 없기 때문입니다. 바로 현재 상태에 안주하고 싶은 마음인 것이지요. 익숙함이 주는 편안함 때문에 마음이 게으름을 부리는 것입니다.

이 외에도 변화하려는 마음에 저항이 일어나는 이유들이 있습니다. 기존의 것을 실패했다고 생각하기 싫은 마음과 시대가 어떻게 바뀔지 알지 못하기에 생기는 두려움 등이 그것입니다. 그러나 신념이 있는 사람들은 이런 저항을 이겨 내고 새로운 삶을 찾고자 노력합니다. 그래서 자신도 자유를 얻고, 다른 사람들에게도 새로운 삶이 무엇인지를 가르칠 수 있는 스승이 되는 것입니다.

나는 어떠한 신념을 가지고 있나요?
내가 신념이라고 믿는 것들을 상세히 써 보세요. 그리고 그것들이 얼마나 설득력 있는지 가족이나 친구에게 확인해 보세요.

_____
_____
_____
_____

이 고통을 이겨 낼 힘을 주십시오

어떤 자들은 예수님께 침을 뱉고 그분의 얼굴을 가린 다음, 주먹으로 치면서 "알아맞혀 보아라." 하며 놀려 대기 시작하였다. 시종들도 예수님의 뺨을 때렸다.

마르 14,65

예수님께서 모욕을 당하십니다. 심지어는 따귀까지 맞으십니다. 빈정거리는 소리도 견디기 어렵겠지만, 뺨을 맞는다는 것은 참으로 견디기 어려운 치욕입니다. 뺨을 때리는 것은 때에 따라서는 상대방으로 하여금 살인 충동을 느끼게 할 만큼 위험한 행동입니다. 예수님께서는 이런 수모를 겪으시면서 무슨 생각을 하셨을까요? 아마도 마음이 너무나도 수치스럽고 고통스러워서 아무 생각도 하지 않으셨거나, 그 고통의 시간이 영원히 끝날 것 같지 않은 불안감에 힘겨워하셨을지도 모릅니다.

  우리가 살아가면서 겪는 고통은 참으로 힘겨워서, 어떤 이는 기도를 하고 어떤 이는 굿을 하며 어떻게든 고통에서 벗어나려고 합니다. 그러나 불행하게도 그 사람은 고통에서 완전히 벗어날 수 없습니다. 누구나 자신의 문제나 집안의 문제로 인해서 마음을 끓이면서 살아가고 있습니다.

  '피할 수 없는 고통을 어떻게 해야 할까?'라는 질문은 인류의 아주 오래된 숙제입니다. 여기서 우리가 기억해야 할 것은 고통은 고통 그 자체가 아니라 고통을 대하는 자세가 중요하다는 점입니다. 우선, 고통은 종류에 따라 다르게 대처할 필요가 있습니다.

  고통에는 <u>스스로 감당하기 어려운 것</u>과 감당할 수 있는, 노력만 하면 극복할 수 있는 것이 있습니다. 감당할 만한 고통인 경우에는 피하지 말고 정면으로 바라보아야 합니다. 구약에서 이스라엘은 이런 방법으로 천사와 밤새도록 실랑이를 벌여 마침내 은총을 얻어 냈습니다. 이때는 "이 고통을 치워 주십시오."가 아니라 "이 고통을 이길 수 있도록 힘을 주십시오."라고 기도해야 합니다. 이런 작은 고통은 우리의 인내심을 키우는 데 좋은 기회가 되기 때문입니다. 만약 고통이 두려워서 피하기만 한다면, 나중에는 인생 자체가 무기력한 상태가 되고, 어디 가서 밥 한 그릇 얻어먹지 못하는 신세가 되기 십상입니다.

　반면 도저히 어쩔 수 없는 고통, 그런 고통은 고통을 없애기 위한 노력 자체가 괴로움이 되고 그로 인해 인생이 망가지는 결과를 낳을 수 있습니다. 이런 고통 때문에 힘겨울 때는 하느님이 나를 왜 그냥 두시는지, 나를 왜 이렇게 고통스럽게 놔두시는지 그 뜻을 깊이 묵상하면서 고통을 안고 사는 훈련을 하는 것이 좋습니다. 고통에 의미를 부여하는 것이지요.

　심리학자 빅터 프랭클 박사는 악명 높은 나치 수용소에서 자신의 삶에 의미를 부여하는 것이 얼마나 중요한 것인지를 온몸으로 체험한 사람입니다. 그가 악몽 같은 수용소 생활을 이겨 낸 것은 그 안에서도 삶의 의미를 찾았기 때문입니다. 그리고 그는 책상머리에서가 아니라 목숨이 오가는 공포의 상황에서 그것을 온몸으로 체험했습니다. 삶이 대해 강력한 의미를 가진 사람들은 어떤 상황에서도 그 어려움을 이겨 냅니다.

　그러나 삶의 의미를 상실한 사람들은 정신적 동력이 꺼지면서 자기도 모르게 난파선처럼 표류하는 삶을 살거나 침몰하는 배처럼 죽음의 길로 가고 맙니다. 고통은 반드시 끝이 있습니다. 제아무리 긴 터널이라도 지나다 보면 밝은 빛이 보이는 끝이 있기 마련입니다. 따라서 고통스러울수록 밥을 잘 먹고, 운동도 하고, 규칙적으로 생활하면서 이겨 내야 합니다. 고통의 긴 터널을 빠져나오면 좋은 일들이 많이 생깁니다. 이를테면 주변에 좋은 이웃이 생각보다 많다는 사실을 알게 됩니다. 등을 돌린 사람들만 있는 것이 아니라 회복해서 제자리 찾기를 바라며 나를 응원하는 사람들이 있다는 사실을 깨닫게 됩니다. 예전과는 사뭇 다른 친밀감을 형성하는 새로운 관계도 시작됩니다.

우리에게 주어진 시간은 모래시계처럼 한정되어 있습니다. 아등바등 살지만 결국은 다들 시한부 인생을 살아갑니다. 아무리 힘들어도 자신의 수명만큼은 다 살아야 합니다. 우리에게는 고통을 잘 이겨 낼 수 있는 힘이 있기 때문입니다. 고통을 잘 이겨 내는 삶을 사시기를 바랍니다.

내 주변에 어려운 삶 속에서도 유머와 여유를 잃지 않는 이가 있나요? 있다면 그들이 중요하게 생각하는 가치가 무엇인지 그들에게 물어보세요.

마음의 가장 밑바닥까지

베드로가 안뜰 아래쪽에 있는데 대사제의 하녀 하나가 와서, 불을 쬐고 있는 베드로를 보고 그를 찬찬히 살피면서 말하였다. "당신도 저 나자렛 사람 예수와 함께 있던 사람이지요?" 그러자 베드로는, "나는 당신이 무슨 말을 하는지 알지도 이해하지도 못하겠소." 하고 부인하였다. 그가 바깥뜰로 나가자 닭이 울었다. 그 하녀가 베드로를 보면서 곁에 서 있는 이들에게 다시, "이 사람은 그들과 한패예요." 하고 말하기 시작하였다. 그러나 베드로는 또 부인하였다. 그런데 조금 뒤에 곁에 서 있던 이들이 다시 베드로에게, "당신은 갈릴래아 사람이니 그들과 한패임에 틀림없소." 하고 말하였다. 베드로는 거짓이면 천벌을 받겠다고 맹세하기 시작하며, "나는 당신들이 말하는 그 사람을 알지 못하오." 하였다. 그러자 곧 닭이 두 번째 울었다. 베드로는 예수님께서, "닭이 두 번 울기 전에 너는 세 번이나 나를 모른다고 할 것이다." 하신 말씀이 생각나서 울기 시작하였다.

마르 14,66-72

베드로 사도가 주님을 세 번 부정한 이 이야기는 아주 유명합니다. 그런데 베드로 사도가 세 번 부정한 말은 각기 성격이 다릅니다. 첫 번째 부정은 사람들에게 해코지당할까 봐 베드로 사도가 엉겁결에 한 것입니다. 이런 본능적 부정은 누구나 저지를 수 있는 실수입니다. 그 이유는 사람이면 누구나 본능적으로 자기 생명을 지키려고 하기 때문입니다.

위급한 상황인데도 다른 사람을 구하러 나서는 사람들은 책임감에 대한 훈련을 받았거나 자기 본성을 거슬러서 이타적인 행위를 하도록 수행한 사람들이지, 보통 사람이라고 볼 수 없습니다. 보통 사람들은 우선 자기를 보호하는 데만 집중합니다. 특히 남자들은 여자들에 비해서 그런 성향이 더 강합니다. 침팬지를 관찰한 결과, 수컷은 위급한 상황에서 자기 새끼를 방패막이로 쓰는 반면 암컷은 새끼를 보호하기 위해서 자신을 희생한다고 합니다.

베드로 사도의 첫 번째 부정은 이 같은 본능적 방어에서 나온 부정이었습니다. 그렇지만 두 번째 부정부터는 본능적인 것이 아닙니다. 어느 정도 숨을 고르고 난 후 했던 두 번째 부정은, 마음속으로 손익을 따지고 나서 내린 부정입니다. 주님의 제자라고 인정하는 편이 득이 될지, 아니면 부정하는 것이 득이 될지를 짧은 순간에 판단했던 것입니다.

세 번째 부정은 더욱 심각한 것입니다. 왜 그런가 하면 '주님을 내 인생의 주인으로 받아들일 것인가, 받아들이지 않을 것인가?' 하는 존재론적 고민에서 나온 것이기 때문입니다. 그냥 스쳐 지나가는 생각이거나 짧은 순간의 계산에서 나온 생각이 아니라, '허망한 죽음의 길을 가는 주님과의 인연을 여기에서 끊어 버릴 것인가, 말 것인가?'라고 고민하다가 내린 결정이라고 볼 수 있습니다. 그래서 베드로 사도에게도 이는 매우 힘겨운 결정이었을 것입니다.

그런데 주님은 왜 베드로 사도가 이런 지경에 처하도록 내버려 두셨을까요? 주님은 베드로 사도가 마음의 가장 깊은 그림자까지 보기를, 마음의 가장 밑바닥까지 가 보기를, 그래서 성숙해지기를 바라신 것입니다. 덕분에 베드로 사도는 그 이후, 결코 교만해지지 않으며 제자의 길을 걷는 데 충실할 수 있었습니다.

자신의 마음속 어디까지 들어가 보았나요? 자기를 살펴보는 과정에서 무엇을 보았나요? 자기 안을 살펴볼 때 어떤 변화가 일어났나요?

베드로는 왜 세 번씩이나 예수님을 부정했을까요?

아침이 되자 수석 사제들은 곧바로 원로들과 율법 학자들, 곧 온 최고 의회와 의논한 끝에, 예수님을 결박하여 끌고 가서 빌라도에게 넘겼다. 빌라도가 예수님께 "당신이 유다인들의 임금이오?" 하고 묻자, 그분께서 "네가 그렇게 말하고 있다." 하고 대답하셨다. 그러자 수석 사제들이 여러 가지로 예수님을 고소하였다. 빌라도가 다시 예수님께, "당신은 아무 대답도 하지 않소? 보시오, 저들이 당신을 갖가지로 고소하고 있지 않소?" 하고 물었으나, 예수님께서는 더 이상 아무 대답도 하지 않으셨다. 그래서 빌라도는 이상하게 여겼다.

마르 15,1-5

빌라도를 비롯해 여러 사람들이 비난하는데도 주님은 당신을 변호하지 않으시고 침묵을 지키십니다. 주님이 보여 주신 침묵의 의미는 무엇일까요? 상대조차 하기 싫어 무시하시는 것일까요? 아니면 말을 하지 않음으로써 상대방을 힘겹게 하시려는 뜻일까요?

주님의 침묵에 대한 여러 해석이 있습니다만, 그중 하나는 상대방을 맥 빠지게 하려는 의도에서라고 합니다. 사람은 감정적으로 격앙되면, 거의 이성을 잃고 상대방을 몰아붙입니다. 그럴 때 같이 공격하면 서로가 죽일 듯이 싸우게 됩니다. 그러나 아무런 반응을 보이지 않으면 시간이 가면서 김빠진 맥주처럼 감정이 누그러집니다. 주님께서는 상대방의 전의를 잃게 할 뿐 아니라, 원로들과 율법학자들이 감정적으로 들끓는 상태에서 벗어나 자신들의 험한 꼬락서니를 보게 하려고 침묵을 지키신 것입니다. 그래서 침묵은 방어인 동시에 공격이기도 한 것입니다.

또한 침묵은 분심과도 연관이 깊습니다. 이 복음은, 우리가 분심에 어떻게 대응해야 하는지를 알려 주는 아주 중요한 대목입니다. 분심이란 '머릿속에 정신없이 떠다니는 생각'을 말합니다. 아이들이 방 안에서 제각각 소리 지르며 노는 장면을 생각하면 금방 이해가 될 것입니다. 이 분심은 피곤하거나 불안할 때면 더 기승을 부리고, 마치 잡초와 같아서 물이나 거름을 주지 않아도 스스로 잘 자라납니다.

그렇다면 이를 없애려면 어떻게 해야 할까요? 다행스럽게도 분심은 약점이 있습니다. 뿌리가 약하고 힘이 없다는 것이지요. 따라서 우리가 침묵의 기도를 하면, 분심은 그 힘에 눌려서 마음대로 활동하지 못합니다. 주님께서도 침묵 속에서 묵상하며 분심을 다스리셨고, 앞으로 닥칠 일들을 마음으로 단단히 준비하셨던 것입니다.

침묵은 기도입니다. 분심이 들 때, 여러분도 침묵 중에 예수님께 집중해 보기 바랍니다. 침묵을 하며 온 정신을 한데 모아 보는 것입니다. 먼저 일을 진행하려는 욕심을 버리고 침묵하며 예수님께 집중하다 보면 머리속을 떠도는 생각들은 어느 틈에 사라집니다. 그리고 주변 사람들은 그런 모습에서 평화를 얻어 갑니다. 여러분, 침묵 중에 기도하는 하루가 되길 바랍니다. 오늘 하루가 참으로 평온해질 것입니다.

텔레비전, 신문, 전화를 모두 다 끊어 버리고 고요함 속에 자신을 맡기는 시간을 얼마나 가져 봤나요? 고요한 침묵을 견디기 어려운 이유를 묵상해 보세요.

우선 내가 행복해져야 합니다

빌라도는 축제 때마다 사람들이 요구하는 죄수 하나를 풀어 주곤 하였다. 마침 바라빠라고 하는 사람이 반란 때에 살인을 저지른 반란군들과 함께 감옥에 있었다. 그래서 군중은 올라가 자기들에게 해 오던 대로 해 달라고 요청하기 시작하였다. 빌라도가 그들에게 "유다인들의 임금을 풀어 주기를 바라는 것이오?" 하고 물었다. 그는 수석 사제들이 예수님을 시기하여 자기에게 넘겼음을 알고 있었던 것이다. 그러나 수석 사제들은 군중을 부추겨 그분이 아니라 바라빠를 풀어 달라고 청하게 하였다. 빌라도가 다시 그들에게, "그러면 여러분이 유다인들의 임금이라고 부르는 이 사람은 어떻게 하기를 바라는 것이오?" 하고 물었다. 그러자 그들은 "십자가에 못 박으시오!" 하고 거듭 소리 질렀다. 빌라도가 그들에게 "도대체 그가 무슨 나쁜 짓을 하였다는 말이오?" 하자, 그들은 더욱 큰 소리로 "십자가에 못 박으시오!" 하고 외쳤다. 그리하여 빌라도는 군중을 만족시키려고, 바라빠를 풀어 주고 예수님을 채찍질하게 한 다음 십자가에 못 박으라고 넘겨주었다.

마르 15,6-15

이 복음에서 빌라도와 군중들은 우리가 살아가면서 저지를 수 있는 수많은 잘못들을 한 번에 보여 줍니다.

우선 빌라도의 잘못은 무엇일까요? 빌라도의 문제는 '빌라도 콤플렉스'라고 불립니다. 빌라도 콤플렉스는 다음과 같은 특징이 있습니다.

첫 번째, 지나치게 체면을 고려한다는 것입니다. 빌라도는 자신의 체면을 차리기 위해서 군중에게 주님을 내주는 실수를 범합니다. 그는 체면에 집착했습니다. 물론 체면에는 순기능도 있습니다. 만약 사람이 체면을 생각하지 않는다면 함부로 행동하여 사회에 물의를 빚기 쉽습니다. 그러나 체면 차리기에만 급급하다 보면 우울증에 걸리기도 합니다. 체면이란 자신의 마음을 따르는 것이 아니라 자신의 역할을 따르는 것이니까요. 그럼에도 불구하고 체면에 매달리는 까닭은, 다른 사람들의 비난을 감당할 자신이 없기 때문입니다. 자신의 무기력함을 방어하기 위해서 체면을 따지는 것입니다. 그래서 체면은 심리적으로 약한 사람들이 세우는 마음의 벽이라고 부르기도 합니다.

두 번째, '보신주의'입니다. 빌라도는 자신에게 주어진 판단에 대해 권한을 행사하지 않습니다. 여론을 두려워한 나머지 보신주의적인 생각에 빠진 것이죠. 빌라도는 내가 없는 삶, 마치 떠돌이 유령 같은 삶을 산 것입니다.

그렇다면 군중들은 왜 그렇게 잔인하게 행동했을까요? 마음이 배배 꼬였을 때, 불행하고 절망스러울 때, 세상 모든 것이 지겹고 싫을 때, 그때 우리 마음에는 잔인함이 깃듭니다. 그래서 무엇이든 없애 버리고 싶은 충동을 느낍니다. 세간에서 일어나고 있는 소위 '묻지 마 살인'은 이런 심리의 결과입니다.

그렇다면 이런 잔인한 마음이 생기지 않게 하려면 어떻게 해야 할까요? 그 답은 우선 내가 행복해져야 한다는 것입니다. 사람은 오감이 행복해지면 마음이 편안해집니다. 예전에는 주로 먹고살기 어려워서 범죄가 많이 일어났습니다. 하지만 요즈음엔 돈이 있어도 재산 다툼 같은 이유들로 범죄가 벌어집니다. 그런데 이렇게 범죄를 저지르는 사람들의 마음은 향기도 없고, 음악도 없으며, 아름다운 그림도 없이 황폐하고 춥기만 합니다. 사람은 마음을 열고 행복감을 느낄 때 다른 사람에게 관대해지고 자기 스스로도 삶의 여유를 느낍니다. 그러나 가진 것이 많든 적든, 마음이 황폐하면 다른 사람들에게 적의를 느끼고 살인 충동마저 느낍니다. 그래서 주님은 공생활 내내 사람들에게 행복한 삶에 대해 가르치셨던 것입니다.

빌라도처럼 몸을 사린 적이 있나요? 있다면 그러한 행동을 한 이유는 무엇인가요?
또 어떤 대상을 비난할 때, 스스로 느낀 감정보다 격하게 반응한 적이 있나요? 있다면 그러한 행동을 한 이유는 무엇인가요?

_____
_____
_____
_____

이런 나쁜 것들 같으니라고

군사들은 예수님을 뜰 안으로 끌고 갔다. 그곳은 총독 관저였다. 그들은 온 부대를 집합시킨 다음, 그분께 자주색 옷을 입히고 가시관을 엮어 머리에 씌우고서는, "유다인들의 임금님, 만세!" 하며 인사하기 시작하였다. 또 갈대로 그분의 머리를 때리고 침을 뱉고서는, 무릎을 꿇고 엎드려 예수님께 절하였다. 그렇게 예수님을 조롱하고 나서 자주색 옷을 벗기고 그분의 겉옷을 입혔다. 그리고 예수님을 십자가에 못 박으러 끌고 나갔다.

마르 15,16─20

주님이 정녕 어떤 분이신지 알지 못하는 군인들이 주님을 마구 때리며 몹시 조롱합니다. 온 부대 사람들을 다 모아 놓고 보란 듯이 주님에게 인격적 모욕을 가합니다. 이들은 왜 이런 행동을 했을까요?

주님을 모욕한 군인들한테는, 단순히 무지하고 비열하다고 하기에는 석연치 않은 잔인함이 있습니다. 이를 가학적 성격 장애라고 합니다. 가학적 성격 장애란 다른 사람을 아프게 함으로써 쾌감을 느끼는 성향을 말합니다. 특히 자신보다 더 약한 사람을 괴롭힐수록 악성에 더욱 가깝다고 볼 수 있습니다.

가학적 성격 장애자들이 가진 특징은 무엇일까요?

첫째는 주로 약자들을 괴롭힌다는 것입니다. 일반적으로 마음이 건강한 사람들은 약자를 보호하고, 힘을 과시하려는 사람들에게는 대항하는 모습을 보입니다. 이것은 건강한 사람들이 가진 보호 본능으로서, 이런 마음가짐은 공동체가 안정된 상태를 유지하는 데 아주 중요한 역할을 합니다. 그리고 이러한 마음가짐을 가진 사람을 두고 인간성이 살아 있다고 말합니다.

그런데 가학적 성격 장애자들은 이러한 인성 부분이 상당히 결여되어 있습니다. 이들은 사람보다는 짐승에 가까운 심성을 가진 사람들로서, 폭군에게는 굴종하고 자기보다 약한 상대에게는 잔인하게 공격하는 모습을 보입니다.

둘째는 군집성입니다. 이들은 마치 짐승들이 떼를 지어 다니듯 늘 무리로 몰려다닙니다. 자기 패거리를 배경으로 힘을 과시하려는 것인데, 이를 역으로 말하면 혼자 있을 때는 무기력해진다는 말입니다. 다시 말해서 이들은 상대방과 일대일로는 맞설 만한 배짱이 없는 졸장부입니다. 이들은 자신에게 그런 병적인 특징이 있다는 것을 잘 알기에 패거리들이 있을 때만 잔인하고 광폭한 모습을 보입니다. 그렇게 해서 자신의 지배 욕구, 권력 욕구를 채우고, 패거리 안에서 서열을 올리려고 합니다.

이들이 지닌 공통된 특징은 잔인함과 비겁함입니다. 그래서 이들은 안정된 사회에서는 범죄자의 무리를 만들며 사회의 암적 존재가 됩니다. 반대로 사회가 불안정하고 어지러울 때는 권력자들의 충복이 되어서 서민들을 직접 물어뜯고 공격하는 폭군의 개가 됩니다.

그렇다면 이들은 왜 이런 성격 장애자들이 되었을까요? 어린 시절 부모에게 갖은 무시를 당한 아이들이 성장하면서 가학적 성격 장애자가 되기도 합니다. 아이들은 자기들이 한 일에 대해 칭찬과 관심을 받아야 하는데, 이들의 경우 자라면서 수없이 조롱과 무시를 당했다고 볼 수 있습니다. 이렇게 심하게 무시당한 아이들은 먼저 강아지를 비롯하여 약한 동물들을 학대하는 행동으로 가학적 성격 장애의 모습을 드러냅니다. 그리고 학교에서 비슷한 패거리와 어울려 약한 아이를 왕따시키고 심지어 돈을 갈취하는 작은 범죄자의 모습으로 자라납니다. 이 때문에 어린 시절 부모의 관심과 애정이 중요하다고 두고두고 강조하는 것입니다.

다른 사람들과 어울려서 남을 괴롭힌 기억이 있나요?
있다면 그때 왜 그랬는지, 어떠한 마음이 들었는지 적어 보세요.

함부로 판단하지 마세요

그들이 예수님을 십자가에 못 박은 때는 아침 아홉 시였다. 그분의 죄명 패에는 '유다인들의 임금'이라고 쓰여 있었다. 그들은 예수님과 함께 강도 둘을 십자가에 못 박았는데, 하나는 오른쪽에 다른 하나는 왼쪽에 못 박았다.

마르 15,25-27

복음의 이 장면은 사람들이 예수님에게 수치심을 주기 위해서 얼마나 잔머리를 많이 굴렸는지 보여 주는 장면입니다. 우선 죄명 패에 "유다인들의 임금"이라고 적힌 것부터 그렇습니다. 어떻게 보면 이를 단순히 정치범의 죄명이라고 볼 수 있을지도 모릅니다. 하지만 이는 실은 자칭 임금이라는 자가 동족인 유다인에 의해서 십자가형에 처해지는 모습을 크게 조롱하고 냉소하는 것입니다. 또한 유다인들은 주님의 양편에 도둑질하던 자들을 둠으로써 예수님도 이들과 다를 바 없는 도둑에 불과하다고 조롱하고 이를 알리는 효과를 노렸습니다. 유다인들은 주님을 십자가형에 처하기 전에 이미 심리적으로 십자가형에 처했던 것입니다.

  복음의 이런 장면들을 보면서 많은 분들이 분개합니다. 어떻게 주님께 그럴 수 있느냐고 말이지요. 주님께 그런 짓을 한 자들은 대대로 천벌을 받아야 한다고도 말합니다. 심지어 제2차 세계 대전 중 수많은 유대인들이 독일이 세운 수용소에서 집단 학살을 당한 것도 주님을 그렇게 한 데 대해 하느님이 내리신 천벌이라고 주장하는 사람도 있습니다.

  그런데 그런 식으로 분개하면 본인의 속을 푸는 데 도움이 되고, 다른 사람에게 자신의 신앙심을 과시하는 효과는 얻을 수 있을지 몰라도 내적 성장에는 전혀 도움이 되지 않습니다. 도움이 되지 않는 정도에서 그치는 것이 아니라 자칫 자기 기만적인 삶을 고착화하고, 사람들을 선동하여 잘못된 길로 이끌 수도 있습니다.

  그렇다면 복음 묵상이 내적 성장에 도움이 되게 하려면 어떻게 해야 할까요? 복음 속 등장인물들의 좋고 나쁨을 따지지 말고 그들 하나하나를 내 안의 가능성으로 보아야 합니다. 그들은 모두 내 안에 존재합니다. 그러니 그들을 내 안의 문제를 인식하는 수단으로 활용

해야 합니다.

심리 치료에서는 사람이 자기 문제를 인정하면 그 사람은 건강하다고 봅니다. 반대로 자기 문제를 인정하지 않으면 문제가 많은 것으로 보지요. 예수님께서는 사람을 함부로 판단하지 말라고 하시면서 남을 함부로 판단하는 것은 미성숙한 사람의 행위라고 가르치셨습니다. 그런데 우리가 이렇게 다른 사람을 함부로 판단하지 않으려면 자신 역시 같은 종류의 잘못을 범할 수 있는 사람임을 인정해야 합니다. 다시 말해서 심리적으로 건강해야 섣부른 판단과 행동을 하지 않게 되지요. 다른 사람을 함부로 단죄하지 않으며, 자기 문제에만 마음을 두고, 자신을 다듬는 일에 열중하는 사람들을 진정한 신앙인, 진정한 수도자라고 하는 것도 이와 같은 맥락입니다.

자신이 내적으로 성숙해졌는지 어떻게 하면 알 수 있느냐고 물어 오는 분들이 가끔 있습니다. 답은 간단합니다. 다른 사람의 문제가 눈에 크게 들어오고, 자기 자신은 별 문제가 없다고 생각하면 아직 성숙하지 못한 것입니다. 다른 사람의 문제보다는 내 문제가 눈에 더 크게 들어오고, 내가 가야 할 길에 집중하면서 노력하는 분들은 건강한 신앙생활을 하고 계신 것입니다. 그래서 그 부족함을 채우기 위해 스승을 찾고, 공부를 열심히 할 때 더욱 성숙한 신앙인이 될 수 있습니다. 여러분은 지금 어떤 모습이신가요?

나는 다른 사람의 단점이나 문제점을 더 보려 하는지,
나의 단점이나 문제점을 더 보려 하는지 생각해 보세요.
나의 부족한 점은 무엇인가요?
그 부족한 점을 어떻게 채울 수 있을까요?

_____
_____
_____
_____

뼛속 깊이 외로울 때

낮 열두 시가 되자 어둠이 온 땅에 덮여 오후 세 시까지 계속되었다. 오후 세 시에 예수님께서 큰 소리로, "엘로이 엘로이 레마 사박타니?" 하고 부르짖으셨다. 이는 번역하면, '저의 하느님, 저의 하느님, 어찌하여 저를 버리셨습니까?'라는 뜻이다. 곁에 서 있던 자들 가운데 몇이 이 말씀을 듣고, "저것 봐! 엘리야를 부르네." 하고 말하였다.

마르 15,33-35

어떤 자매가 가톨릭 신자들이 목에 걸고 다니는 십자가가 너무나 부러워서 세례를 받았다고 합니다. 그런데 교리를 배우면서 그 아름다운 십자가에 너무도 처절한 사연이 담겨 있다는 것을 깨달았지요. 그래서 이제는 신자들이 돌아가신 주님의 십자가를 목에 걸고 다니는 것이 이상하게 생각된다고 말하더군요.

"저의 하느님, 저의 하느님, 어찌하여 저를 버리셨습니까?"

이는 십자가에 달리신 주님의 절규입니다. 죽음의 문턱에 선 사람이라면, 누구나 이런 울부짖음을 토하게 됩니다. 세상도 신도 모두 나를 버린 듯한 외로움이 밀려와, 분노와 원망조차 꺼진 불처럼 잦아들어 버립니다. 그리고 불현듯 스며드는 차디찬 바닷물 같은 고독함에 사로잡힐 때 사람들은 신에게 절규합니다.

"저의 하느님, 저의 하느님, 어찌하여 저를 버리셨습니까?"

그런데 우리는 주님의 이러한 모습을 보면서 역설적으로 당신이 참사랑이심을, 당신이야말로 우리를 구원하시는 메시아이심을 다시금 깨닫게 됩니다.

우리가 주님을 하느님으로 모시고, 구원자로 여기는 이유는 당신이 행하신 기적과 좋은 말씀들 때문만은 아닙니다. 오히려 주님이 주님이신 이유는 인생의 가장 낮은 밑바닥을 몸소 겪으셨기 때문입니다. 그분은 모든 사람에게, 심지어 하느님 아버지에게조차 버림받았다는 깊은 절망감과 외로움을 뼛속 깊이 느끼셨습니다. 만약 그럴듯한 집안에서 태어나 별 고생 없이 사신 분이었더라면, 당신의 말씀은 그리 힘을 갖지 못하고 당신도 그저 좋은 스승이나 현자 정도에 그쳤을 것입니다.

불교에서 천주교로 개종한 어느 자매가 이렇게 말하더군요. 개종하기 전에 하루는 성당에 들어가 보았다가 컴컴한 곳에 어떤 남자가 매달려 있는 모습을 보고 소스라치게 놀란 적이 있다고 말입니다. 사람을 저렇게 매달아 놓고 그 앞에서 기도를 하다니 천주교는 참으로 이상한 종교라는 생각도 했다고 합니다. 그런데 삶의 고통을 겪던 어느 날 문득 이런 생각이 들었답니다. 십자가에 매달려 계시기에 그분이 오히려 나의 고통을 잘 알아주실 것 같다는 생각 말입니다. 그래서 그분은 망설이지 않고 개종을 했다고 합니다.

  하느님은 아무런 고통도 느끼지 않으신 채 하늘에서 팔자 좋게 계시는 분이 아닙니다. 그분은 인간의 고통을 누구보다 잘 아시고 우리와 함께하시는 분입니다. 하느님의 아드님이신 예수 그리스도께서 온몸으로 인간 고통의 가장 밑바닥까지 내려가신 것도 이런 이유 때문입니다. 그처럼 가장 밑바닥까지 내려가셨던 분이시기에 우리는 그분을 참하느님, 참사랑이라고 신앙 고백을 하는 것입니다.

  이것은 상담가의 경우도 마찬가지입니다. 미국 유명 대학에서는 우수한 성적으로 심리학 학위를 받은 사람인데도 그에게 상담사 자격증을 주지 않는 경우가 있었다고 합니다. 그 이유는 너무 곱게 성장해서 세파에 시달린 적이 없기 때문이었지요. 눈물 젖은 빵을 먹어 본 적이 없는 사람은 사람의 고통에 공감하는 능력이 부족할 수

밖에 없기 마련입니다.

　심리학을 공부한 적도 없고 자격증이 없는데도 학위를 가진 상담사들보다 더 뛰어나게 상담을 하는 분들이 있습니다. 나이가 드신 어르신 가운데 그러한 분들이 많습니다. 이분들 대부분은 젊었을 때 엄청나게 고생했다는 공통점이 있습니다. 그중 한 분은 이렇게까지 말씀하셨습니다.

　"제가 만약 마음고생 하나 없이 살아왔다면 과연 지금처럼 내담자들의 마음을 이해할 수 있었을까요?"

　젊은 날에는 그저 고통이 끝나기만 바랄 뿐 고통의 의미까지 생각하지 못합니다. 그러나 그 시절의 힘겨움이 그분을 상담가의 길로 이끈 것입니다. 이처럼 고생은 단순히 시간 낭비가 아닙니다. 인생이 풀리지 않아서 생기는 것만도 아닙니다. 고생은 마음이 익어 가는 과정입니다. 또한 다른 이들에게 길을 알려 주는 길잡이가 되기 위한 과정입니다. 쉽지는 않겠지만 지금의 고생을 긍정적으로 보고, 마음 수련에 사용하시기를 바랍니다.

떠올리기 싫을 만큼 어두운 기억이나 시절을 생각해 보세요.
그리고 그 시간을 통해 자신이 얻은 결실이 무엇인지 묵상해 보세요.

_____

_____

_____

신념을 가져야 합니다

이미 저녁때가 되어 있었다. 그날은 준비일 곧 안식일 전날이었으므로, 아리마태아 출신 요셉이 빌라도에게 당당히 들어가, 예수님의 시신을 내 달라고 청하였다. 그는 명망 있는 의회 의원으로서 하느님의 나라를 열심히 기다리던 사람이었다. 빌라도는 예수님께서 벌써 돌아가셨을까 의아하게 생각하여, 백인대장을 불러 예수님께서 돌아가신 지 오래되었느냐고 물었다. 빌라도는 백인대장에게 알아보고 나서 요셉에게 시신을 내주었다. 요셉은 아마포를 사 가지고 와서, 그분의 시신을 내려 아마포로 싼 다음 바위를 깎아 만든 무덤에 모시고, 무덤 입구에 돌을 굴려 막아 놓았다. 마리아 막달레나와 요세의 어머니 마리아는 그분을 어디에 모시는지 지켜보고 있었다.

마르 15,42-47

아리마태아 출신 요셉, 그에 대해 성경에서는 이렇게 말합니다.

명망 있는 의회 위원이며, 하느님 나라를 열심히 기다리던 사람이라고 말입니다. 단순한 이 기록을 통해서 우리는 아리마태아 출신 요셉이 어떤 사람이었는지 짐작할 수 있습니다. 예수님이 빌라도 총독에 의해 정치범으로 단죄되시자 제자들은 그분을 기피했습니다. 베드로 사도를 비롯한 제자들이 예수님의 시신 근처에만 가도 사회적으로 비난을 받을 수 있는 상황이었기 때문입니다. 그런 상황인데도 아리마태아 출신 요셉은 당당하게 주님의 시신을 내줄 것을 요구합니다.

어떻게 그는 그토록 당당할 수 있었을까요? 어떻게 그는 주변에서 비난하는데도 아랑곳하지 않고 자기 길을 갈 수 있었을까요? 그것은 바로 신념 때문입니다. 사람은 누구나 자신만의 인생 목표가 있습니다. 그런데 그 인생 목표가 단순히 돈을 벌기 위해서, 더 잘살기 위해서와 같은 하위 목표에만 머문다면 작은 역경에도 쉽게 흔들립니다. 마치 주가가 오르고 내리는 것만으로도 마음의 상태가 천국에서 지옥으로 오락가락하는 것과 같은 삶을 살게 되는 것입니다.

이렇게 변덕스럽고 예민하게 살지 않으려면 어떻게 해야 할까요? 그것은 바로 신념을 가져야 합니다. 신념은 자기 인생 목표에 가치를 부여하는 것입니다. 이렇게 신념을 가진 사람은 주위 사람들에게 신경을 쓰기는 하지만 눈치는 보지 않고, 갈등하기는 하지만 포기하지 않으며 당당하게 살아갑니다. 아리마태아 출신 요셉 역시 신념을 지닌 사람이었기에 당당하게 주님의 시신을 요구할 수 있었던 것입니다.

진도 앞바다에서 수많은 아이들이 목숨을 잃은 세월호 사건처럼 여러 사건·사고들에서 초기 대응을 잘하지 못하는 경우가 많습니다. 이 때문에 희생자가 늘어나는 말도 안 되는 일이 벌어지곤 하지요. 이러한 일이 일어나는 이유는 신념을 가진 사람들보다 윗사람의 눈치나 보고 남의 이목에만 신경 쓰는 심약한 사람들이 일을 처리하기 때문입니다. 이들은 충복 콤플렉스를 가진 사람들입니다. 이런 사람들은 사건이 나면 희생자를 위해서 무엇을 해야 할지를 생각하기보다 윗사람에게 어떤 보고를 해야 할지만 생각합니다. 자신에게 돌아올지 모르는 문책만 피하려고 하는 것이지요. 그래서 가능하면 쉬쉬하며 문제를 덮어 버리려다가 작은 일을 대참사로 만드는 전대미문의 아둔한 짓을 저지릅니다.

그리고 이런 이들이 고위직에 있으면 아랫사람에게 책임을 전가하면서 보고를 제대로 하지 않았다고 부하 직원을 몰아붙입니다. 또한 이들은 자기보다 나은 사람들을 절대 받아들이지 않고 멀리합니다. 그래서 질이 좋지 않으며 수준이 낮은 사람들이, 신념이 있고 사회에 꼭 필요한 사람들을 시기하여 모함하고 조직에서 내쫓는 모습을 심심치 않게 볼 수 있습니다.

  그렇기 때문에 충복 콤플렉스를 지닌 사람이 자리를 차지하지 못하도록 해야 합니다. 또한 신념을 가지고 일을 하도록 이끌어야 하지요. 신념은 개인의 삶을 풍요롭게 할 뿐만 아니라 한 국가가 건강해지는 데도 아주 중요한 역할을 합니다. 오늘 하루 내가 사는 삶이 난파선처럼 목적이나 신념 없이 떠돌고 표류하는 삶인지, 아니면 의미와 가치가 부여된 삶인지 살펴보는 하루가 되시길 바랍니다.

내 인생의 항해는 순탄하지만은 않았을 것입니다.
지금 내 삶은 순항인지 난항인지 생각해 보고, 내 인생의 파도를 잘 이겨 내려면 어떻게 해야 하는지 묵상해 보세요.

_____

_____

_____

소심해도 괜찮아

 안식일이 지나자, 마리아 막달레나와 야고보의 어머니 마리아와 살로메는 무덤에 가서 예수님께 발라 드리려고 향료를 샀다. 그리고 주간 첫날 매우 이른 아침, 해가 떠오를 무렵에 무덤으로 갔다. 그들은 "누가 그 돌을 무덤 입구에서 굴려 내 줄까요?" 하고 서로 말하였다. 그러고는 눈을 들어 바라보니 그 돌이 이미 굴려져 있었다. 그것은 매우 큰 돌이었다. 그들이 무덤에 들어가 보니, 웬 젊은이가 하얗고 긴 겉옷을 입고 오른쪽에 앉아 있었다. 그들은 깜짝 놀랐다. 젊은이가 그들에게 말하였다. "놀라지 마라. 너희가 십자가에 못 박히신 나자렛 사람 예수님을 찾고 있지만 그분께서는 되살아나셨다. 그래서 여기에 계시지 않는다. 보아라, 여기가 그분을 모셨던 곳이다. 그러니 가서 제자들과 베드로에게 이렇게 일러라. '예수님께서는 전에 여러분에게 말씀하신 대로 여러분보다 먼저 갈릴래아로 가실 터이니, 여러분은 그분을 거기에서 뵙게 될 것입니다.'" 그들은 무덤에서 나와 달아났다. 덜덜 떨면서 겁에 질렸던 것이다. 그들은 두려워서 아무에게도 말을 하지 않았다.

마르 16,1-8

마리아 막달레나, 야고보의 어머니 마리아, 그리고 살로메. 이분들은 초대 교회에서 기둥 역할을 한 여인들입니다. 남자 못지않은 배포로 초대 교회를 이끈 여인들이지요. 그런데 그런 분들이 혼비백산하는 모습을 보입니다. 신비한 현상 앞에서 크나큰 두려움을 느낀 것이지요.

간혹 두려움이 없다고 장담하는 분들이나 겁이 없어 보이는 분들이 있습니다. 그러나 아무리 간이 큰 사람이라 할지라도 초자연적인 현상 앞에서는 무력해지고 두려움을 느끼는 것이 당연합니다. 게다가 사람들 대부분은 소심한 편이니 그들은 또 얼마나 크게 두려움을 느낄까요?

그런데 소심하거나 두려워하는 마음은 영성 생활에 필요한 것입니다. 만약 우리가 하늘을 두려워하지 않는다면 어떤 일이 생길까요? 이른바 루시퍼 콤플렉스에 걸린 광인狂人이 생겨납니다. 감히 하느님과 맞먹으려고 한 대천사 루시퍼, 악의 대표자가 된 루시퍼처럼 하늘이 무서운 줄 모르고 사람을 함부로 대하며 자신의 욕심을 채우기 위해서 대량 학살을 자행하는 광적인 범죄자들이 나타나는 것입니다.

루시퍼 콤플렉스를 가진 사람들의 문제는 무엇일까요? 그들은 자기 자신이 문제없다고 생각합니다. 또한 그들은 자신이 전능하며, 그래서 다른 사람들을 다스릴 권한이 있다고 생각합니다.

주님은 이렇게 말씀하십니다.

"나는 의인이 아니라 죄인을 부르러 왔다."(마르 2,17)

그렇다면 선한 이들은 주님께 가까이 가지도 못한다는 말씀일까요? 이 말씀은 그와 반대로 이해해야 합니다. 즉 스스로 선하다고 여기는 사람들은 주님을 필요로 하지 않고, 오히려 스스로 문제가 있다고 여기는 사람만이 주님을 찾는다는 뜻입니다.

스스로 문제가 있다고 여기는 사람은 자기 행위의 동기가 마음에 걸리거나 자기 본성이 드러날까 봐 마음을 졸이고, 마음 한구석에 미안함과 부끄러움을 안고 살아갑니다. 소심한 사람이라고 할 수 있지요. 그런데 그런 이들이야말로 사회가 도덕적으로 붕괴하지 않도록 막아 주는 역할을 합니다.

오히려 문제 의식이 없거나, 죄책감이 없는 경우가 문제입니다. 스스로 깨끗하다고 여기는 사람은 자신에게 다른 이들을 교화할 의무가 있다고 생각합니다. 입으로는 정의를 부르짖으면서도 파괴적인 행위를 서슴지 않기도 합니다. 이런 이들의 마음속에는 하느님이 아니라 악이 자리하고 있는 것입니다.

오늘날 우리 사회에는 이런 사람들이 너무 많아 문제가 큽니다. 그렇기에 지금 우리에게는 무엇보다 작은 일에 가슴 떨려 하는 소심하고 선한 사람들이 필요합니다.

나는 어려운 처지의 사람을 잘 도와주는 편인가요? 아니면 잘 나서지 않는 편인가요? 정의롭지 못하거나 어려운 상황에 빠진 사람을 도와준 적이 있다면 아무리 작은 일이라도 적어 보세요.

처음 만난 그 사람

예수님께서는 주간 첫날 새벽에 부활하신 뒤, 마리아 막달레나에게 처음으로 나타나셨다. 그는 예수님께서 일곱 마귀를 쫓아 주신 여자였다. 그 여자는 예수님과 함께 지냈던 이들이 슬퍼하며 울고 있는 곳으로 가서, 그들에게 이 소식을 전하였다. 그러나 그들은 예수님께서 살아 계시며 그 여자에게 나타나셨다는 말을 듣고도 믿지 않았다.

마르 16,9-11

'주님께서 부활하신 후 처음으로 만난 사람은 누구인가?'라는 질문의 답은 참으로 중요합니다. 그만큼 그는 주님에게 있어서 중요한 사람이기 때문입니다.

그런데 복음에서는 그 중요한 인물이 마리아 막달레나라고 말합니다. 성모님도 제자들도 아닌 마리아 막달레나인 것입니다. 마리아 막달레나는 사람들에게 손가락질 당하는 직업을 가졌던 여인이었습니다. 그 당시 바리사이와 율법 학자들이 구원받을 수 없다고 단언했던 사람들 중 하나였습니다. 그러나 마리아 막달레나는 주님을 만나 인생의 대전환을 맞습니다. 그녀에게는 커다란 행운이었지요. 하지만 달라진 그녀를 바라보는 주위 사람들의 시선이 곱지만은 않았을 것입니다. 제자들도 그녀를 눈엣가시처럼 여겼을지 모릅니다.

　이전과 다르게 살아가려는 마리아 막달레나에게 딴죽을 거는 사람들이 얼마나 많았겠습니까? 또한 그녀는 여성이었습니다. 게다가 그녀는 주님께 조금이라도 더 가까이 가고자 하는 행동을 멈추지 않았습니다. 그러니 더더욱 그녀를 시샘하는 사람들이 많았을 것입니다. 또한 주님의 주변 사람들은 그녀가 참으로 부담스러웠을 것입니다. 그러나 주님께서는 주위 사람들의 눈총에도 아랑곳없이 그녀를 총애하셨고, 부활하신 후에는 제일 먼저 만나셨습니다. 왜 그러셨을까요? 어쩌면 여러 사람의 입방아에 오를지도 모르는 일인데 왜 그렇게 하셨을까요?

　주님과 마리아 막달레나의 만남은 주님의 인간적인 면과 신적인 면 두 가지를 잘 보여 주는 사건입니다. 우선 인간적인 면을 살펴보겠습니다. 주님께서는 높은 뜻을 가진 서른세 살 청년이셨습니다.

그렇지만 그분의 주위에는 말귀를 잘 알아듣지 못하는 제자들과 당신을 비난하는 사람들만 가득했지요. 그래서 주님은 속이 무척 상하셨을 것입니다. 하지만 마리아 막달레나는 오로지 주님만을 따랐습니다. 그분에게 모든 것을 맡겼지요. 그러니 주님의 마음이 쏠리지 않을 수 없었을 것입니다. 저는 개인적으로 그런 모습을 보이신 주님이 참으로 멋있는 분이고, 인간적인 분이라 생각합니다.

그리고 신적인 면을 살펴보겠습니다. 주님이 마리아 막달레나에게 처음으로 나타나신 것은 우리에게 당신 구원에 대해 알려 주시기 위한 것입니다. 많은 종교인들이 구원을 얻으려면 깨끗하고 너그러운 마음을 가져야 한다고 강조합니다. 심지어 구원받는 사람은 이미 결정되어 있다고 망언을 하는 사람들도 있을 정도입니다. 그러나 주님께서는 당대의 내로라하는, 소위 깔끔한 인생을 살고 있다고 자부하는 바리사이나 율법 학자들을 거부하셨습니다. 그리고 자신의 과거, 직업, 품성에 대해 자괴감을 느끼고 부끄러움과 죄책감 속에 사는 사람들을 가까이하셨습니다. 또한 율법 학자들이 마리아 막달레나와 같은 일을 한 사람은 절대로 구원받지 못한다고 단언했지만 그런 마리아 막달레나에게 예수님은 부활하신 후 가장 처음 나타나셨습니다.

주님은 이를 통해 구원이 어떤 것인지, 구원의 대상이 누구인지 분명히 보여 주신 것입니다. 이렇게 주님께서는 인간적인 면모와 가슴이 넓은 신의 모습을 동시에 보여 주신 분입니다. 그래서 우리는 지금도 그분을 하느님의 아드님이시라고 고백하고 우리 인생의 주인, 즉 예수 그리스도이시라고 고백하는 것입니다.

그런데 이렇게 마음의 도량이 넓으신 그리스도를 속 좁고, 작은 일에도 날을 세우는 하느님으로 가르치는 종교인들이 아직도 많습니다. 이들은 종교라는 이름 아래 자신이 저지른 죄를 언젠가는 주님 앞에서 판단 받을 것입니다.

당신은 소문에 시달린 적이 있나요? 또는 소문에 휘둘려 남에 대해 근거 없는 비방을 하고 다닌 적이 있나요?
 지금의 내 모습은 어떠한지 그려 보세요.

_____
_____
_____
_____

인생의 필수품 셋

> 그 뒤 그들 가운데 두 사람이 걸어서 시골로 가고 있을 때, 예수님께서 다른 모습으로 그들에게 나타나셨다.
>
> 마르 16,12

인생길을 힘들게 살지 않으려면 세 가지가 필요하다고 합니다. 그것은 바로 신神, 스승, 그리고 친구입니다. 자신의 힘으로는 도저히 어찌할 수 없을 때 사람은 자기도 모르게 본능적으로 하늘을 올려다보면서 기도합니다. 방바닥을 쳐다보면서 신을 찾는 사람은 아무도 없을 테니까요. 그래서 우리가 하늘에 계신 우리 아버지라고 기도하는 것입니다. 우리는 그런 행동을 통해 신에 대한 믿음으로 심리적 안정감을 얻어 앞이 보이지 않는 삶 속을 헤쳐 나갑니다. 따라서 신은 종교를 가진 사람뿐만 아니라 가지지 않은 사람이라도 상관없이 인생에 꼭 필요합니다.

두 번째는 스승입니다. 인간사 모든 일에는 상수上手와 하수下手가 있기 마련입니다. 오랜 세월을 두고 자기만의 기량을 닦아 온 사람들은 여러 가지 시행착오를 겪으면서 고수의 경지에 이릅니다. 그러면 그에게서 기술과 기법을 전수받고자 하는 사람들이 제자 되기를 자청하고 그를 스승으로 삼아 또 자기만의 기량을 익힙니다. 이것은 오래전부터 인간 역사에서 되풀이되어 온 일입니다.

인생을 살아가는 법 역시 다른 기술들과 마찬가지로 여러 가지 방법을 익힐 필요가 있습니다. 그래서 인생 경험이 많은 스승을 정신적 멘토로 삼아야 합니다. 그런데 어떤 이는 직접 만나서 배우고, 어떤 이는 책을 통해서 간접적으로 배웁니다.

세 번째는 친구입니다. 나와 허심탄회하게 대화를 나눌 수 있는 친구, 신이나 스승처럼 어려워하지 않고, 다리를 쭉 편 채 어떠한 시답잖은 이야기라도 할 수 있는 친구 말입니다. 그런 친구는 험난한 인생길을 살아가느라 지친 마음을 쉬게 해 주고 재충전시켜 줍니다.

마음공부를 위해서라도 친구는 정말 중요합니다. 사람은 다른 이와의 대화를 통해서도 성장하기 때문입니다. 우리는 서로 마음속에 있는 말을 주고받으면서 서로를 이해하고 조금씩 성숙해집니다. 그래서 마음공부를 같이 하는 친구를 도반道伴이라고 부르기도 합니다.

그런데 이 세 가지 조건을 모두 채워 주시는 분이 계십니다. 바로 주님이십니다. 그분은 우리에게 신으로, 스승으로, 그리고 친구로 함께해 주시는 분입니다. 그래서 신앙을 가지는 것은 세상을 가지는 것과 같다고 말하는 것입니다.

저는 오랫동안 무척 외롭게 살았습니다. 마음을 알아주고 이해해 줄 친구를 간절히 바랐지만 어디에서도 찾을 수가 없었습니다. 제 이야기를 털어놓으면 특이한 녀석, 이상한 녀석 혹은 쓸데없는 생각만 하는 녀석으로 볼 뿐, 대화하려고 하지 않더군요. 신학교에 들어가서도 마찬가지였습니다.

대화할 상대가 없는 삶이란 얼마나 외롭고 힘들던지요. 이해받지 못한다는 것은 또 얼마나 괴로운 일이었는지요. 아무에게도 이해받지 못하는 사람이라는 자괴감에 마음의 벽은 더욱 높아졌습니다. 그러면서도 그런 상태에서 벗어나고 싶은 욕구는 더욱 간절하기만 했습니다.

저는 〈쇼생크 탈출〉이라는 영화를 열 번 이상 봤을 만큼 좋아합니다. 그 이유는 스스로 벽을 쌓아 만든 내 마음의 감옥에서 탈출하고 싶은 욕구 때문이지 않을까 하고 생각합니다. 그 영화에는 인간이 감옥 안에서 어떻게 무너져 가는지, 그리고 무너지지 않으려면 무엇을 해야 하는지 알려 주는 철학적인 내용이 담겨 있습니다. 영화에 이런 대사가 나옵니다.

"죄수들은 처음에는 교도소 담장을 미워한다. 그다음에는 익숙해지고, 오래 살다 보면 그것에 의지하게 된다. 그리고 마침내 교도소가 인생의 전부가 된다."

저는 이렇게 제 인생이 마음의 담장 속에서 갈수록 피폐해지는 것을 견딜 수가 없었습니다. 그래서 주님께 정말 간절히 기도하며, 저를 이런 구렁텅이에서 건져 내 달라고 빌었습니다. 그랬더니 주님께서는 마치 침몰한 배를 바닷속에서 천천히 끌어내듯이 저를 끌어내시고, 오랜 시간을 들여서 수리해 주셨으며, 다시 제대로 인생길로 나아가게 해 주셨습니다. 이처럼 주님은 제게 참으로 고맙고 과분한 분이십니다.

내 인생길에서 하느님은 어떤 분이신가요?
내 인생길을 함께할 친구는 누구인가요?
이름을 써 보고 한 사람 한 사람에게 감사의 마음을 전해 보세요.

거머리 같은 불안

그래서 그들이 돌아가 다른 제자들에게 알렸지만 제자들은 그들의 말도 믿지 않았다.

마르 16.13

주님이 부활하셨다는 소식이 전해졌는데도 제자들은 도무지 그 말을 믿지 않았습니다. 부활하신 주님을 목격한 사람들이 이야기를 전해 주었건만, 그들은 듣는 시늉조차 하지 않았습니다. 대체 왜 그랬을까요? 늘 주님의 말씀과 기적을 접해 왔던 사람들인데 말입니다. 참으로 답답한 사람들이지요.

그런데 이런 사람들은 주변에서 자주 만납니다. 도무지 말귀를 알아듣지 못하고, 자기 마음대로 생각하고 행동하는 사람들 말입니다.

오로지 자기 생각에만 빠져 있고, 자기 감정에서 빠져나오려고 하지 않는 이런 사람들과 만나면 복장이 터집니다.

답답한 사람들은 마음속에 무엇이 있기에 그러할까요? 대개 그들의 마음속은 두려움이나 불안감으로 가득 차 있습니다. 제자들의 마음에도 불안이 크게 자리하고 있었습니다. 불안 때문에 그들은 주님의 부활을 믿지 못했던 것입니다.

그렇다면 제자들은 어떤 불안을 느낀 것일까요? 그것은 죽음에 대한 불안이었습니다. 자기들이 그토록 믿고 의지한 스승이 처참하게 죽음을 맞으시는 모습을 보면서, 자신들 역시 그렇게 될지 모른다는 불안감을 크게 느꼈던 것입니다. 처참하게 죽게 될지도 모른다는 공포심에 제자들은 눈과 귀가 멀어 버렸습니다.

두려움이나 불안감이 지나치면 객관적인 입장에서 사물을 보고 판단하기가 어렵습니다. 예를 들어, 두려움이 많은 사람은 지팡이를 보고도 뱀이라 하고, 그림자를 보고도 귀신이라고 하지요. 또 불안감이 많으면 아무리 돈을 아끼는 사람일지라도 수십만 원짜리 부적을 사고, 수백만 원짜리 굿을 벌이며, 그보다 많은 돈을 들여 조상의 묘를 이장하기도 합니다.

마음이 두려움과 불안에 사로잡혀 버리면 아무리 교육 수준이 높은 사람이라 해도, 아무리 이성적인 사람이라 해도 엉뚱한 곳에 자신의 에너지와 자원을 허비합니다. 그리고 아무리 그것이 쓸데없는 일이라고 해도 듣지 않습니다. 참으로 답답한 일이지요.

제자들은 불안감 때문에 몸과 마음이 위축되고 경직되어서 집 밖으로 나갈 엄두를 내지 못했습니다. 어쩌면 주님의 부활을 알리는 사람들이 자기들을 꼬드겨 밖으로 불러내서 유다처럼 팔아넘길지도 모른다는 생각에 한사코 말을 듣지 않았는지도 모릅니다.

이렇듯 삶을 좀먹는 불안을 어떻게 대해야 할까요? 우리는 불안을 느낄 때면 불안을 떨쳐 버리는 것이 아니라 오히려 불안을 쫓아가려는 경향이 있습니다. 실제 일어나지도 않은 일을 생각하고 또 생각하면서 자기 스스로를 늪 속으로 빠뜨립니다. 그런데 더 큰 문제는 이렇게 오랜 시간 같은 생각을 하다 보면 나중에는 마음에서 그것을 현실로 인식하고 기정사실로 여긴다는 것입니다. 그래서 다른 사람들이 보기에는 정신 나간 듯한 말과 행동을 하게 되는 것입니다. 따라서 이런 사람들은 마음을 편안하게 가지도록 노력하는 것이 중요합니다. 그리고 그렇게 하는 데 제일 좋은 방법은 바로 묵상입니다.

성경은 읽다 보면 '에이, 이 정도 말은 나도 하겠다!'라는 생각이 들 때가 있습니다. 단순하고 짧은 내용을 보면서 무언가 아쉬운 느낌을 받기도 합니다. 또는 성경이 마음에 깊이 와 닿지 않아서 성경 묵상을 억지로 하는 경우도 있습니다. 그런데 이렇게 덤덤한 맛을 주는 성경의 말씀이 언제 위력을 발휘할까요? 평상시에는 잘 모르는데 아주 막막하고 불안하고 힘겨울 때, 내 힘으로는 도저히 빠져나올 수 없을 것 같을 때, 기도할 엄두조차 나지 않을 때, 그 덤덤한 성경 구절 하나가 나를 편안하게 해 줍니다. 그리고 그 편안함은 사람의 의지가 아니라 성령의 은총임을 다시금 느끼게 해 주지요. 그래서 단순하고 맛이 덤덤한데도 불구하고 성경을 묵상하는 시간을 갖는 것입니다.

　말씀의 힘을 받을 수 있도록 마음이 편안해지려면 어떻게 해야 할까요? 그 방법은 참으로 다양합니다. 그중 하나가 음악을 듣는 것입니다. 아무리 기분이 안 좋을지라도 좋은 음악을 들으면 마음이 가라앉습니다. 프랑스의 나폴레옹은 병사들만으로는 전쟁에서 이길 수 없다고 하면서 음악의 중요성을 강조하며 늘 군악대를 이끌고 다녔다고 합니다. 음악의 중요성은 노동하는 분들도 잘 압니다. 음악을 틀어 놓고 일할 때와 그냥 일할 때가 다르다는 것을 말입니다. 음악의 중요성은 종교에서도 마찬가지입니다. 그래서 우리 교회의 전례도 대부분 음악으로 구성됩니다. 마음이 편안하지 않은 분들은 커피 한 잔을 타 놓고, 조용한 음악을 틀어 놓은 채 눈을 감아 보기를 권합니다. 아무 생각도 하지 않고, 생각을 내려놓고 음악을 듣고 있노라면 이런저런 생각에 지친 영혼이 재충전됨을 느낄 수 있답니다.

불안했던 기억을 떠올려 보고 왜 그때 불안했으며 무슨 생각을 했는지 적어 보세요. 그리고 어떻게 하면 불안감을 떨쳐 버릴 수 있을지 생각해 보세요.

_____
_____
_____
_____

몸에 좋은 약은 입에 쓰다

마침내, 열한 제자가 식탁에 앉아 있을 때에 예수님께서 나타나셨다. 그리고 그들의 불신과 완고한 마음을 꾸짖으셨다. 되살아난 당신을 본 이들의 말을 그들이 믿지 않았기 때문이다. 예수님께서는 이어서 그들에게 이르셨다. "너희는 온 세상에 가서 모든 피조물에게 복음을 선포하여라. 믿고 세례를 받는 이는 구원을 받고 믿지 않는 자는 단죄를 받을 것이다. 믿는 이들에게는 이러한 표징들이 따를 것이다. 곧 내 이름으로 마귀들을 쫓아내고 새로운 언어들을 말하며, 손으로 뱀을 집어 들고 독을 마셔도 아무런 해도 입지 않으며, 또 병자들에게 손을 얹으면 병이 나을 것이다."

마르 16,14-18

이 복음에서 주님은 제자들에게 사명을 주십니다. 그런데 먼저 제자들의 미성숙함을 꾸짖으시고 나서 사명을 주십니다. 왜 그러셨을까요? 제자들의 불신과 완고한 마음이 교회의 성장에 걸림돌이 될 것임을 너무나 잘 아셨기 때문입니다.

우리는 누구나 마음의 편안함을 구합니다. 그래서 누군가가 내 속을 뒤집으면 못 견뎌 하고 괴로워합니다. 그러나 내 속을 뒤집는 사람들은 마치 태풍과도 같은 존재입니다. 태풍이 바닷속을 뒤집어 주는 덕분에 바다가 숨을 쉰다고 하지요. 사람의 마음도 그렇습니다.

늘 잔잔한 마음만 지니려는 사람들은 그 마음이 천천히 썩어들어 갑니다. 그래서 싫은 소리를 기피하는 삶, 자기에게 만족하는 삶, 자아도취에 빠진 삶을 살게 됩니다. 그리고 아부꾼, 아첨꾼들로 주위가 둘러싸입니다. 그런데 내 속을 뒤집는 사람들은 이런 것들이 위선임을 드러나게 해 줍니다. 그리고 나라는 존재가 그리 대단한 존재가 아님을 나 스스로 명확히 깨닫게 해 줍니다. 그래서 주님께서는 제자들을 겸허하게 만들기 위해 쓴소리를 하셨던 것입니다.

예수님이 쓴소리를 하신 두 번째 이유는 제자들에게 정신적으로 노화되는 현상을 일깨우려고 한 것입니다. 우리는 누구나 노화되는 것을 두려워합니다. 몸이 늙어서 거동이 불편해지는 것을 걱정하는 것이지요. 그런데 육신의 노화는 걱정하고 막으려고 애를 쓰면서, 정신적으로 노화되는 것에는 아예 관심도 두지 않습니다. 그러나 몸이 노화되는 것보다 정신적인 노화가 다른 사람들에게 더 큰 피해를 줍니다.

이런 정신적 노화 현상은 긴 여행길에 아주 분명하게 드러납니다. 그 증세는 첫째, 사소한 일에 민감하고 잘 삐치게 됩니다. 화를 내지 않아도 될 일에 화를 내고 사소한 것에 목숨을 거는 것입니다. 둘째, 가리는 것이 많아집니다. 음식이나 잠자리를 가리는 것은 몸이 노화해서 그런 것이지만 사람을 심하게 가리는 것, 즉 내 사람과 아닌 사람을 확연하게 나누는 것은 정신적으로 노화해서 나타나는 현상입니다. 셋째, 남의 말을 듣기보다는 잔소리를 하는 것을 좋아하게 됩니다. 넷째, 사람들을 자기 종처럼 부리려고 하거나 자신이 대화의 중심이 되려고 합니다. 그러다 그것이 자기 마음대로 되지 않으면 성질을 부리거나 심하게 우울해집니다. 다섯째, 다른 사람들의 감정에 둔감해지고 자신의 감정에는 지나치게 민감해집니다. 그래서 상대방이 싫어하는지 좋아하는지 식별하지 못합니다. 여섯째, 나서야 할 자리와 나서지 말아야 할 자리를 구별하지 못하게 됩니다. 정신적으로 노화되면 이런 여러 가지 증상이 나타납니다.

만약 주님께서 제자들을 꾸짖지 않으셨다면 어떤 일이 생겼을까요? 주님이 주신 능력을 행사하면서, 나중에는 자기 자신이 전지전능한 존재인 양 착각하는 일이 벌어졌을 것이 뻔합니다. 이미 제자들은 그런 병적인 콤플렉스를 보여 준 바 있지요. 주님께서 원하시는 제자는 요즘 말로 상남자 같은, 사나이다운 사나이였습니다. 그런데 제자들의 면모는 그에 미치지 못하였으니 쓴소리를 하실 수밖에 없었던 것입니다.

가끔 진정한 장수가 어떤 사람인지 생각을 해 봅니다. 일반적으로 덕을 갖춘 덕장, 지혜를 갖춘 지장, 용기를 가진 용장으로 장수들을 나누지요. 제게 이런 장군을 이야기해 보라고 하면 저는 단연 독일의 롬멜 장군을 꼽습니다. 제2차 세계 대전 당시 북아프리카에서 영국군을 몰아붙였던 사막의 여우 롬멜 장군은 중국의 제갈량을 떠오르게 하는 기막힌 전략을 구사한 지장이자 덕장입니다. 그는 영국군에게 물이 떨어지면 물을 제공하고, 자신이 점령한 지역의 주민들에게는 예의를 지켰지만 전술에서는 그야말로 신출귀몰하였습니다. 이뿐만 아니라 히틀러의 유대인 말살 정책을 전면에서 비판한 그야말로 용기 있는 사나이, 그러니까 지장, 덕장, 용장의 세 가지 요소를 다 갖춘 장군이었습니다. 그러나 롬멜 장군은 결국 히틀러의 모함과 질투 때문에 자살한 비운의 장군이기도 하지요. 독일이 전쟁을 일으킨 국가였기에 그는 역사적인 과오를 범한 인물로 남았습니다. 하지만 그는 자꾸만 작아지고 위축되는 요즘 남자들이 본받을 만한 인격을 지닌 사람이 아닌가 생각합니다.

어떤 젊은 사제가 이런 이야기를 했습니다.

"사제 생활을 시작하면서 참으로 다양한 일들을 경험했습니다. 가슴이 벅차오르도록 기쁜 일도 있었고, 스스로 사제 자격이 없다고 생각하여 괴로워한 적도 있었습니다. 사람들에게 받은 상처로 깊은 시름에 빠지기도 했고, 때로는 분노하기도 했습니다. 그런데 그러는 가운데 제 자신이 바뀌어 갔습니다. 자기밖에 모르고, 주변머리 없고 완고하던 제가 사회성을 얻게 되고, 조금씩 성숙해졌습니다. 사제라는 역할이 계속 저를 변화시키고 있습니다."

사제직은 사람들을 변화시키는 직분이라기보다 자기를 변화시키기 위한 직분이라는 것을 깨닫게 된 것입니다. 주님께서는 당근과 채찍, 두 가지를 다 사용하셔서 제자들을 키우신 분입니다. 그리고 그것은 지금도 변함이 없습니다.

나를 꾸짖거나 나에게 쓴소리한 분들 중 기억에 남는 분을 떠올려 보세요. 그분들이 해 준 말 중 어떤 말이 내게 약이 되었는지 적어 보세요.

_____
_____
_____
_____

희망을 선물하는 삶

그 여자들은 자기들에게 분부하신 모든 것을 베드로와 그 동료들에게 간추려서 이야기해 주었다. 그 뒤에 예수님께서도 친히 그들을 통하여 동쪽에서 서쪽에 이르기까지, 영원한 구원을 선포하는 거룩한 불멸의 말씀이 두루 퍼져 나가게 하셨다. 아멘.

마르 16,20

마르코 복음서의 마지막 부분입니다. 이 복음에서 우리가 묵상할 주제가 몇 가지 있습니다.

우선 사제란 어떤 사람인가 하는 것입니다. 저는 "사제란 어떤 사람들인가요?" 하는 질문을 많이 받습니다. 글쎄요, 저는 개인적으로 사제는 '난파선을 건지고, 수리하고 바다로 다시 내보내는 사람'이라고 생각합니다. 신앙 상담을 청하는 분들은 대부분 난파선과도 같습니다. 사람 때문에, 일 때문에 마음이 바닷속에 침몰한 사람들, 어찌해야 할지 몰라서 가라앉은 배를 끌어안고 망연자실한 사람들과 같습니다. 그들을 다시 수면 위로 끌어올리고 그렇게 올라온 배를 수리하며, 이런 작업을 마친 후 다시 그 배를 바다로 내보내는 작업을 하는 사람이 사제라고 생각합니다.

쉽게 말해 훌륭한 사제가 되려면 배에 대한 전문 지식을 가져야 하고, 배를 여러 번 수리한 경력이 필요할 뿐만 아니라, 가장 중요한 것은 자신의 배가 난파선이 아니어야 합니다. 그는 수리한 배를 바다로 이끌어 내는 예인선처럼 탄탄해야 하는 것입니다. 사제가 내적으로 문제가 많다면 다른 사람의 문제를 치유해 주지 못합니다. 그래서 사제는 매일 끊임없이 수도자 같은 마음, 수도자와 같은 삶을 살아야 합니다. 즉, 자신의 마음을 매일 들여다보고 다듬는 삶을 살아야 하는 것입니다.

이 복음이 주는 두 번째 메시지는 기도하는 공동체의 중요성입니다. 주님께서는 제자들에게 늘 서로 사랑하라는 말씀을 강조하셨습니다. 왜 이런 말씀을 하셨을까요?

심장 질환 전문가 딘 오니쉬Dean Ornish 박사는 이렇게 말합니다.

"애정이나 우정은 치유에 있어서 아주 중요한 요소로 작용하며 개인 수명을 연장하는 데도 도움이 됩니다. 그러나 고독감과 좌절감은 그 반대로 작용합니다."

다른 사람들에게 사랑받고 있다는 느낌은 인간의 정신적·육체적 건강에 아주 중요한 의미를 갖습니다. 몸의 면역 기능과 치유 능력을 강화시켜 주어서, 살아가면서 받는 스트레스로 인한 발병율을 낮추어 주기 때문입니다. 그래서 심리적으로 허약한 사람들은 지지 그룹에 참여해서 심리적 지원을 받는 것이 좋습니다.

자기 마음을 털어놓는 곳이 있는 사람들은 강한 소속감을 가지면서 정신적·육체적 건강을 회복합니다. 관계 맺기는 다른 사람들에게 자신의 약점을 드러낼 수 있는 장이 되고, 이런 장에서 신뢰감이 형성되고 치유 작용이 일어나기 때문입니다.

특히 가족들에게 사랑받지 못하고 자란 아이들이나 방치된 삶을 살아온 사람들에게는 더더욱 이런 작은 공동체가 필요합니다. 이런 관계 맺기에 실패한 사람은 사람들을 불신하고 세상을 냉소적으로 보게 되며 마음 안에 적대감이 쌓입니다. 그리고 결국 마음의 문을 닫아서 그 단절감과 외로움으로 인해 정신적·육체적 질병에 시달리게 되는 것입니다. 그래서 마음의 병을 앓는 분들은 자신이 기댈 공동체를 찾으셔야 하는데 주님께서는 그런 치유적 관점에서 제자들을 여러 곳으로 파견하셔서 치유하는 공동체를 만들도록 하셨습니다.

이 복음이 주는 세 번째 주제는 희망입니다. 이 복음에는 제자들이 각 지역에 가서 복음을 선포하였다고 기록되어 있습니다. 제자들은 주님의 가르침에 따라 희망의 메시지를 선포했습니다. 그들은 왜 희망을 선포했을까요? 그것은 절망 속에 빠진 영혼을 구하는 길은 희망밖에 없기 때문입니다.

절망이란 무엇일까요? 절망은 희망의 반대이며 불편한 감정 중에서도 아주 질이 안 좋은 감정입니다. 낙담이나 실의의 단계를 넘어서 모든 것을 포기한 상태, 모든 기대와 희망을 다 날려 버리고 털썩 주저앉은 상태, 이제는 막다른 골목이니 더 이상 나갈 곳이 없다고 하면서 모든 것을 체념한 상태를 절망이라고 합니다.

이런 상태에 놓인 사람들은 타조처럼 행동합니다. 사냥꾼에 쫓기던 타조가 더 이상 도망갈 힘이 없을 때 모래 속에 고개를 처박듯이 술로 세월을 보내는 것입니다. 이렇게 자기 자신을 서서히 죽어 가도록 만드는 것이 절망이라는 독약입니다. 이것을 없앨 수 있는 유일한 해독제가 바로 '희망'입니다. 그래서 제자들은 복음, 희망의 소식을 전했던 것입니다.

그렇다면 제자들은 구체적으로 희망에 대하여 어떤 내용을 전했을까요? 그것은 내일 무슨 일이 벌어지든 지금 이 순간이 얼마나 중요한지를 깨달으라는 가르침입니다. 한 치 앞도 내다보지 못하는 것이 사람 인생입니다. 어제까지 불행했다고 내일도 불행할 것이라고 지레 생각한다면 이는 그야말로 망상 중의 망상인 것입니다. 지금 이 순간 내가 변하지 않으면 내일이 와도 기대할 것이 없습니다. 지금 이 순간 자신을 더 성장시키기 위한 노력을 하지 않으면 지금의 괴로움은 더 연장될 뿐입니다.

바퀴 달린 휠체어를 타고 노래를 부르는 이남현이라는 청년이 있습니다. 그는 수영장에서 다이빙을 하다가 목뼈가 부러져 전신마비가 되었습니다. 그러나 이 청년은 죽고 싶은 마음을 견뎌 내고 성악을 해서 지금은 휠체어를 탄 채로 전국 곳곳을 다니면서 사람들에게 희망의 노래를 불러 줍니다. 어머니가 아니면 씻을 수도, 먹을 수도 없는 전신 지체 장애자이지만 그는 늘 희망을 노래하고 희망을 먹으면서 산다고 합니다. 사지가 멀쩡하면서도 절망에 빠져 허우적거리는 사람이라면 이 청년을 바라보시기 바랍니다. 그는 복음의 메시지를 온몸으로 실천하고 있습니다. 절망에 빠진 사람들에게 희망이라는 해독제를 선물하는 귀한 삶을 살고 있습니다.

나는 그리스도의 제자로서 어떠한 삶을 살아왔습니까?

조용히 자신을 되돌아보는 시간을 가져 보세요.

찾아보기

가학적 성격 장애자 459, 460
강박증 114
결핍 욕구 장애자 286
교주 콤플렉스 322
그레샴 248, 287
내시 콤플렉스 355
내자아 246, 251
내적 분열 23
독점 자본주의 123
등급 콤플렉스 354, 355
딘 오니쉬 498
롬멜 495
루시퍼 콤플렉스 476, 477

마귀 불안증 249
마야 394
매슬로 45, 236
메시아 콤플렉스 362, 363
모세 마이모니데스 297
무기력증 128, 238
묻지 마 살인 456
반사회적 성격 장애자 342
반추 172, 359
방어 기제 20, 216, 237, 332
보신주의 456
분심 256, 452, 453
분열증 99, 153, 224, 250, 275
빅터 프랭클 312, 313, 446
빌라도 콤플렉스 455
상호 의존증 79
샤를 드 푸코 복자 31
선민의식 203
성전 콤플렉스 343
신경증적 장애 197
심리적 분열 상태 274
심리적 비만 32
심리적인 구멍 39, 40
십자가 콤플렉스 236, 237

아마르티아 센 282
아집 440, 441, 442
알프레드 아들러 308
양심 65, 104, 342
억압 39, 40, 123, 169, 237, 376
열등 콤플렉스 308
영적 체험 75, 187
외골수 콤플렉스 308
외상 후 스트레스 장애 275
우월 콤플렉스 153, 309
우울감 128, 238
운명 예정설 304
의사 청취 54
의식의 비대화 현상 291
이상적 자아 22
자기 방어 체계 40
자기 방어막 220
자기애적 성격 장애자 114, 176, 200
자아실현 욕구 45
자존감 83, 87, 167, 298, 377, 397
전능감 131, 216
제왕병 362
종교 범죄 263

종교 연가시 287, 288
종교 일등 주의 콤플렉스 310
착한 목자 콤플렉스 323
착한 아이 콤플렉스 247, 323
초자아 411
충복 콤플렉스 473, 474
카렌 호니 35
칼 융 413
투사 욕구 287
투사 123, 160
트라우마 275, 385
파랑새 콤플렉스 406
팔자 142, 144, 303~306, 468
프로이트 167
프리츠 펄스 39
해리 현상 384
허세 35, 287, 351, 398, 425, 437
현실적 자아 22, 23
홍위병 콤플렉스 123